Wege · Werte · Wirklichkeiten
5/6

Herausgegeben von
Christiane Michaelis und Anke Thyen

Verfasst von
Doris Arnold, Birgit Buchholz, Gudrun Harnisch,
Anja Kemmerzell, Sonja Krack, Christiane Michaelis,
Thorsten Schimschal, Anke Thyen, Uta Wagner,
Till Warmbold

Unter Beratung von
Annegret Melzer und Ines Selent

Oldenbourg Schulbuchverlag, München

So arbeitest du mit diesem Buch

Liebe Schülerin, lieber Schüler,

Wege·Werte·Wirklichkeiten soll dich in einem Fach begleiten, in dem es um ethische Orientierung geht: Wie finde ich meinen Weg im Leben? Wie kann ich gut mit anderen zusammenleben? Wie treffe ich die richtige Entscheidung, wenn es darauf ankommt? Damit du dich auf dem Weg durch das Buch immer gut zurechtfindest, geben wir dir hier eine Wegbeschreibung:

Es gibt sechs Themenbereiche, die jeweils mit einer **Doppeleinstiegsseite** beginnen. Auf diesen Seiten findest du Texte, Fragen und Bilder, die dir helfen, deine eigenen Fragen zum Thema zu formulieren und von deinen eigenen Erfahrungen zu berichten.
In jedem Themenbereich findest du zwei Kapitel, die jeweils mit einer **Startseite** beginnen. Auf dieser Seite werden die Fragen konkreter und du erhältst einen Überblick über die Ziele des Kapitels und die Methode, die du darin lernen kannst.

Die grundlegenden Methoden des Fachs sind Methoden aus der Philosophie, denn Ethik und Philosophie hängen eng miteinander zusammen. Jeweils eine Methode steht im Mittelpunkt eines Kapitels und wird dort in einer **Methodenbox** vorgestellt, damit du sie üben und anwenden kannst. In **Infoboxen** ist ergänzendes Überblickswissen zusammengefasst.

A AUFGABEN

D DENKRAUM

Neben den **Aufgaben** gibt es in jedem Kapitel **Denkräume**. Sie bieten besondere Aufgaben an, zwischen denen du auch wählen kannst. Und es gibt einige knifflige Aufgaben für Spezialisten und Aufgaben, in denen ihr gemeinsam das Gelernte in einem Projekt anwenden könnt.

➲ *Internetrecherche S. 192*

Am Seitenrand findest du **Worterklärungen, Tipps und weitere Informationen** zur Lösung der Aufgaben. Ein Pfeil ➲ zeigt dir, wo du nachschlagen oder weiterarbeiten kannst.

Rückblick und Weiterdenken

Auf der **Schlussseite** jedes Kapitels überlegst du im Rückblick, was und wie du gelernt hast, und schätzt deinen Lernerfolg selbst ein. Beim Weiterdenken lernst du andere Aspekte des Themas kennen oder wendest das Gelernte auf andere Probleme an.

Jederzeit kannst du im **Ethik-Lexikon** die wichtigsten Informationen zu den behandelten Themen und Philosophen nachschlagen. Das **Methoden-Glossar** hilft dir beim Lösen der Aufgaben und fasst alle im Buch verwendeten Methoden noch einmal übersichtlich zusammen.

Wir wünschen dir viel Freude und Erfolg auf deinem Weg!

1 Ich auf dem Weg — 6

1 Stationen des Lebens — 8
- Mein Ich und Du im Hier und Jetzt — 9
- Vom Ich zum Du, vom Du zum Ich — 10
- Meine Stärken und Schwächen — 11
- Mein Ich in hundert Rollen — 12
- Das Ich als Passagier im Zug der Zeit — 14
- Methode: Sprachliche Bilder entschlüsseln — 15
- Sprachliche Bilder deuten — 16
- Was wird mal sein? — 18
- Rückblick und Weiterdenken — 19

2 Umgang mit Erfolg und Misserfolg — 20
- Wege zum Erfolg — 21
- Methode: Begriffsbestimmung — 24
- Misserfolg – ein Teufelskreis? — 25
- Vom Umgang mit Ängsten — 27
- Mobbing in der Schule — 30
- Menschen als Vorbilder — 31
- Rückblick und Weiterdenken — 33

2 In der Gemeinschaft leben — 34

1 Freundschaft — 36
- Freundschaftszeichen und Freundschaftsbilder — 37
- Drei Arten der Freundschaft — 38
- Was ist für Freundschaft wichtig? — 39
- Freundschaft in der Literatur — 40
- Freundschaftskrisen — 42
- Methode: Dilemma-Diskussion — 44
- Freundschaftsmedizin — 45
- Rückblick und Weiterdenken — 46

2 Das Zusammenleben regeln — 47
- Zusammenleben in der Schule — 48
- Methode: Diskurs — 49
- Auch in der Familie gibt es Regeln — 52
- Surfen im Internet, mit Regeln?! — 54
- Die Goldene Regel — 56
- Rückblick und Weiterdenken — 57

3 Moralisch fühlen, urteilen und handeln — 58

1 Moralische Gefühle — 60
Nachdenken über Gefühle — 61
Methode: Perspektivwechsel — 62
Gefühle unter der Lupe — 63
Wenn sich das Gewissen meldet … — 67
Woher kommen moralische Gefühle? — 69
Was haben Gefühle eigentlich mit Moral zu tun? — 71
Wie kann man mit moralischen Gefühlen umgehen? — 73
Rückblick und Weiterdenken — 74

2 Gerechtigkeit — 75
Was ist Gerechtigkeit? — 76
Fairness — 77
Methode: In Szene setzen — 78
Angemessenheit oder: Jedem das Seine — 81
Ich bin gefragt — 82
Übereinkommen über die Rechte des Kindes — 84
Rückblick und Weiterdenken — 87

4 Mensch, Natur und Technik — 88

1 Wer sind wir? — 90
Wo kommen wir her? — 91
Nachdenken über Abstammung — 92
Wer bist du, Mensch? — 95
Methode: Sokratisches Gespräch — 97
Botschaften des Menschen — 101
Rückblick und Weiterdenken — 103

2 Neugier und Erfindungsgeist — 104
Natur und Mensch — 105
Neugier und Wissensdurst — 106
Wissenschaftlich denken — 108
Methode: Gedankenexperiment — 109
Verantwortung für die Natur — 112
Rückblick und Weiterdenken — 115

5 Wahrheit und Wirklichkeit — 116

1 Wahrheit und Lüge — 118
- Durch Wahrnehmungen urteilen — 119
- Über Tatsachen urteilen — 121
- Methode: Zweifel — 122
- Was tun wir, wenn wir lügen? — 123
- Missverständnisse in unserer Sprache — 126
- Rückblick und Weiterdenken — 127

2 Wahrnehmung des Fremden — 128
- Eine eigenartige Geschichte — 129
- Fremdes und Vertrautes — 132
- Methode: Gefühle benennen und beschreiben — 132
- Urteile und Vorurteile — 135
- Urteil oder Vorurteil — 136
- Das Fremde in mir — 138
- Rückblick und Weiterdenken — 139

6 Religionen und Weltanschauungen — 140

1 Feste und Feiertage — 142
- Ohne Feiertage gäbe es nur Werktage — 143
- Methode: Bildverstehen — 144
- Die Sabbatruhe im Judentum — 145
- Der Sonntag als Anfang der christlichen Woche — 147
- Der Freitag im Islam — 148
- Das Pessachfest – höchstes Fest im jüdischen Jahreszyklus — 150
- Ostern – das höchste christliche Fest — 151
- Das Opferfest – das höchste Fest im Islam — 153
- Rückblick und Weiterdenken — 155

2 Erzählungen über den Anfang der Welt — 156
- Wissenschaftliche und mythische Erklärungen — 157
- Methode: Mythisches Erzählen — 159
- Der Anfang der Welt im alten Ägypten — 161
- Der Anfang der Welt in der Bibel, der Thora und im Koran — 163
- Der Anfang der Welt bei den alten Griechen — 165
- Rückblick und Weiterdenken — 167

Ethik-Lexikon — 168

Methoden-Glossar — 186

Anhang — 199

1 Ich auf dem Weg

1 Stationen des Lebens
2 Umgang mit Erfolg und Misserfolg

*„Eins, zwei, drei im Sauseschritt
läuft die Zeit, wir laufen mit."*

Wilhelm Busch

Wenn man heutzutage zum Beispiel wissen will, wie die Hauptstadt von Bulgarien heißt, was die Abkürzung „BWL" bedeutet, woraus Milch genau besteht oder welcher Mensch zuerst den Atlantik überquert hat, dann ergeben sich meist keinerlei Probleme, weil diese und unzählige weitere Fragen schnell mit Lexika oder über das Internet beantwortet werden können.

Doch es gibt auch ganz andere Fragen. Fragen wie beispielsweise:
- Wie habe ich mich zu der Person entwickelt, die ich heute bin?
- Welche weiteren Entwicklungen werde ich in Zukunft erleben?
- Welche Wünsche und Ängste habe ich heute, welche Wünsche und Ängste werde ich in der Zukunft haben?
- Welche Erfolge möchte ich in nächster Zeit erzielen, welche Erfolge später einmal?
- Wie kann ich heute mit Misserfolgen umgehen, wie kann ich mich in Zukunft vor Misserfolgen schützen?
- Welche Stärken zeichnen mich aus? Welche Schwächen habe ich? Und wie hängen diese Stärken und Schwächen mit den unterschiedlichen Rollen zusammen, die ich im Leben spiele?

Letzlich also: Wer bin ich überhaupt?

Ich auf dem Weg

1 Stationen des Lebens

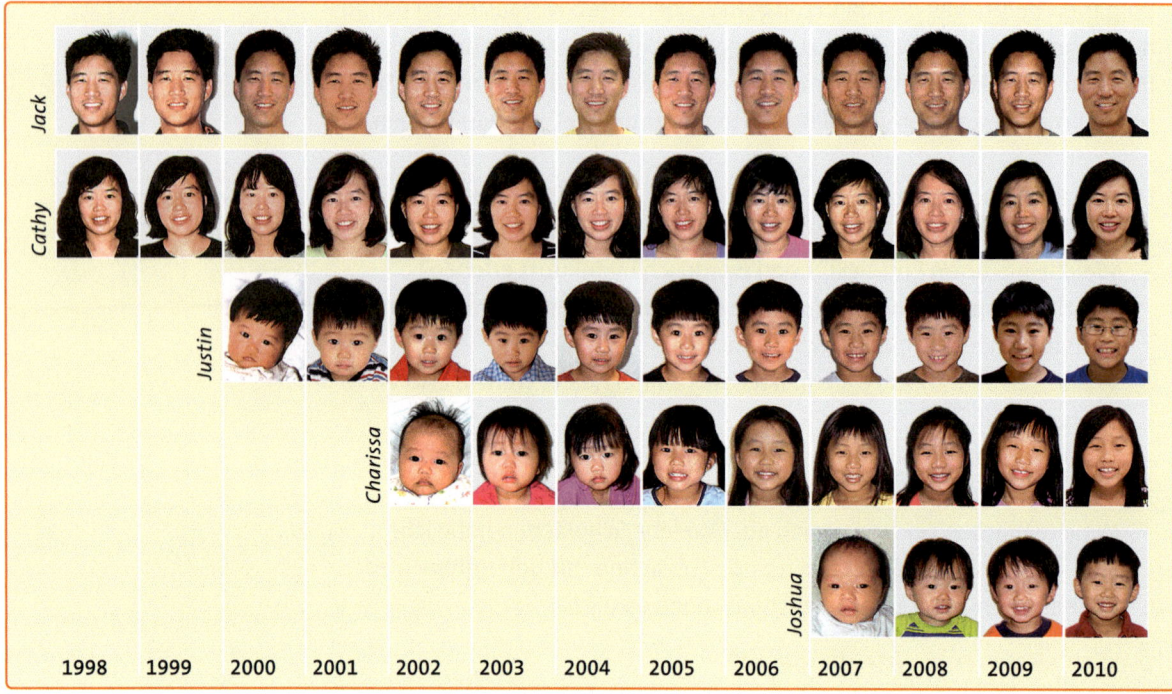

A AUFGABEN

1. Entscheide dich für einen Titel zu dieser Fotostrecke und begründe deine Titelauswahl.
2. Wie alt sind die abgebildeten Personen auf den Bildern wohl jeweils? Ordne jedem Bild eine Alterszahl zu.
3. Benenne äußerliche Merkmale, an denen ersichtlich wird, dass die Personen älter geworden sind.
4. Betrachte den Vater oder die Mutter in der ersten bzw. zweiten Zeile und formuliere zu zwei Bildern einen Gedanken, der dem Vater oder der Mutter während der Fotoaufnahme durch den Kopf gegangen sein könnte und der einen Bezug zum jeweiligen Lebensalter des Vaters oder der Mutter enthält.

In diesem Kapitel beschäftigen wir uns mit Fragen, die nicht ohne Weiteres mit einem Lexikon oder über das Internet beantwortet werden können. Es geht um Fragen, die deinen Blick ganz nah auf dich selbst richten:
- *Wie habe ich mich zu der Person entwickelt, die ich heute bin?*
- *Wie werde ich mich weiterentwickeln?*
- *Welche Stärken habe ich? Welche Schwächen?*
- *Spiele ich im Leben unterschiedliche Rollen?*
- *Wer bin ICH eigentlich?*

Als philosophische Methode wirst du in diesem Kapitel das **Entschlüsseln sprachlicher Bilder** *kennenlernen.*

Mein Ich und Du im Hier und Jetzt

Sofie und der schweigsame Spiegel
von Jostein Gaarder

Zu Beginn des weltberühmten Buches „Sofies Welt", das der norwegische Schriftsteller Jostein Gaarder veröffentlichte, erhält die vierzehnjährige Sofie Amundsen von einem Unbekannten einen seltsamen Brief, der nur drei Wörter enthält.

Sofie warf die Schultasche in die Ecke und stellte Sherekan eine Schale mit Katzenfutter hin. Dann ließ sie sich mit dem geheimnisvollen Brief in der Hand auf einen Küchenhocker fallen.
„Wer bist du?" Wenn sie das wüsste! Sie war natürlich Sofie Amundsen, aber
5 wer war das? Das hatte sie noch nicht richtig herausgefunden. Wenn sie nun anders hieße? Anne Knutsen zum Beispiel. Wäre sie dann auch eine andere?
Plötzlich fiel ihr ein, dass ihr Vater sie zuerst gern Synnøve genannt hätte. Sofie versuchte sich auszumalen, wie es wäre, wenn sie die Hand ausstreck-
10 te und sich als Synnøve Amundsen vorstellte – aber nein, das ging nicht. Dabei stellte sie sich die ganze Zeit eine andere vor.
Nun sprang sie vom Hocker und ging mit dem seltsamen Brief in der Hand ins Badezimmer. Sie stellte sich vor den Spiegel und starrte sich in die Augen.
15 „Ich bin Sofie Amundsen", sagte sie. Das Mädchen im Spiegel schnitt als Antwort nicht einmal die kleinste Grimasse. Egal, was Sofie auch machte, sie machte genau dasselbe. Sofie versuchte, dem Spiegelbild mit einer schnellen Blitzbewegung zuvorzukommen, aber die andere war genauso schnell.
20 „Wer bist du?", fragte Sofie. Auch jetzt bekam sie keine Antwort [...]. Sofie drückte den Zeigefinger auf die Nase im Spiegel und sagte: „Du bist ich."
Als sie keine Antwort bekam, stellte sie den Satz auf den Kopf und sagte: „Ich bin du." [...] War es nicht ein bisschen komisch, dass sie nicht wusste, wer sie war? Und war es nicht auch eine Zumutung, dass sie nicht über ihr
25 eigenes Aussehen bestimmen konnte? Das war ihr einfach in die Wiege gelegt worden. Ihre Freunde konnte sie vielleicht wählen, sich selber hatte sie aber nicht gewählt. Sie hatte sich nicht einmal dafür entschieden, ein Mensch zu sein. Was war ein Mensch?
Sofie sah wieder das Mädchen im Spiegel an. „Ich glaube, ich mach jetzt lieber meine Bio-Aufgaben", sagte sie, fast, wie um sich zu entschuldigen.

AUFGABEN A

1. a) Beschreibe, worin Sofies Problem besteht.
   b) Stelle dir vor, du könntest dir selbst einen anderen Namen geben. Welchen würdest du dir aussuchen? Begründe deine Wahl.

2. „Das war ihr einfach in die Wiege gelegt worden", meint Sofie mit Blick auf ihr Aussehen. Welche weiteren Eigenschaften liegen in der Wiege eines Menschen, welche nicht?
3. Diskutiert darüber, welche Eigenschaften eines Menschen im Laufe seines Lebens veränderbar sind, welche eher nicht.
4. Erkläre, warum Sofie am Ende des Textes so tut, als müsse sie sich entschuldigen.

Ein Kennenlernspiel:
Vom Ich zum Du, vom Du zum Ich …

D DENKRAUM

A Bildet Gruppen von vier bis sechs Personen und geht in den folgenden Schritten vor:
- Übertragt die folgenden Fragen arbeitsteilig auf kleine Zettel.
- Jeder aus eurer Gruppe denkt sich zwei weitere Fragen aus und schreibt sie ebenfalls auf kleine Zettel.
- Sammelt alle Zettel in einem Gefäß und mischt sie.
- Nun ziehen alle Gruppenmitglieder nacheinander jeweils einen Zettel und beantworten nach einer Bedenkzeit von zehn Sekunden die gezogene Frage. Wichtig ist, dass jedes Gruppenmitglied die gezogene Frage behält und dass ausnahmslos alle Fragen beantwortet werden …
    - Was ist dein Lieblingsgericht? Was möchtest du am liebsten nie wieder essen?
    - Gibt es in deiner Klasse Personen, die du bereits aus der Grundschule kennst?
    - Wovor gruselst du dich?
    - Welches war dein schönstes Erlebnis in den letzten zwei Jahren? Erzähle!
    - Was gefällt dir an der neuen Schule besonders?
    - Welche drei Dinge würdest du auf eine einsame Insel mitnehmen?
    - Betreibst du eine Sportart? Was genau macht dir daran Spaß?
    - Welche Jahreszeit magst du weshalb am meisten, welche warum am wenigsten?
    - Freust du dich, wenn es schneit? Warum bzw. warum nicht?
    - Welchen Beruf willst du einmal weshalb haben?
    - Vermisst du eine ehemalige Lehrerin oder einen ehemaligen Lehrer? Was war an diesem Lehrer bzw. dieser Lehrerin so besonders?
    - …

B Verwende die Zettel, die du gezogen hast, als Quizkarten für deine Gruppenmitglieder.
- Formuliere die Frage auf irgendeinem deiner Zettel in der Ich-Form.

Stationen des Lebens

BEISPIEL

Ausgangsfrage: Was ist dein Lieblingsgericht? Was möchtest du am liebsten nie wieder essen?

Umformulierung: Was ist mein Lieblingsgericht? Was möchte ich am liebsten nie wieder essen?

- Richte deine Frage immer an den linken Sitznachbarn. Für jede richtig beantwortete Frage wird ein Punkt vergeben. Sieger oder Siegerin wird, wer sich am besten an die Antworten der übrigen Gruppenmitglieder erinnern kann.

Tipp
Ihr könnt dieses Kennenlernspiel in neuen Gruppen wiederholen.

Meine Stärken und Schwächen

1. Entscheide, welche Eigenschaften auf dich zutreffen und welche nicht. Übertrage dazu die Tabelle in dein Heft oder deine Mappe. Suche dir von den aufgeführten Eigenschaften zehn aus und schreibe sie in die linke Spalte. Kreuze an, welche Beurteilung deiner Meinung nach zutrifft.

AUFGABEN

Eigenschaft	stimmt meistens	stimmt manchmal	stimmt gar nicht	stimmt selten	Antwort schwierig / ich weiß es nicht
ehrgeizig					
sportlich					
...					

11

2. Verdeutliche deine Selbsteinschätzungen nun durch Beispiele. Suche dir fünf der aufgelisteten Eigenschaften aus und formuliere schriftlich Sätze wie die folgenden.
   BEISPIELE
   Ich bin meistens ordentlich. Das zeigt sich beispielsweise daran, dass …
   Ich bin hin und wieder faul. Das merke ich daran, dass …
   Dass ich selten ungeduldig bin, wird zum Beispiel daran deutlich, dass …

3. Überlege, welche der aufgeführten Eigenschaften du bei anderen Personen am meisten schätzt. Schreibe fünf dieser Eigenschaften auf einen Zettel.
4. Beurteile, welche der aufgeführten Eigenschaften für dich bei der Beurteilung anderer Personen am wenigsten wichtig sind. Halte wiederum fünf dieser Eigenschaften auf einem Zettel fest.
5. Wertet nun alle Antworten der beiden vorangegangenen Aufgaben aus: Sammelt alle Zettel ein und zählt auf der linken Tafelhälfte die Antworten der Zettel zusammen, die für Aufgabe 3 ausgefüllt wurden. Geht danach entsprechend mit den Ergebnissen von Aufgabe 4 vor.

D DENKRAUM

Erstelle ein DIN-A3-Plakat, auf dem du dich vorstellst. Gestalte das Plakat so, dass eine fremde Person einen aussagekräftigen ersten Eindruck von dir erhält.

TIPP

Die Aufgaben zum Thema „Meine Stärken und Schwächen" (S. 11) können dir dabei als Anregung dienen.
Neben Fotos von dir selbst kannst du auf das Plakat auch Bilder von deiner Familie, deinem Haustier, deinem Lieblingsort usw. kleben. Außerdem kannst du auch Bilder aus Zeitschriften verwenden, die zu dir passen.

Mein Ich in hundert Rollen

Ich und ich und ich
von Karl Kalemba

Saft und Kekse standen auf dem Tisch, und Christin hatte Vanille-Kerzen angezündet. Ihr Zimmer war aufgeräumt wie lange nicht mehr, und aus der Anlage war ihre Lieblingsband zu hören. Perfekt. Draußen stürmte und regnete es, aber dadurch wurde ihr Zimmer ja nur noch gemütlicher. Jetzt musste nur

5 noch Elias eintreffen. Etwas aufgeregt war Christin schon. Immerhin besuchte er sie heute zum ersten Mal.

Am Vormittag hatten sich die Mitglieder des Ethik-Kurses Charaktereigenschaften zugeordnet und dann darüber diskutiert, welche dieser Eigenschaften wichtig sind, welche weniger wichtig und welche sogar eher
10 schädlich. Elias war währenddessen (völlig anders als sonst) sehr schweigsam gewesen.

Kaum hatte er seine Regensachen ausgezogen und ihr Zimmer betreten, sprach sie ihn direkt auf seine Schweigsamkeit vom heutigen Morgen an.

„Ich fand das total schwierig", erwiderte Elias. „Ich meine, schau dir mal die
15 Eigenschaften an, von denen die anderen heute gesagt haben: ‚So bin ich immer' und ‚Das ist total wichtig'! Nimm zum Beispiel mal die Ehrlichkeit. Natürlich bin ich manchmal ehrlich. Ich bin ehrlich, wenn meine Mutter mich fragt, wie mir das Mittagessen heute geschmeckt hat. Meine Antwort hängt dann ja davon ab, ob es zum Beispiel Bohneneintopf oder Spaghetti
20 gab. Ich war auch ehrlich, als ich meinem besten Kumpel gesagt habe, dass ich heute Nachmittag etwas Wichtigeres vorhabe als Playstation."

Hier stockte Elias plötzlich und nippte an seinem Tee.

„Aber oft bin ich auch nicht ehrlich, weißt du?", fuhr er fort. „Frau Mahler fragt uns doch oft, ob wir was an ihrem Deutsch-Unterricht auszusetzen
25 hätten. In solchen Situationen bin ich wohl weniger ehrlich. Ehrlich war ich auch nicht, als mich unser Fußballtrainer gestern fragte, ob ich Verständnis dafür hätte, dass ich am Samstag auf der Bank sitzen müsse ... Und Ehrlichkeit ist nur ein Beispiel von vielen, verstehst du?"

„Dann bist du ja wie ein Schauspieler ...", murmelte Christin nachdenklich.
30 „Ein Schauspieler, du hast Recht ... Und ich habe pro Tag 'ne ganze Menge Aufführungen: In der Englischstunde, beim Fußball, zu Hause und und und", antwortete Elias aufgeregt.

„Und bei mir?", fragte Christin leise. „Wie bist du da?"

Plötzlich wurde Elias ganz rot. Das hatte sie bei ihm noch nie gesehen. Bei-
35 nahe zeitgleich griffen beide nach den Keksen.

AUFGABEN

1. Fasse in eigenen Worten zusammen, weshalb Elias während der Unterrichtsstunde so schweigsam war.
2. „Dann bist du ja wie ein Schauspieler ..." – Erläutere, was Christin damit meinen könnte.
3. Nimm einen beliebigen Tag der vergangenen Woche unter die Lupe:
    a) Mit welchen Menschen hattest du an diesem Tag zu tun?
    b) Welche Eigenschaften haben diese Menschen jeweils von dir erwartet?
    c) Ist es dir gelungen, diesen Erwartungen zu entsprechen?
    Halte deine Gedanken dazu schriftlich fest.
4. Diskutiert, warum jeder Mensch unterschiedliche Rollen in seinem Leben spielt.

Ich auf dem Weg

1 Das Ich als Passagier im Zug der Zeit

A AUFGABEN

1. Gib stichwortartig an, welche Lebensstationen auf den zehn Bildern abgebildet werden.

   Bild 1 → Säuglingsalter
   Bild 2 → ....

2. Ordne diese Lebensstationen nun in eine zeitliche Reihenfolge.
3. Versetze dich in zwei beliebige der oben abgebildeten Personen. Formuliere aus ihrer Perspektive Gedanken, die der Person im Moment der Fotoaufnahme durch den Kopf gegangen sein könnten.
4. Welche der oben abgebildeten Personen wärst du am liebsten, welche am wenigsten gern? Begründe deine Antwort.

D DENKRAUM

Leporello: Faltheft, bei dem die Seiten (z.B. aus festem Tonkarton) fortlaufend zu einer langen Reihe zusammengebunden werden.

Erstellt ein Lebensstationen-Leporello.
Sucht dazu weitere Bilder, die unterschiedliche Lebensstationen zeigen. Ihr könnt dafür Ausdrucke eigener Fotos, Bilder aus Zeitschriften oder auch selbst erstellte Zeichnungen verwenden.

Stationen des Lebens

METHODEN

Sprachliche Bilder entschlüsseln

Unsere Sprache steckt voller *Bilder*: Wörter, die nicht wortwörtlich aufzufassen sind, sondern in einem übertragenen Sinne verstanden werden müssen. Meistens werden diese **sprachlichen Bilder** benutzt, weil sich Gedanken dadurch wesentlich interessanter und einprägsamer ausdrücken lassen.

Nadine ist ……………… eine Schlange.

(Nadine ist (listig) wie eine Schlange)

Manchmal verwenden wir sprachliche Bilder auch deswegen, weil ein sprachliches Bild oft gleich mehrere Gesichtspunkte der *nicht*-bildlichen Sprache zusammenfassen kann:

Tim sagt zu seiner Freundin Sandra:
„Du bist die Sonne meines Lebens!"

Sonne	Sandra
Zentrum der Milchstraße -->	Mittelpunkt von Tims Leben
gibt Wärme -->	gibt Tim Wärme
vertreibt die Nacht -->	vertreibt dunkle Gedanken

Bei dem Verständnis von sprachlichen Bildern sind wir also stets darauf angewiesen, uns zu verdeutlichen, wie das Bild wohl gemeint ist und welche Schnittmenge es zwischen Bildlichem und Nichtbildlichem gibt.

Julia ist eine Katze.

(Julia bewegt sich (?) wie eine Katze)

5. Erläutere die Bedeutungen folgender sprachlicher Bilder:

Das Leben ist eine Lotterie. / Das Gerücht verbreitete sich wie eine Seuche. / Fußball ist kein Streichelzoo! / Seine größte Waffe ist seine Intelligenz. / Hans benahm sich wie ein Elefant im Porzellanladen. / Ich bin doch nicht dein Fußabtreter! / Lukas ist ein richtiger Wirbelwind. / Herr Ohlmann ist eine Schlaftablette.

6. Sammelt weitere sprachliche Bilder.

Ich auf dem Weg

1

Im Zug der Zeit
Sprachliche Bilder deuten

> *Im Zug der Zeit ist jeder Passagier ein Neu-Kunde.*
> Albert Münzebrock

> *Der Zug der Zeit hat stets eine Nebelbank vor sich.*
> Marie-Louise Constantin

> *Für den Zug der Zeit gibt es keine Rückfahrkarte.*
> Lars Noack

> *Der Zug der Zeit ist ein Zug, der seine Schienen vor sich her rollt.*
> Robert Musil

A AUFGABEN

1. Vielleicht warst du ja selbst schon Passagier in einem Zug. Erkläre, warum das Verstreichen der Zeit mit einer Zugfahrt verglichen werden kann.
2. Untersucht, welche Bedeutung das sprachliche Bild „Zug der Zeit" in den vier Zitaten oben jeweils hat.
3. Begründe, welches dieser vier Zitate dir am besten gefällt.
4. Inwiefern spielt der Lauf der Zeit auch in Schulfächern eine Rolle?

Zitat: wörtliche Übernahme der Gedanken einer anderen Person

Schienen – Teil 1
von Karl Kalemba

Als wir früh am Morgen losfuhren, schlief ich noch und bemerkte deshalb gar nicht, wie der Zug anrollte. Ich weiß nicht einmal mehr, wie der Bahnhof aussah. Auch an die ersten Kilometer kann ich mich nicht erinnern. Nachdem ich schließlich aus meinem Kuschelschlaf erwacht war, wurde
5 mir allmählich bewusst, dass Zugfahren nicht nur aufregend und spannend, sondern auch ziemlich kompliziert ist. Kompliziert für mich jedenfalls, denn ich hatte von all dem ja noch gar keine Ahnung. Deshalb blieb ich zunächst brav in dem Abteil sitzen, das ich mit zwei weiteren Personen teilte. Ich hatte wirklich Glück mit ihnen, denn sie kannten den Zugall-
10 tag weitaus besser als ich und zeigten mir freundlicherweise allerhand: Ich lernte, mit den Gegenständen des Abteils umzugehen, ja ich lernte sogar, wie diese Gegenstände hießen. Nur manchmal verließen die beiden das Abteil, sorgten dann aber dafür, dass ein anderer Passagier zugegen war, der sich um mich kümmerte. Wie gesagt: Ich hatte wirklich Glück mit ih-
15 nen.
Nach einiger Zeit verspürte ich allerdings den Wunsch, das Abteil hin und wieder auf eigene Faust zu verlassen und mich im Zug ein wenig umzuschauen. Da traf es sich gut, dass plötzlich bestimmt wurde, ich müsse von nun an während der Vormittagsstunden in einen nah gelegenen Groß-
20 raumwaggon gehen.

Abteil: abgetrennter Bereich in einem Zugwaggon

Dort hörte ich dann von Dingen, von denen in meinem Abteil nie die Rede gewesen war. Ich lernte, wie man das Wort „Zug" schreibt und wie viel 14 mal 14 Gleise sind. Ich lernte, wie ein Zug funktioniert und aus welchen Materialien er besteht, ich lernte, wie andere Züge aussehen und wie man
25 früher mit dem Zug fuhr. Ich sang Lieder über Züge und malte Zugbilder. Manchmal war in dem Großraumwaggon auch von eigenartigen Tunneln die Rede: Diese Tunnel tauchten angeblich recht häufig auf der Bahnstrecke auf, und gruselig daran war Folgendes: Sobald der Zug einen dieser Tunnel durchquert hatte, fehlte in irgendeinem Abteil oder Großraumwaggon
30 mindestens ein Passagier. Seltsam.

Ich kümmerte mich aber nicht weiter darum, sondern ging nach den Stunden im Großraumwaggon in mein Abteil zurück und wiederholte dort fleißig all das, was ich ansonsten gelernt hatte. Und dies erledigte ich offenbar recht erfolgreich, denn eines Tages hieß es, ich hätte mittlerweile genug
35 gelernt und dürfe den Großraumwaggon jetzt verlassen.

Ich solle stattdessen nun selbst meinen Teil dazu beisteuern, dass die Zugfahrt weiterhin reibungslos vonstatten gehen könne. Angebote gab es viele: Man konnte zum Beispiel im Technikraum helfen, man konnte für die Unterhaltung der Fahrgäste sorgen oder den Notfallkoffer verwalten. Man
40 konnte darauf aufpassen, dass sich kein Passagier daneben benahm, oder diejenigen Fahrgäste, die dies trotzdem taten, gerecht bestrafen. Man konnte jungen Passagieren – zu denen ich ja vor kurzem noch selbst gehörte – im Großraumwaggon neue Dinge beibringen oder den alten Fahrgästen in ihren Abteilen helfen. Vieles war möglich, und ich weiß noch, dass es
45 damals recht schwierig war, mich für eines der zahlreichen Angebote zu entscheiden …

5. Bildet zur genaueren Untersuchung des Textes Kleingruppen. Achtet darauf, dass ihr euch dabei ungestört unterhalten könnt.

  a) Erklärt die Bedeutungen der unterstrichenen Textstellen. Legt zu diesem Zweck eine Tabelle nach dem folgenden Muster an:

Textstelle	Bedeutung
früh am Morgen (Zeile 1)	Zeitpunkt der Geburt
Bahnhof (Zeile 2)	…
…	…

  b) Erläutert in Stichworten, welche Schulfächer sich in dem Absatz von Zeile 21 bis Zeile 30 widerspiegeln.
  c) Legt stichwortartig dar, welche Berufe in dem Absatz von Zeile 36 bis Zeile 46 zur Sprache kommen. Fallen euch noch weitere Beispiele ein? Findet auch dafür passende sprachliche Bilder.

Schienen – Teil 2
von Karl Kalemba

Ich entschloss mich schließlich dazu, im Bordrestaurant mitzuarbeiten. Nach einigen Prüfungen traute man mir zu, eigenständig für die Verpflegung der Passagiere zu sorgen. Während eines besonders schönen Arbeitstages lernte ich Laura kennen, die mir sehr gut gefiel. Nach einiger Zeit ver-
5 anstalteten Laura und ich ein großes Fest, zu dem wir viele Mitpassagiere einluden. Leider konnten die beiden Menschen, die mir damals im Abteil so sehr geholfen hatten, das Fest nicht mehr erleben, weil sie kurz nacheinander ... Aber dies ist ein anderes Thema.
Nachdem wir zunächst in einer kleinen Kabine gewohnt hatten, bezogen
10 Laura und ich nach zwei Jahren ein eigenes Abteil. Wir brauchten dringend mehr Platz, und zwar nicht zuletzt deshalb, weil wir inzwischen nicht mehr allein waren. Es war ein weiterer Passagier dazugekommen, klein und unbeholfen wie ich damals.
Mittlerweile ist der kleine Passagier gar nicht mehr so klein. Er geht vor-
15 mittags schon in den Großraumwaggon. Traurig werde ich manchmal, wenn ich sehe, dass er immer öfter Dinge, die ihm vor kurzem noch wertvoll waren, in den Abfalleimer wirft. Neulich lag sein Teddybär darin, ohne den er früher nicht hatte schlafen können. Doch das war bei mir damals wahrscheinlich ganz ähnlich. Manchmal kommt es mir übrigens so vor, als
20 setze der Zug zu immer schnellerem Tempo an. Auch die Tunnel – ich habe sie mittlerweile selbst erlebt – scheinen häufiger zu werden. Aber vielleicht ist das ja nur Einbildung.

6. In Zeile 17 ist von einem Teddy im Abfalleimer die Rede. Nenne Beispiele für Gegenstände, die im Laufe der Zeit in diesem Abfalleimer landen. Ordne diesen Gegenständen mögliche Lebensstationen zu.
7. Im Schlussabsatz hat der Ich-Erzähler den Eindruck, dass der Zug immer schneller fährt. Woran könnte dies liegen?

D DENKRAUM

Was wird mal sein?
Stelle dir vor, du könntest jetzt schon über deine Zukunft bestimmen. Wie sieht wohl ein Tag in deinem Leben nach drei, nach zehn und nach dreißig Jahren aus? Bestimmt hat sich bei dir ganz viel geändert (Wohnort, Tätigkeiten, Familie, Hobbys ...). Entscheide selbst, ob du
- über einen solchen Tag in deiner Zukunft eine Geschichte schreibst,
- eine Pantomime aufführst oder
- ein Bild dazu malst.

Rückblick

„Ich weiß ja nicht", antwortete Elias, nachdem ihn Vanessa im Schulbus gefragt hatte, was er denn so vom Ethik-Unterricht halte. „Ich meine, das ist ja alles ganz gut und schön, dieses Gerede über Vergangenheit und Zukunft und so. Besser als Vokabellernen jedenfalls. Aber was hilft mir das für *jetzt und heute*? Weißt du, ich muss meiner Mutter heute erklären, warum ich eine 5 in Mathe geschrieben habe. Und ich muss mich *jetzt* dafür entscheiden, ob ich nun bei der Schach-AG weitermache oder lieber weiter Fußball spiele. Beides klappt zeitlich nämlich nicht mehr. Die Hausaufgaben muss ich *heute* Nachmittag erledigen, und wenn mir nicht schnell was Tolles einfällt, womit ich Christin beeindrucken kann, dann … ja dann ist mein Zug der Zeit bei Christin bald abgefahren, verstehst du? Da nützt es mir dann auch nichts mehr, wenn ich weiß, dass ich in hundert Jahren tot sein werde, nicht wahr?"
„Ja, aber –", begann Vanessa, doch der Schulbus hatte jetzt die Haltestelle erreicht, an der Elias aussteigen musste. Er stand schnell auf und war für hier und heute verschwunden …

AUFGABEN

1. Gib in eigenen Worten wieder, was Elias an dem Thema Zeit stört.
2. Weil Vanessa im Schulbus nicht mehr zu Wort kam, entschließt sie sich am Nachmittag, Elias eine E-Mail zu senden. Sie beginnt mit dem Satz: „Hallo Elias, ich habe lange darüber nachgedacht, was du über den Ethik-Unterricht gesagt hast, und ich finde, dass … " Führe die Mail fort.
3. Blättere noch einmal zurück auf die erste Seite des Kapitels (S. 8): Welche Fragen kannst du jetzt – ganz oder teilweise – beantworten?

Weiterdenken

Das Rätsel der drei Brüder
von Michael Ende

Drei Brüder wohnen in einem Haus,
die sehen wahrhaftig verschieden aus,
doch willst du sie unterscheiden,
gleicht jeder den anderen beiden.
5 Der erste ist *nicht* da, er kommt erst nach Haus.
Der zweite ist *nicht* da, er ging schon hinaus.
Nur der dritte ist da, der Kleinste der drei,
denn ohne ihn gäb's nicht die anderen zwei.
Und doch gibt's den dritten, um den es sich handelt,
10 nur weil sich der erst in den zweiten verwandelt.
Denn willst du ihn anschaun, so siehst du nur wieder,
immer einen der anderen Brüder!

4. Löse das Rätsel und erläutere die genauen Bedeutungen der Verse 5 bis 8.
5. Vergleiche die Abbildung mit dem Rätsel von den drei Brüdern.

2 Umgang mit Erfolg und Misserfolg

A AUFGABEN

1. Wähle eine Abbildung aus und erzähle zu dieser eine kurze Geschichte mit der Überschrift „Mein größtes Ziel".
2. Sammelt gemeinsam alle „größten Ziele" an der Tafel, die sich die Personen in euren Geschichten gesteckt haben. Ergänzt weitere Ziele, die man sich im Leben vornehmen kann.
3. Untersucht, ob sich die gesammelten Ziele in unterschiedliche Gruppen einteilen lassen. Findet dafür Oberbegriffe.
4. Welches Ziel ist für dich selbst im Moment am wichtigsten? Schreibe es auf und begründe deine Entscheidung.
5. Formuliere drei wichtige Fragen, die sich dir zum Kapitelthema „Umgang mit Erfolg und Misserfolg" stellen.

In diesem Kapitel lernst du eine philosophische Methode kennen, die dir in vielen Fächern, aber auch außerhalb vom Unterricht, sehr hilfreich sein kann: Es ist die Methode der **Begriffsbestimmung**.

Wege zum Erfolg

> *Mein Ziel ist es, später viel Geld zu verdienen.*
> Sven

> *Wenn ich es doch nur schaffen könnte, die Judoprüfung zum gelb-orangenen Gürtel zu bestehen!*
> Derya

> *Ich will unbedingt mal zum Mond fliegen!*
> Ina

AUFGABEN

1. Vergleiche die Zielsetzungen der drei Schülerinnen und Schüler miteinander.
2. Ziele steckt man sich, um sie auch tatsächlich zu erreichen, also um erfolgreich zu sein. Wie beurteilst du die Vorstellungen der drei Schülerinnen und Schüler unter diesem Gesichtspunkt?
3. Sammelt Tipps, die helfen können, ein selbst gestecktes Ziel zu erreichen.

Beppo Straßenkehrer
von Michael Ende

„Momo", ein weltberühmter Roman von Michael Ende (1929–1995), schildert die Erlebnisse des Mädchens Momo, das sich besonders durch eine Eigenschaft auszeichnet: Sie kann gut zuhören. Einer von Momos Freunden ist Beppo Straßenkehrer. Beppo hat einen Weg gefunden, wie man erfolgreich sein kann.

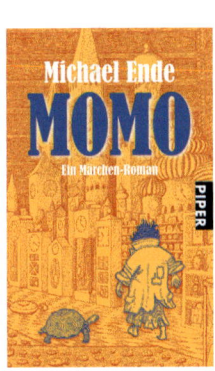

Beppo Straßenkehrer wohnte in der Nähe des Amphitheaters in einer Hütte, die er sich aus Ziegelsteinen, Wellblechstücken und Dachpappe selbst zusammengebaut hatte. […] Seinen großen Kopf, auf dem ein kurzer weißer Haarschopf in die Höhe stand, hielt er stets etwas schräg und auf der
5 Nase trug er eine kleine Brille.
Manche Leute waren der Ansicht, Beppo Straßenkehrer sei nicht ganz richtig im Kopf. Das kam daher, dass er auf Fragen nur freundlich lächelte und keine Antwort gab. Er dachte nach. Und wenn er eine Antwort nicht nötig fand, schwieg er. Wenn er aber eine für nötig hielt, dann dachte er über die-
10 se Antwort nach. Manchmal dauerte es zwei Stunden, mitunter aber auch einen ganzen Tag, bis er etwas erwiderte. […]
Nur Momo konnte so lange warten und verstand, was er sagte. Sie wusste, dass er sich so viel Zeit nahm, um niemals etwas Unwahres zu sagen. Denn nach seiner Meinung kam alles Unglück der Welt von den vielen Lügen,
15 den absichtlichen, aber auch den unabsichtlichen, die nur aus Eile oder Ungenauigkeit entstehen.
Er fuhr jeden Morgen lange vor Tagesanbruch mit seinem alten, quietschenden Fahrrad in die Stadt zu einem großen Gebäude. Dort wartete

er [...], bis man ihm einen Besen und einen Karren gab und ihm eine be-
20 stimmte Straße zuwies, die er kehren sollte. [...]
Wenn er so die Straßen kehrte, tat er es langsam, aber stetig: bei jedem Schritt einen Atemzug und bei jedem Atemzug einen Besenstrich.
Schritt – Atemzug – Besenstrich. Schritt – Atemzug – Besenstrich.
Dazwischen blieb er manchmal ein Weilchen stehen und blickte nachdenk-
25 lich vor sich hin. Und dann ging es wieder weiter – Schritt – Atemzug – Besenstrich – – –.

[...] „Siehst du, Momo", sagte er dann zum Beispiel, „es ist so: Manchmal hat man eine sehr lange Straße vor sich. Man denkt, die ist so schrecklich lang; das kann man niemals schaffen, denkt man."
30 Er blickte eine Weile schweigend vor sich hin, dann fuhr er fort: „Und dann fängt man an sich zu eilen. Und man eilt sich immer mehr. Jedes Mal, wenn man aufblickt, sieht man, dass es gar nicht weniger wird, was noch vor einem liegt. Und man strengt sich noch mehr an, man kriegt es mit der Angst, und zum Schluss ist man ganz außer Puste und kann nicht mehr. Und die
35 Straße liegt immer noch vor einem. So darf man es nicht machen."
Er dachte einige Zeit nach. Dann sprach er weiter: „Man darf nie an die ganze Straße auf einmal denken, verstehst du? Man muss nur an den nächsten Schritt denken, an den nächsten Atemzug, an den nächsten Besenstrich. Und immer wieder nur an den nächsten."
40 Wieder hielt er inne und überlegte, ehe er hinzufügte: „Dann macht es Freude; das ist wichtig, dann macht man seine Sache gut. Und so soll es sein."
Und abermals nach einer langen Pause fuhr er fort: „Auf einmal merkt man, dass man Schritt für Schritt die ganze Straße gemacht hat. Man hat
45 gar nicht gemerkt wie, und man ist nicht außer Puste." Er nickte vor sich hin und sagte abschließend: „Das ist wichtig."

4. Formuliere das Motto, nach dem Beppo Straßenkehrer seine Arbeit erfolgreich durchführt.

5. Übertrage dieses Motto auf verschiedene Ziele, die man sich setzen kann. Du kannst dafür auf eure Ergebnisse aus Aufgabe 2 auf Seite 21 zurückgreifen.
6. Wie beurteilst du dieses Erfolgsrezept von Beppo? Begründe deine Einschätzung.
7. Ergänzt eure Tipps, wie man Ziele erreichen kann (Aufgabe 3, Seite 21).
8. Notiere dir jede Woche einige wenige Ziele und versuche sie zu erreichen. Verwende die folgende Vorlage für ein Ziele-Tagebuch.

> Meine Ziele bis zum ... :
> in der Schule: ....
> privat: ....
> Ziele, die ich erreicht habe: ....
> Ziele, die ich (noch) nicht erreicht habe: ....
> Gründe dafür, dass ich bestimmte Ziele erreicht habe: ....
> Gründe dafür, dass ich bestimmte Ziele nicht erreicht habe: ....
> Verbesserungsvorschläge für die nächste Woche: ....

Erfolg kann regelrecht beflügeln. Wer zum Beispiel im Fach Deutsch eine 1 in der Klassenarbeit geschrieben hat, der wird sich nicht nur darüber freuen, sondern in diesem Fach auch künftig eine größere Selbstsicherheit und Motivation spüren. Selbstsicherheit und Motivation können dann dafür sorgen, dass man wieder erfolgreich ist.

Motivation (von. lat. movere = bewegen): Antrieb, Bereitschaft, etwas zu tun

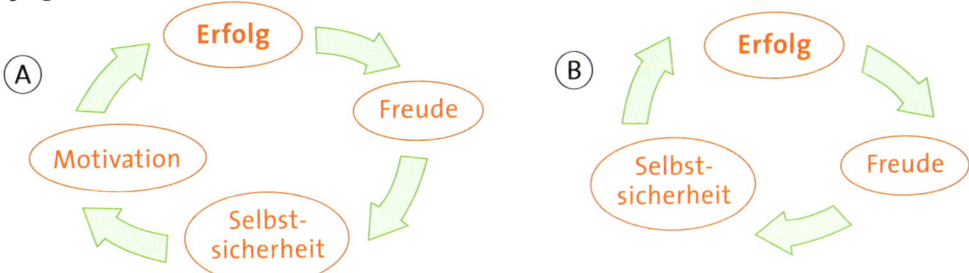

9. Erläutere Schaubild A. Mache dabei deutlich, warum es in Form eines Kreises dargestellt ist.
10. Überprüfe, ob du diesen Kreislauf aus eigener Erfahrung bestätigen kannst.
11. Vergleiche das Schaubild A mit B. Was bedeutet es für den Erfolg, wenn die Motivation wegfällt, also die Bereitschaft, für das selbst gesteckte Ziel auch tatsächlich etwas zu tun?
12. Formuliere eine Erklärung des Begriffs „Erfolg". Vergleicht eure Ergebnisse miteinander.
13. Informiere dich mithilfe des Methodenkastens über Möglichkeiten einer Begriffsbestimmung. Erprobe verschiedene Verfahren (1 - 7) anhand des Begriffs „Erfolg".

M METHODEN

Begriffsbestimmung

Es gibt viele Wege, um die Bedeutung von Begriffen zu bestimmen. Ein bekanntes Verfahren der Begriffsbestimmung ist die „Definition" (von lat. definitio: Abgrenzung). Hier werden zu dem Begriff, der bestimmt werden soll, ein Oberbegriff und ein besonderes Merkmal genannt.

Dieses Merkmal grenzt den Begriff von anderen ab, die ähnlich sind und auch dem Oberbegriff zugeordnet werden können. Das klingt kompliziert, ist aber ganz einfach, wie die beiden folgenden Beispiele zeigen:

1 Oberbegriff und besonderes Merkmal nennen (den Begriff definieren)

Begriff, der definiert werden soll		besonderes Merkmal	Oberbegriff
Ein **Quadrat**	ist ein	gleichseitiges	Rechteck.
Ein **Welpe**	ist ein	vor kurzem geborener	Hund.

Es gibt noch weitere Verfahren, mit denen man die Bedeutung eines Begriffes bestimmen kann. Einige davon lernst du hier kennen:

2 spontane Gedanken (Assoziationen) sammeln

Sommer: Eis, Urlaub, Sonne, Strand, Ferien, Hitze, Sonnenbrand, draußen sein
Wald: Bäume, Schatten, Ruhe, Rehe, Zweige, Blätter

3 Gegenbegriffe nennen

hässlich zu **schön** — **Tag** zu **Nacht**

4 Beispiele aufzählen

Fußballverein: Werder Bremen, Hansa Rostock, Bayern München, HSV, …
Skandinavier: Dänen, Schweden, Norweger

5 ein charakteristisches Merkmal angeben (ohne Oberbegriff, also anders als bei der Definition)

Am Ende eines **Aussagesatzes** steht ein Punkt.

6 sprachliche Bilder formulieren

Mama ist in unserer Familie wie die Sonne.
Das **Leben** ist ein Lottospiel.

7 ähnliche Begriffe finden

Spaß: Vergnügtsein, Fun, Gaudi, gute Zeit

Umgang mit Erfolg und Misserfolg

14. Das Verfahren Nr. 2 lässt sich sehr gut in Form eines Clusters darstellen. Probiere es anhand des Begriffes Misserfolg aus.
15. Ordne die folgenden Situationen jeweils einer der Überschriften auf der Skala zu.

a) Herr Evers hat im Lotto 300.000 Euro gewonnen. Es war seine erste Lotto-Teilnahme.
b) Simon, der beste Leichtathlet der sechsten Jahrgangsstufe, hat sich vor dem 50-Meter-Lauf absichtlich nicht aufgewärmt. Kurz nach dem Start erlitt er eine Zerrung und kam als Letzter ins Ziel.
c) Andrea ist ungewöhnlich intelligent. In Mathe hat sie noch nie Schwierigkeiten gehabt, sodass sie auch in der letzten Arbeit wieder eine Eins geschrieben hat.
d) Leon ist sehr gründlich bei den Hausaufgaben. Für Englisch lernt er regelmäßig Vokabeln. Von Montag bis Mittwoch war er stark erkältet und konnte nicht zur Schule gehen. Am Donnerstag musste er in Englisch überraschend einen Vokabeltest mitschreiben und wusste fast alle richtigen Übersetzungen.
e) Valentina hat sich zu Beginn des Schuljahres sehr für ihre Mitschüler eingesetzt und wurde prompt zur Klassensprecherin gewählt. Seitdem kümmert sie sich nicht mehr um die Interessen der anderen. Bei der nächsten Klassensprecherwahl erhält sie keine einzige Stimme mehr.

Cluster: *Der Cluster hilft dir, Ideen zu einem bestimmten Thema zu finden.*
- *Schreibe das Thema in die Mitte eines Blattes.*
- *Notiere wichtige Gedanken, Begriffe und Merkmale zu dem Thema und verbinde sie durch Linien mit dem Thema.*

Misserfolg – ein Teufelskreis?

Mangelhaft
von Karl Kalemba

Christin stand an der Bushaltestelle und weinte, das war schon aus über fünfzig Metern zu erkennen. Elias trat heftig auf die Bremse seines Fahrrades, stellte es blitzschnell an einen Zaun und lief eilig zu Christin hinüber. „Hey!", rief er. „Was ist denn los?"
5 Sie bemühte sich, schnell die Tränen von den Wangen fortzuwischen. „Ach nichts", entgegnete sie und zwang sich zu einem Lächeln.
„Das stimmt doch nicht", antwortete Elias. Kurz überlegte er, Christin in den Arm zu nehmen. Das traute er sich dann aber doch nicht. Sein besorgter Tonfall hatte bewirkt, dass Christin wieder zu weinen anfing und unter
10 Tränen sagte:

Ich auf dem Weg

Frustration (von lat. frustra = vergeblich): Gefühl der Niedergeschlagenheit, z.B. nach dauerhaftem Misserfolg

Aggression (von lat. aggredi = angreifen): Angriffslust, Gewaltbereitschaft (sprachlich oder körperlich)

„Ich hab einfach keine Lust mehr … Heute haben wir das Deutschdiktat zurückbekommen. Ich hab 'ne glatte Fünf. Dabei habe ich wirklich geübt, weißt du? Aber während des Diktats ist mir plötzlich alles durcheinandergeraten. Ich war so aufgeregt, weil ich in der ersten Klassenarbeit ja nur
15 eine Vier geschrieben habe. Gerade deshalb habe ich mich ja so ins Zeug gelegt. Und jetzt so was! Für die nächste Klassenarbeit übe ich halt gar nicht mehr. Ich spüre jetzt genau das, was wir neulich im Unterricht zum Thema „Frustration" angesprochen haben. Da kannste dich bestimmt noch dran erinnern, Mister Oberschlau!"
20 „Mister Oberschlau", erwiderte Elias mit einem Anflug von Traurigkeit in der Stimme, „kann sich sogar noch daran erinnern, was wir im Unterricht zum Thema „Aggression" angesprochen haben, Christin."
Der Bus kam.
„Entschuldigung", sagte Christin und schaute zu Boden.
25 „Was machst du heute Nachmittag?", wollte Elias wissen.
„Am liebsten gar nichts", entgegnete Christin und reihte sich in die Schlange ein. „Ich werde die Vorhänge zuziehen, mein Handy ausschalten und Musik hören. Ich hab da ein paar Lieder, die mir in solchen Situationen helfen. Mach's gut, Elias."
30 Sie stieg in den Bus und schaute sich nicht mehr zu ihm um.

A AUFGABEN

1. a) Beschreibe Christins Verhalten nach ihrem Misserfolg.
   b) Kennst du ähnliche Verhaltensweisen aus deiner eigenen Erfahrung?
2. a) Stellt die Situation, in der Christin an der Bushaltestelle steht, als Standbild nach. Achtet dabei besonders auf den Gesichtsausdruck, die Hände und die Schultern.

   b) Entwerft nun ein anderes Standbild, das Christin nach einer Eins im Diktat zeigt.
   c) Vergleicht beide Darstellungen und erläutert möglichst genau die Unterschiede.

Umgang mit Erfolg und Misserfolg

3. a) „Vorhänge zuziehen, Handy ausschalten und Musik hören." (Z. 27f.)
Dies ist Christins Weg, um Misserfolge zu verkraften. Wie beurteilst du diesen Umgang mit Misserfolg?
b) Schildere, wie du dich in vergleichbaren Situationen verhältst.
4. „Misserfolge sorgen für Aggressionen." Erörtere, ob dieser Satz zutrifft. Stütze deine Aussagen mit Beispielen.
5. Christins Erlebnis droht zu einem „Kreislauf des Misserfolgs" zu werden. Lies dir den Text noch einmal genau durch. Übertrage die Grafik in dein Heft oder deine Mappe und ergänze die Lücken.

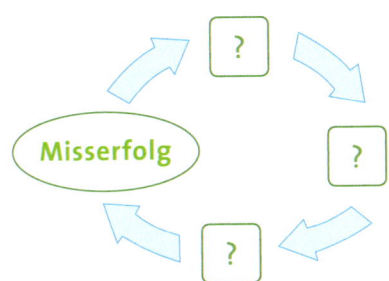

6. Gibt es Möglichkeiten, aus diesem Kreislauf auszubrechen? Sammelt Vorschläge und diskutiert darüber, inwiefern sie tatsächlich umsetzbar sind.
7. Elias steigt betrübt auf sein Fahrrad, fährt nach Hause und schreibt Christin eine E-Mail, die ihr Mut machen soll. Schlüpfe in seine Rolle und formuliere diese E-Mail an Christin.

Vom Umgang mit Ängsten

Ich bin so verliebt in jemanden und traue mich nicht, es ihm zu sagen. Ich habe wahnsinnige Angst davor, dass diese Person mich auslachen könnte!
Berat, 12 Jahre

Angst habe ich manchmal davor, dass Mama und Papa sich trennen. Dann könnten wir nie mehr zu dritt zusammen sein.
Laura, 12 Jahre

Wenn ich in Mathe wieder nur eine Vier zurückbekomme, sterbe ich vor Angst!
Johanna, 11 Jahre

Ich weiß, das klingt jetzt blöd, aber am meisten Angst habe ich eigentlich davor, dass mein Lieblingsverein absteigt.
Dennis, 14 Jahre

Ich habe Angst vor morgen, wenn ich beim Schwimmen vom 3er springen soll.
Jonas, 11 Jahre

Ich auf dem Weg

1. Erläutere, welche Angst du gut nachvollziehen kannst und welche weniger.
2. Wie fühlt sich Angst an?
   a) Beschreibe dieses Gefühl mit Worten.
   b) Male oder zeichne Angst mit Farben.
3. Habt ihr Vorschläge, wie man mit Angst umgehen kann?
   Wählt eine Schüleraussage und führt dazu ein Schreibgespräch.

> **I INFOBOX**
>
> ## Schreibgespräch
>
> Ein Schreibgespräch wird in kleinen Gruppen durchgeführt. Dazu braucht ihr ein großes Blatt Papier oder ein Plakat, auf dem jeder mit einer anderen Farbe schreiben kann. Ihr notiert eure Gedanken gleichzeitig, jeder kann auf das Notierte der anderen antworten. Die Antworten übertragt ihr auf Kärtchen, die ihr in Gruppen ordnet und anschließend zu einem Cluster oder einer Mindmap zusammenstellt.

4. Gib diesem Bild einen Titel. Schreibe ihn auf eine Karte und notiere auf ihrer Rückseite eine Begründung für deine Wahl.
5. Sammelt die Karten an der Tafel oder an einer Pinnwand, sodass man eure Titelvorschläge lesen kann. Clustert die Titel, indem ihr ähnliche zu Gruppen zusammenhängt. Formuliert dazu Überschriften.
6. Welche Gruppe von Titeln trifft das Bild am ehesten? Begründet eure Auffassung und vergleicht mit den Begründungen, die auf der Rückseite der Karten zu lesen sind.

Simons neue Welt
von Karl Kalemba

Früher, in der Grundschule, hatte Simon nie Probleme damit gehabt, Kontakte zu knüpfen und Freundschaften aufzubauen. Doch seitdem er die neue Schule besucht, ist es wie verhext. Das Ganze fing wohl damit an, dass ihn die Deutschlehrerin am zweiten Schultag vor der gesamten Klasse für
5 seine Hausaufgabe gelobt und gesagt hatte: „An Simon könnt ihr euch alle mal ein Beispiel nehmen."
Schon in der nächsten großen Pause begrüßte ihn eine Gruppe von Mitschülern beim Brötchenstand mit den Worten: „Ah, der Musterschüler!" Zu diesem Zeitpunkt hatte sich Simon dabei noch nichts gedacht.
10 In der darauf folgenden Woche hatte Peter, der zu Grundschulzeiten sein bester Freund gewesen war, Geburtstag. Simon war sehr enttäuscht darüber, dass er nicht eingeladen wurde. Doch er traute sich nicht, Peter danach zu fragen.
Eigenartig war auch, dass er noch viele Wochen nach dem Lob der Deutsch-
15 lehrerin und nach etlichen schlechten Zensuren in Klassenarbeiten als „Musterschüler" bezeichnet wurde. Mittlerweile gab es noch einige andere Bezeichnungen für ihn, von denen „Schleimer" und „Kriecher" noch die nettesten waren.
Evelyn, ein Mädchen aus seiner Klasse, hatte im Schulbus zwar mal gesagt,
20 dass sie das Verhalten der anderen gemein und kindisch finde, doch bei dem Vorfall am Wandertag hatte auch sie ihm nicht geholfen …

7. Verfasse eine Fortsetzung der Geschichte, aus der hervorgeht, was an dem Wandertag passiert ist.
8. a) Vergleicht eure Fortsetzungen und beschreibt das Verhalten der anderen Simon gegenüber.
   b) Wie beurteilst du dieses Verhalten?
9. Versuche, Simon eine Anwort zu geben. Erläutere, inwiefern die Gründe für das Verhalten der anderen mit Erfolg oder Misserfolg zu tun haben.
10. Diskutiert darüber, wie Simon geholfen werden könnte.

Mobbing in der Schule

Mobbing (von engl. to mob = bedrängen, über jemanden herfallen) ist ein wiederholtes und dauerhaftes Schikanieren, zu dem sich oft größere Gruppen gegen einzelne Personen verbünden.

Leider haben einige Schülerinnen und Schüler große Angst davor, in die Schule zu gehen. Manchmal ist nicht der schwere Unterrichtsstoff dafür verantwortlich oder ein strenger Lehrer, sondern die Mitschüler. Es gibt Kinder, die von anderen aus ihrer Schule immer wieder gezielt bedrängt
5 und beleidigt werden. Diese Art von Gewalt nennt man Mobbing. Damit sind aber nicht die üblichen Schulkonflikte gemeint. In der Schule herrscht nicht immer Harmonie. Das Austragen und Aushalten gewisser Konflikte ist manchmal notwendig und auch sinnvoll. Es ist klar, dass im Trubel des Schulalltags zuweilen ein unbedachtes, möglicherweise verletzendes Wort
10 fällt. Dies ist gewiss nicht schön, hat aber mit Mobbing wenig zu tun. Mobbing verläuft tiefer, geplanter. Es lässt sich in verschiedene Gruppen einteilen: körperliches Mobbing (z.B. Schubsen, Schlagen), verbales Mobbing (z.B. Beschimpfungen, Drohungen, Hänseleien), indirektes Mobbing (z.B. permanente Nichtbeachtung, Verbreiten von Gerüchten, Verfassen von be-
15 leidigenden Zetteln).

A AUFGABEN

1. Konstruiert verschiedene Situationen, in denen eine Person von anderen gemobbt wird. Ihr könnt sie als Geschichte aufschreiben oder als Rollenspiel inszenieren.
2. Untersucht diese Situationen im Hinblick auf Ursache, Auslöser und Folgen des Mobbings aus Sicht der beteiligten Personen.
3. a) Erarbeitet ein „Hilfepaket", wie man diese Mobbing-Situation entschärfen könnte. Sammelt eure Überlegungen und ordnet sie nach unterschiedlichen Maßnahmen-Typen.

   sich Hilfe holen / selbst aufmerksam sein /

   eine Person des Vertrauens ansprechen

   b) Besprecht, inwiefern diese Tipps umsetzbar sind.
4. Bildet Kleingruppen und informiert euch, welche Maßnahmen eure Schule zum Umgang mit Mobbing ergriffen hat. Sprecht dazu auch mit dem Schulleiter, dem Vertrauenslehrer oder Beratungslehrer und der Schülervertretung.

D DENKRAUM

 Internetrecherche S. 192

Erstellt eine Informationsbroschüre oder ein Info-Plakat zum Thema **MOBBING**. Recherchiert dazu im Internet.

Umgang mit Erfolg und Misserfolg

Ziele setzen und handeln –
Menschen als Vorbilder

Einsatz für einen ungeliebten Heimkehrer

Frischer Schnee ist wie ein Buch voller spannender Geschichten. Sie braucht frischen, lockeren Schnee. Aus ihm könnte sie lesen, was hier vor wenigen Stunden los war. Aber dieser Schnee ist alt, wie ein zerfleddertes Buch mit beschmierten Seiten. „Nun ja", sagt sie, „ein Großer und ein Kleiner. Mehr
5 kann man nicht sagen." Sie deutet den Weg entlang nach Norden in Richtung Anhöhe und Wald. „Dorthin werden sie gelaufen sein. Im Sommer waren sie immer dort." Wölfe sind extrem scheue Tiere. Es ist sehr schwierig, sie zu entdecken. Aber ihre Spuren kann man verfolgen, wenn man sie zu lesen gelernt hat – wie die Biologin Gesa Kluth.
10 Seit etwa 150 Jahren gibt es wieder freilebende Wölfe in Deutschland. Die Tiere haben sich in der Lausitz, einem Landstrich zwischen Brandenburg und Sachsen, angesiedelt. Gesa Kluth gründete 2003 in Spreewitz das „Wildbiologische Büro LUPUS" zum Schutz der freilebenden Wölfe. Ihr Ziel ist es, dass Wölfe in Deutschland zu gern gesehenen Tieren werden und dass
15 Menschen Ängste und Vorurteile gegenüber diesen Wildtieren abbauen.

Gemeinsam mit ihrer Kollegin Ilka Reinhardt beobachtet Gesa Kluth, was die Wölfe machen, wohin sie ziehen und wie sie sich verbreiten. Ihr Büro ist in einem alten Bauernhof untergebracht. [...] Auf dem Schreibtisch steht ein Einweckglas, darin Fell und Fleischstücke eines Wildschweins, der Ma-
20 geninhalt eines überfahrenen Wolfes. Diese Proben untersucht Gesa Kluth, um die Fressgewohnheiten und Wanderrouten der Wölfe nachzuvollziehen. Manfred zum Beispiel: Der Wolfsrüde ist ein Jahr alt und lebt mit seinem Rudel auf dem Truppenübungsplatz Muskauer Heide. [...] Manfred trägt einen Peilsender an einem Halsband, das man ihm anlegen konnte, weil er
25 in eine Lebendfalle getappt war. Nun kann die Forscherin ihn jederzeit anpeilen und seinen Aufenthaltsort in etwa bestimmen. Sie weiß dann, dass er irgendwo in der Nähe ist. Zu sehen aber ist er nie.

Gesa Kluth wurde 1970 in Göttingen geboren. Sie studierte Biologie in Bremen und verbrachte für ihre Forschung zwei Winter in Estland. Sie lebt und arbeitet derzeit im Wildbiologischen Büro LUPUS, Spreewitz. Wenn du dich noch näher über die Arbeit von Gesa Kluth informieren möchtest, recherchiere im Internet zur Wolfsregion Lausitz.

AUFGABEN

1. Gesa Kluth ist die derzeit bekannteste Wolfsforscherin in Deutschland. Arbeite am Text heraus, was zu Gesa Kluths Aufgaben gehört.
2. Wie beurteilst du das Ziel, das sie mit ihren Forschungen verfolgt? Begründe deine Auffassung.

Ich auf dem Weg

1

> Letzten Monat haben Wölfe drei Schafe aus der Herde meines Nachbarn gerissen. Sicher, er hat noch keinen Elektro-Zaun wie ich, und einen Hütehund will er sich auch nicht zulegen. Aber ärgerlich ist er über den Verlust der Schafe trotzdem!

> Es sind schon zu viele Wölfe! Die laufen ja bald durch unsere Gärten!

> Als Vater hat man wirklich Angst, dass die Tiere unsere Kinder anfallen können.

3. Stelle Vermutungen darüber an, inwiefern Gesa Kluth auf dem Weg zu ihrem Ziel Erfolg und Misserfolg erfährt.
4. Wie könntet ihr Gesa Kluth bei ihrem Vorhaben, die Angst der Menschen vor den Wölfen abzubauen, unterstützen?
   a) bei ihrer Arbeit im „Wildbiologischen Büro LUPUS" in Spreewitz oder
   b) dort, wo ihr selbst zu Hause seid.

Gesa Kluth kann als Vorbild gelten, weil sie sich für eine gute Sache einsetzt und ihr Ziel trotz mancher Widerstände und Misserfolge hartnäckig weiterverfolgt.

5. Kennst du jemanden näher, der ein Vorbild für dich ist?
   a) Erzähle von dieser Person.
   b) Erläutere, warum diese Person ein Vorbild für dich ist.
6. „Vorbilder zu haben ist nicht schwer, Vorbild sein dagegen sehr."
   Nimm begründet Stellung zu dieser These.

These: Behauptung

D DENKRAUM

Vorbild oder nicht? – Präsentiere deinem Kurs eine Person, die aus deiner Sicht als Vorbild gelten kann.
Wähle dir dazu unten eine Person aus und recherchiere in der Bibliothek und im Internet wichtige Informationen über sie. Versuche dabei z.B. herauszufinden, ob diese Person in ihrem Leben ein besonderes Ziel verfolgt hat und inwieweit sie Erfolge und Misserfolge erlebt hat.

Mahatma Gandhi Angelina Jolie Albert Einstein
Martin Luther King Sophie Scholl
Albert Schweitzer Madonna Helen Keller
Rosa Parks
Jesus Joanne K. Rowling
Franz von Assisi Johanna von Orléans
Margarethe Steiff Brad Pitt Elvis Presley
Mutter Teresa Bill Gates Lady Diana

Rückblick

AUFGABEN A

1. Vervollständige die folgenden Sätze:
   a) Von meinen Fragen zu Beginn des Kapitels kann ich jetzt beantworten: …
   b) Am meisten interessiert hat mich an diesem Thema …
   c) Der wichtigste Gedanke war für mich …
   d) Ich möchte gerne noch wissen, …

2. Wenn ein Pfeil sein Ziel trifft, gelangt er auf direktem Weg dorthin. Diskutiert, ob das auch auf uns Menschen zutrifft, wenn wir uns Ziele setzen.

Weiterdenken

3. Gestalte eine Landkarte, auf der du deine persönlichen Ziele einträgst. Vielleicht kann dir die musikalische Landkarte dafür eine Anregung sein. Achte auf Besonderheiten der Landschaft (Berge, Flüsse, Seen, Küsten, Meere etc).

4. Besonderen Menschen begegnet man nicht nur auf der Straße – sondern auch in Büchern.
   Diskutiert, ob literarische Figuren Vorbilder sein können.

Ihr könnt darüber auch ein sokratisches Gespräch führen. ➲ *S. 97.*

2 In der Gemeinschaft leben

1 Freundschaft
2 Das Zusammenleben regeln

„Wer nicht in der Gemeinschaft leben kann oder wer sie nicht braucht, muss entweder ein wildes Tier oder ein Gott sein. Er ist nicht Teil der Gemeinschaft."

Aristoteles

- Warum fühlen wir uns eigentlich einsam, wenn wir allein sind?
- Wie viele Freunde kann ich haben?
- Was ist eigentlich „wahre Freundschaft"?
- Menschen leben in vielen Gruppen gleichzeitig. In welchen Gemeinschaften lebst du?
- Wie funktioniert das Zusammenleben der Menschen?

In der Gemeinschaft leben

2 1 Freundschaft

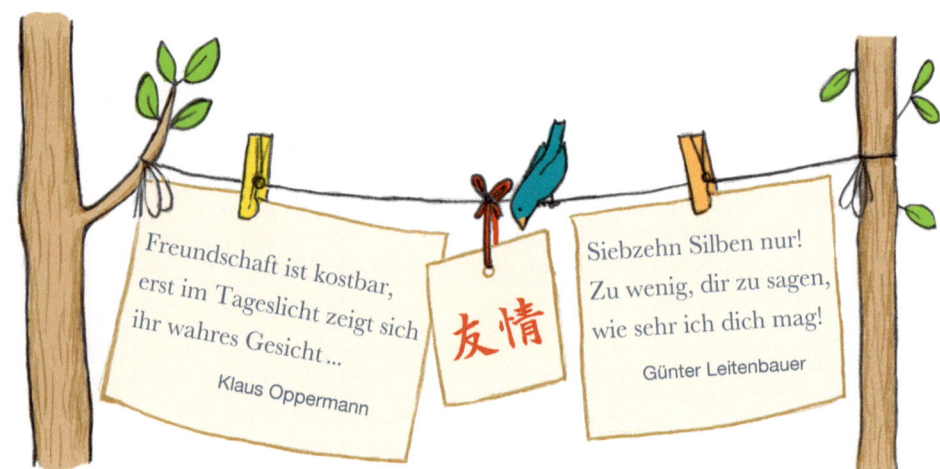

Freundschaft ist kostbar,
erst im Tageslicht zeigt sich
ihr wahres Gesicht ...
Klaus Oppermann

Siebzehn Silben nur!
Zu wenig, dir zu sagen,
wie sehr ich dich mag!
Günter Leitenbauer

Tipp
Lege für das Freundschaftsthema ein besonderes Heft an, das du selbst ganz frei gestalten darfst.

 **AUFGABEN**

Haiku: Alte japanische Gedichtform. Haikus bestehen aus ungefähr 17 Silben und beziehen sich hauptsächlich auf die Natur. Es sind aber auch andere Themen möglich.

1. Dichte ein Haiku mit drei Zeilen mit insgesamt ungefähr 17 Silben über die Freundschaft oder über einen Freund oder eine Freundin. Hängt eure Haikus auf.
2. Lies die Haikus, suche eines aus, das dir gefällt, und erkläre deine Wahl im Gruppengespräch.
3. Findet heraus, was Freundschaft für euch bedeutet.
   a) Formuliert in Dreiergruppen drei Fragen zum Thema „Freundschaft" und schreibt diese Fragen auf Karten.
      BEISPIEL
      Wie muss eine Freundschaft unbedingt sein?
      Muss man immer für eine Freundin, einen Freund da sein?
   b) Tauscht die Karten gegen Karten aus anderen Gruppen.
      Wählt nun eine Frage, die jeder von euch auf einem Blatt beantwortet. Karte und Antwortblätter werden zusammen aufgehängt und von allen gelesen.
   c) Prüft, ob ihr den Antworten zustimmen könnt.
   d) Welche Fragen und Antworten sind eurer Meinung nach besonders wichtig und welche müssen noch bearbeitet werden? Stellt eine Liste zusammen, die ihr am Schluss des Kapitels überprüfen könnt.

Dieses Kapitel handelt von der Freundschaft und verschiedenen Arten von Freundschaft; davon, dass Freundschaften auch einmal in die Krise geraten können. Das habt ihr vielleicht schon selbst erfahren. Es ist deshalb nützlich, sich mit den Gründen für solche Krisen zu beschäftigen und sich zu fragen, was dagegen schützt und hilft, wenn es passiert ist.

Die philosophische Methode, die in diesem Kapitel im Vordergrund steht, ist die **Dilemma-Diskussion**.

Freundschaftszeichen und Freundschaftsbilder

Wenn wir befreundet sind, tauschen wir als Zeichen der Freundschaft oft Armbänder oder Ringe miteinander aus.

Der Claddagh Ring (sprich: kläddak) ist ein keltisches Freundschaftssymbol, das in Irland viele Leute, auch Jugendliche, gerne tragen. Es vereinigt drei Elemente.

AUFGABEN A

1. Benenne die drei Elemente des Symbols, das mit dem Claddagh Ring dargestellt wird, und versuche ihre Bedeutung für die Freundschaft zu erklären.
2. Diskutiert, ob diese drei Elemente des Rings das Wesen der Freundschaft erfassen.
3. Entwirf in deinem Freundschaftsheft einen eigenen Freundschaftsschmuck. Du kannst auch andere Symbole verwenden.
4. Kennst du noch weitere Freundschaftssymbole?

Symbol: Zeichen oder Bild, das für etwas steht
➲ S. 184

Tipp
Die Krone ist ein Symbol für die Loyalität (= Treue, Ergebenheit)

```
Freundschaft  ..................................  deutsch
amicitia      ..................................
amitié        ..................................
arkadaşlık    ..................................
              ..................................  englisch
philia        ..................................
vänskap       ..................................
              ..................................
```

a) Übertrage die Wörter in dein Heft oder deine Mappe und ergänze die Übersetzung und die Sprachen, die du schon kennst; versuche dann, die fehlenden Wörter herauszufinden.
b) Ergänze das Lexikon, wenn du noch andere fremdsprachige Wörter für „Freundschaft" kennst.

A Fotografiert, zeichnet oder malt Situationen oder Gesten der Freundschaft.
B Legt eure Werke im Klassenraum aus. Jeder sucht sich eines davon aus und schreibt eine Geschichte dazu.
C Inszeniert in Gruppen Standbilder der Freundschaft.
D Fasse dein Idealbild einer Freundschaft in Worte.

DENKRAUM D

Tipp
Ihr könnt diese Geschichte auch zu zweit als Schreibgespräch schreiben. ➲ S. 28

In der Gemeinschaft leben

Aristoteles
antiker griechischer Philosoph (384 bis 322 v. Chr.)

Drei Arten der Freundschaft

Über die Freundschaft
nach Aristoteles

Die Freundschaft hilft jungen Menschen, Fehler zu vermeiden. Sie hilft alten Menschen, Pflege und Unterstützung bei Tätigkeiten zu bekommen, zu denen sie zu schwach sind. Und sie hilft den Erwachsenen, verantwortungsvoll zu handeln. Es gibt Freundschaften, die nützlich sind, Freundschaften,
5 die angenehm sind und Freundschaften, die gut und in sich wertvoll sind. Es gibt drei Arten der Freundschaft: Erstens zwischen denjenigen, die sich mögen, weil sie einander nützlich sind. Sie mögen den anderen nicht, weil er so ist, wie er ist (um seiner selbst willen), sondern weil sie etwas von ihm bekommen. Zweitens zwischen denjenigen, die sich mögen, weil sie
10 die zeitweilige Gesellschaft des anderen angenehm finden und Spaß miteinander haben. Drittens zwischen denjenigen, die sich mögen, weil sie den anderen um seiner selbst willen gut finden.
Freundschaften um des Nutzens oder des Angenehmen willen sind veränderlich. Sie werden leicht aufgelöst, wenn die Menschen sich verändern.
15 Das Nützliche ist nicht von Dauer, sondern es ist bald dies, bald jenes nützlich. Nur die gute, in sich wertvolle Freundschaft ist dauerhaft und nicht abhängig von den Lebensumständen. Die Freunde wünschen sich gegenseitig Gutes.
In der Freundschaft der jungen Menschen geht es natürlich auch oft um
20 den Spaß und das Angenehme. Denn sie leben aus dem Gefühl heraus und suchen, was ihnen angenehm erscheint. Mit jedem Jahr, das sie älter werden, finden sie andere Menschen und Dinge angenehm. Daher werden sie schnell Freunde und hören schnell auf, es zu sein. Sie wollen den Tag zusammen verbringen und zusammen leben. Auf diese Weise bekommen sie,
25 was ihrer Art Freundschaft entspricht.

Aristoteles untersucht die Freundschaft, indem er verschiedene Kategorien an sie anlegt: das Lebensalter der Freunde und den Zweck der Freundschaft.

Kategorie: Merkmal, nach dem unterschieden wird. Probiere es aus: Nach welcher Kategorie kannst du hier unterscheiden?

Wie kann man hier kategorisieren?
Pferd, Esel, Rind, Ziege

A AUFGABEN

1. Untersucht in Gruppen Aristoteles' Text und ergänzt die Tabelle:
   a) Welche Lebensphasen und welche Zwecke werden genannt?
   b) Wie hängen die Lebensphase und der Zweck zusammen?

Lebensphase → Zweck ↓	Jugend	...	...
nützlich			
...			

c) Stellt euch das Ergebnis gegenseitig vor.

2. Diskutiert die Frage: Können junge Menschen den Typ „vollkommene Freundschaft" pflegen? Inwiefern ja, inwiefern nein? Notiert die Argumente in Stichworten an der Tafel und schreibt sie dann in euer Heft oder eure Mappe.

Der Freundschaftsapfel

3. Sammelt nach der Methode der Begriffsbestimmung auf Seite 24 Begriffe, die eurer Meinung nach Merkmale von Freundschaft sind.
   Zum Beispiel: Freundlichkeit, Solidarität.
4. Zeichne einen Längsschnitt durch einen Apfel, in dem seine verschiedenen Teile erkennbar sind.
5. Beschrifte nun den Apfel mit den Begriffen, die ihr gesammelt habt. Überlege, welche Begriffe eher ins Innere, welche eher an den äußeren Rand des Apfels gehören.
6. Erklärt euch gegenseitig eure Beschriftung.

Solidarität: Verbundenheit, Unterstützungsbereitschaft

Längsschnitt: einen senkrechten Schnitt durch die Mitte des Apfels schneiden

Tipp
Die Teile des Apfels sind: Samen, Kernhaus, Fruchtfleisch, Kelch, Kelchhöhle, Stiel, Fruchtfleisch und Fruchthaut.

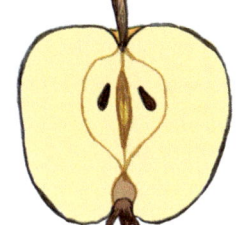

Was ist für Freundschaft wichtig?

Eine wissenschaftliche Untersuchung zur Freundschaft

DIE BEFRAGUNG

A Formuliert die Frage, die ihr untersuchen möchtet.
   BEISPIEL
   Was ist für die Freundschaft wichtig?
B Bereitet einen Fragebogen für eine Befragung auf dem Pausenhof vor. Stellt dazu in einer Tabelle fünf Eigenschaften von Freundschaft zusammen, die ihr im Unterricht erarbeitet habt, und fügt die Skala für die Auswertung hinzu.
   BEISPIEL

DENKRAUM D

Skala: Treppe, hier: Bewertungsstufen

	1	2	3	4	5	6
Ehrlichkeit						
...						
...						
...						

1 = sehr wichtig;   6 = spielt keine Rolle

In der Gemeinschaft leben

C Formuliert die Frage, die ihr auf dem Pausenhof stellen möchtet.
Zum Beispiel: Wie würdest du auf einer Skala von 1 bis 6 „Ehrlichkeit" bewerten?

D Kopiert den Fragebogen und führt die Befragung in Zweierteams durch.

E Macht für jede Antwort einen Strich in das jeweilige Kästchen.

DIE AUSWERTUNG
Wertet nun die Befragung aus und veröffentlicht das Ergebnis.

Tipp
Eine Veröffentlichung kann als Aushang am Schwarzen Brett, auf der Homepage der Schule oder in der Schülerzeitung erfolgen.

Freundschaft in der Literatur

Die unendliche Geschichte
von Michael Ende

Der Schüler Bastian Balthasar Bux, ein schüchterner, dicklicher Junge von etwa elf Jahren, stiehlt in einer Buchhandlung ein Buch, zieht sich damit ganz allein auf den Dachboden seiner Schule zurück und beginnt die unendliche Geschichte von Phantásien zu lesen. In diesem Land Phantásien herrscht die Kindliche Kaiserin, die goldäugige Gebieterin der Wünsche, und dort leben auch die Freunde Atréju und der Glücksdrache Fuchur. Phantásien wird vom „Nichts" bedroht, das sich überall ausbreitet, weil immer weniger Menschen lesen und Phantásien durch ihre Fantasie lebendig erhalten. Bastian gerät selbst nach Phantásien, wird zum Retter und befreundet sich mit Atréju und Fuchur. Die Kindliche Kaiserin verleiht ihm das Amulett AURYN, durch das er die Macht erhält, zu wünschen, was immer ihm beliebt. Jedoch: Mit jedem Wunsch, den Bastian ausspricht, zerstört er auch etwas. Er verliert Stück für Stück die Erinnerung an seine Welt und daran, wer er selbst ist. Doch das scheint ihn nicht zu berühren, er kostet die Macht des Wünschens aus ...

Sie schwangen sich auf den Rücken des Glücksdrachen, Atréju vorne, Bastian hinter ihm, und stiegen in die Luft empor. Es war das erste Mal, dass sie gemeinsam flogen.

Kaum waren sie außer Hörweite, als Atréju sagte: „Es ist jetzt schwer, dich
5 allein zu sprechen. Aber wir müssen unbedingt miteinander reden, Bastian."

„Das hab' ich mir gedacht", antwortete Bastian lächelnd. „Was gibt's denn?"

„Wohin wir da geraten sind", begann Atréju zögernd, „und worauf wir uns da zubewegen – hängt das mit einem neuen Wunsch von dir zusammen?"

10 „Vermutlich", erwiderte Bastian ein wenig kühl.

„Ja", fuhr Atréju fort, „das haben wir uns schon gedacht, Fuchur und ich. Was für ein Wunsch mag das wohl sein?"

Bastian schwieg.

40

„Versteh mich nicht falsch", fügte Atréju hinzu, „es handelt sich nicht darum, dass wir Angst vor irgendetwas oder irgendwem haben. Aber als deine Freunde machen wir uns Sorgen um dich."

„Das ist unnötig", gab Bastian noch kühler zurück.

Atréju schwieg längere Zeit. Schließlich wandte Fuchur den Kopf nach ihnen und sagte:

„Atréju hat einen sehr vernünftigen Vorschlag zu machen, den solltest du dir anhören, Bastian Balthasar Bux."

„Habt ihr wieder einen guten Rat?" fragte Bastian mit spöttischem Lächeln.

„Nein, kein Rat, Bastian", antwortete Atréju, „einen Vorschlag, der dir vielleicht im ersten Augenblick nicht gefallen wird. Aber du solltest erst darüber nachdenken, ehe du ihn ablehnst. Wir haben uns die ganze Zeit den Kopf zerbrochen, wie wir dir helfen können. Alles liegt an der Wirkung, die das Zeichen der Kindlichen Kaiserin auf dich hat. Ohne AURYNS Macht kannst du nicht weiterwünschen, aber mit AURYNS Macht verlierst du dich selbst und erinnerst dich immer weniger daran, wohin du überhaupt willst. Wenn wir nichts tun, kommt der Moment, wo du es gar nicht mehr weißt."

„Darüber haben wir schon gesprochen", sagte Bastian, „was weiter?"

„Als ich damals das Kleinod trug", fuhr Atréju fort, „war alles anders. Mich hat es geführt, und es hat mir nichts genommen. Vielleicht weil ich kein Mensch bin und deshalb keine Erinnerung an die Menschenwelt zu verlieren habe. Ich will sagen, es hat mir nicht geschadet, ganz im Gegenteil. Und deshalb wollte ich dir vorschlagen, dass du mir AURYN gibst und dich meiner Führung einfach anvertraust. Ich werde deinen Weg für dich suchen. Was hältst du davon?"

„Abgelehnt!", sagte Bastian kalt.

Fuchur wandte wieder seinen Kopf zurück.

„Willst du denn nicht wenigstens einen Augenblick darüber nachdenken?"

„Nein", antwortete Bastian, „wozu?"

Jetzt wurde Atréju zum ersten Mal zornig.

„Bastian, nimm Vernunft an! Du musst einsehen, dass du so nicht weitermachen kannst! Merkst du denn nicht, dass du dich ganz verändert hast? Was hast du überhaupt noch mit dir selbst zu tun? Und was wird noch aus dir werden?"

„Danke schön", sagte Bastian, „vielen Dank, dass ihr euch pausenlos um meine Angelegenheiten kümmert! Aber es wäre mir, ehrlich gesagt, sehr viel lieber, wenn ihr mich endlich damit verschonen würdet. Ich – falls ihr das vergessen habt – *ich* bin nämlich der, der Phantásien gerettet hat, ich bin der, dem Mondenkind ihre Macht anvertraut hat. Und irgendeinen Grund muss sie dafür wohl gehabt haben, sonst hätte sie AURYN ja dir lassen können, Atréju. Aber sie hat dir das Zeichen abgenommen und hat es mir gegeben! Ich hab' mich verändert, sagst du? Ja, mein lieber Atréju, da kannst du schon Recht haben! Ich bin nicht mehr der harmlose und nichts

Mondenkind: der neue Name für die Kindliche Kaiserin

In der Gemeinschaft leben

Tropf: ein einfältiger, von anderen belächelter Mensch

ahnende Tropf, den ihr in mir seht! Soll ich dir sagen, warum du AURYN in Wahrheit von mir haben willst? Weil du ganz einfach eifersüchtig auf
60 mich bist, nichts als eifersüchtig. Ihr kennt mich noch nicht, aber wenn ihr in dieser Art weitermacht – ich sage es euch noch einmal im Guten – dann werdet ihr mich kennenlernen!"
Atréju antwortete nicht. Fuchurs Flug hatte plötzlich alle Kraft verloren, er schleppte sich mühsam durch die Luft und sank tiefer und tiefer wie ein
65 angeschossener Vogel.
„Bastian", brachte Atréju schließlich mit Mühe heraus, „was du da eben gesagt hast, kannst du nicht ernstlich glauben. Wir wollen es vergessen. Es ist nie gesagt worden."
„Na gut", antwortete Bastian, „wie du willst. Ich habe nicht damit angefan-
70 gen. Aber meinetwegen: Schwamm drüber."
Eine Weile sagte keiner mehr ein Wort.

A AUFGABEN

1. Erläutere auf der Grundlage des Textauszuges, worüber sich Atréju und Fuchur Sorgen machen.
2. Formuliere den Vorschlag, den Atréju Bastian unterbreitet, und erkläre, wie und mit welcher Begründung Bastian den Vorschlag ablehnt.
3. Die Freundschaft wird auf eine harte Probe gestellt. Beurteile, ob Atréju und Bastian gute Freunde füreinander sind.
4. Was könnten Bastian und Atréju deiner Ansicht nach tun, um aus der Krise herauszukommen? Schreibe entweder an Bastian oder an Atréju oder an beide einen Brief, in dem du einen Rat gibst.

Tipp
Gib jeweils die Nummern der Zeilen an, die für deine Antwort wichtig sind.

Freundschaftskrisen

Berg der Freundschaft
Günter Leitenbauer

Den Berg der Freundschaft
hüllen Wolken der Lüge
in tiefe Trauer.

A AUFGABEN

1. Erkläre die Bedeutung des Gedichts.
2. Kennt ihr andere Ursachen als das Lügen, die eine Freundschaft belasten oder bedrohen können?
Sammelt eure Ergebnisse und haltet sie schriftlich fest.

Tipp
Die Bedeutung eines Textes erklären ist interpretieren.

Freundschaft

Ein Dritter im Bunde?

Alex und Daniel sind seit der vierten Klasse befreundet. Sie verabreden sich oft und sind zusammen im Schach-Club. Eines Tages mischt sich Tim, der neu an die Schule gekommen ist, in die Freundschaft. Er will Daniel als Freund gewinnen und fängt an, in Daniels Beisein über Alex Schlechtes zu erzählen, wo er nur kann.

3. Stellt die Situation als Standbild nach.
4. Ist das deiner Meinung nach Mobbing?
5. Darf Tim Daniel um jeden Preis zum Freund gewinnen wollen? Diskutiert die Frage in Kleingruppen.

➔ *zum Thema Mobbing vergleiche S. 30*

Was tun?
von Barry K. Beyer

Leonie und Pia waren beste Freundinnen. Eines Tages gingen sie zusammen einkaufen. Pia probierte einen Pullover an und verließ zu Leonies Überraschung das Geschäft, obwohl sie den Pullover unter dem Mantel noch anhatte. Einen Augenblick später hielt der Hausdetektiv Leonie an und verlangte von ihr, den Namen des Mädchens, das den Laden velassen hatte, zu nennen. Er erzählte dem Besitzer des Ladens, dass er die beiden Mädchen zusammen gesehen habe. Er sei sicher, dass das Mädchen, das bereits gegangen sei, gestohlen habe. Der Besitzer sagte zu Leonie, dass sie wirklich Ärger bekomme, wenn sie nicht den Namen des Mädchens nenne.

6. Führt eine Dilemma-Diskussion. Geht dabei in folgenden Schritten vor:
   a) Formuliert Leonies Dilemma.
   b) Stimmt ab und notiert das Ergebnis.
   c) Sammelt in Ja-Gruppen und in Nein-Gruppen Argumente.
   d) Stellt euch die Ja- und die Nein-Argumente abwechselnd vor und tragt sie in eine Tabelle ein.

➔ *Dilemma-Diskussion S. 44*

Argumente: *Gründe*

Ja, Leonie sollte den Namen ihrer Freundin sagen,	Nein, Leonie sollte den Namen ihrer Freundin nicht sagen,
weil …	weil …

   e) Diskutiert, welche Argumente schwer wiegen, welche leichter und unterstreicht die schwerwiegenden farbig.
   f) Stimmt noch einmal ab und notiert das Ergebnis wiederum.
   g) Vergleicht die beiden Abstimmungsergebnisse. Warum wurden Meinungen geändert oder nicht geändert?

In der Gemeinschaft leben

M METHODEN

Dilemma-Diskussion

Bei einem Dilemma steckt man in einer Zwickmühle, also in einer Situation, in der es zwei Handlungsmöglichkeiten gibt, zwischen denen man sich entscheiden muss.
Eine Entscheidung ist schwer, weil die beiden Möglichkeiten nicht miteinander vereinbar sind. Oft ist keine angenehm. Für beide Möglichkeiten gibt es nachvollziehbare Gründe (Argumente). Um ein Dilemma zu lösen, muss man das Gewicht der Argumente gegeneinander abwägen. Das Ergebnis der Abwägung ist die Grundlage einer Entscheidung.

Beim Abwägen hilft eine philosophische Methode, die Dilemma-Diskussion, in der man bestimmten Schritten folgt:

Ablauf einer Dilemma-Diskussion

1 Den Konflikt benennen und die Entscheidungsfrage formulieren:

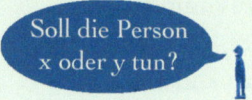

2 Spontan abstimmen und ein erstes Meinungsbild über „Ja!" oder „Nein!" herstellen. Das Ergebnis wird aufgeschrieben.

3 In Ja-Gruppen und Nein-Gruppen Argumente sammeln.

4 Ja- und Nein-Argumente abwechselnd vorstellen (pingpong-Prinzip)

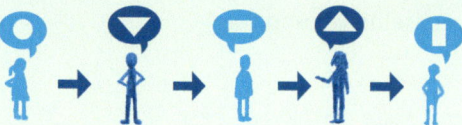

5 Argumente gewichten.

6 Erneut abstimmen. Jetzt geht es um eine überlegte Entscheidung.

7 Rückblick: Haben sich die Meinungen geändert? Warum oder warum nicht?

Freundschaftsmedizin

Die Top 10 der Krisenvermeidung

AUFGABEN

1. Manchmal geht es der Freundschaft schlecht und sie gerät in eine Krise. Kannst du dich an eine Situation erinnern, in der eine Freundschaft in die Krise geriet? Schreibe diese Situation in dein Heft oder deine Mappe. Beschreibe, wie du dich gefühlt hast.
2. Sammelt an der Tafel oder auf einem Flipchart Formulierungen, mit denen eine Regel zur Vermeidung von Freundschaftskrisen anfangen könnte. Z.B.: „Bemühe dich …", „Vermeide …", „Frage dich, ob …", „Achte darauf, dass …"
3. Vervollständigt die Regelanfänge.
4. Wählt die Top 10 aus und schreibt sie in euer Heft oder eure Mappe.

Die Top 10 der Freundschaftspflege

5. Auch eine Freundschaft muss gepflegt werden. Dann treten Krisen oft gar nicht erst auf. Was sind nach euren Erfahrungen gute Pflegemaßnahmen für Freundschaften? Stellt die „Top 10 der Freundschaftspflege" zusammen.

In der Gemeinschaft leben

Rückblick

A AUFGABEN

1. Sind die Fragen, die du beantwortet wissen wolltest, nun beantwortet? Bist du mit der Antwort zufrieden? Welche Frage ist nicht beantwortet?
2. Siehst du ein Problem mit der Freundschaft, das noch nicht angesprochen ist? Kannst du das Problem formulieren? Wie könnte man es lösen?

Weiterdenken
Eine andere Art der Freundschaft?

3. Kann man mit Tieren befreundet sein? Nimm Stellung zu dieser Frage, indem du überlegst, in welchem Sinn eine Freundschaft zu einem Tier möglich, in welchem Sinn sie nicht möglich ist.
4. Liste auf, was anders ist als bei der Freundschaft zu Menschen.

Was andere so sagen …

A
Unsere äußeren Schicksale interessieren die Menschen, die inneren nur den Freund.
Heinrich von Kleist

B
Ein Freund ist ein Mensch, der die Melodie deines Herzens kennt und sie dir vorspielt, wenn du sie vergessen hast.
Albert Einstein

C
Die eigentliche Aufgabe eines Freundes ist es, dir beizustehen, wenn du im Unrecht bist. Jedermann ist auf deiner Seite, wenn du im Recht bist.
Mark Twain

D
Dasselbe wollen und dasselbe nicht wollen, das ist feste Freundschaft.
Sallust

Aphorismus: *Sinnspruch, philosophischer Gedankensplitter*

5. Suche dir einen Aphorismus aus und erkläre, was dir daran gefällt. Oder suche dir einen Aphorismus aus und erkläre, was dir daran nicht gefällt.
6. Schreibe selbst einen Aphorismus über die Freundschaft.

2 Das Zusammenleben regeln

Regelsalat

Meine Hausaufgaben soll ich nicht auf die Straße werfen.

Die Bedürfnisse anderer Menschen darf ich mir nicht einfach nehmen.

Meinen Müll soll ich achten.

Was mir nicht gehört, soll ich nicht vergessen.

Wo ein Stoppschild steht, soll ich nicht sprechen.

Bei Rot soll ich nicht schwimmen.

Würfele ich eine sechs, darf ich nicht mit dem Rad auf der Straße fahren.

Vor dem Essen muss ich anhalten.

Mit vollem Magen soll ich mir die Hände waschen.

Mit vollem Mund darf ich nicht über die Straße gehen.

Bekomme ich beim Fußballspiel die zweite gelbe Karte, dann darf ich noch einmal würfeln.

Wenn ich erst acht Jahre oder jünger bin, darf ich nicht mehr mitspielen.

1. Kennst du die Regeln, die im Regelsalat durcheinandergeraten sind? Schreibe auf, wie sie richtig lauten.
2. Wozu gibt es überhaupt Regeln? Stellt gemeinsam Vermutungen an und haltet sie schriftlich fest, damit ihr sie später noch einmal überprüfen
3. könnt.
   Gibt es eine Frage, die dich an diesem Thema besonders interessiert? Schreibe sie auf. Vielleicht ist sie am Ende des Kapitels beantwortet.

AUFGABEN A

*Die philosophische Methode, die du in diesem Kapitel kennenlernst, ist der **Diskurs**.*

In der Gemeinschaft leben

Zusammenleben in der Schule

Was sind Regeln?

Regeln sind Vorschriften. Es gibt Regeln, an die Menschen sich halten, damit gemeinsame Aktivitäten möglich sind (zum Beispiel im Spiel oder im Sport) oder reibungslos verlaufen (zum Beispiel im Verkehr). Andere Regeln bestimmen, wie wir als Menschen miteinander umgehen sollten. Diese moralischen Regeln sind nicht immer aufgeschrieben. Auch Gesetze sind Regeln. Sie ordnen das Zusammenleben in einem Staat oder zwischen mehreren Staaten (zum Beispiel in der Europäischen Union).

AUFGABEN

1. a) Schreibe mithilfe des Textes Bereiche auf, in denen Regeln gelten.
   b) Nenne weitere Bereiche, in denen Regeln eine Rolle spielen. Nimm dabei die Regeln aus dem Regelsalat (S. 47) und die Bilder auf Seite 34f. zu Hilfe.
   c) Vergleicht eure Ergebnisse und ergänzt sie gemeinsam.

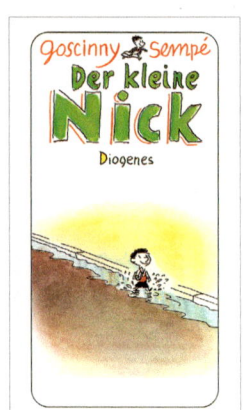

Der kleine Nick und seine Freunde sind die Helden in vielen bekannten Geschichten der französischen Autoren René Goscinny und Jean-Jacques Sempé.

2. Beschreibe die Situation in diesem Klassenzimmer.
3. Überlege: Entspricht das Verhalten der Kinder hier einer Regel? Begründe deine Auffassung.

Herr Hühnerbrüh

Und dann hat Herr Hühnerfeld, der Hilfslehrer, uns in die Klasse geführt. Wir nennen ihn immer „Hühnerbrüh", natürlich nur, wenn er es nicht hört. [...] Er hat gefragt, wer Klassenerster ist. „Ich, Herr Hühnerfeld", hat Adalbert ganz stolz gesagt. [...] „Schön", hat Herr Hühnerbrüh gesagt, „komm nach vorne. Du setzt dich hier ans Lehrerpult und übernimmst die Aufsicht über deine Kameraden."

4. Adalbert steht hinter dem Lehrerpult und ermahnt seine Klassenkameraden. Formuliere Regeln, an die er die anderen in dieser Situation erinnern könnte.
5. Gestaltet in Kleingruppen ein Regelplakat mit den fünf wichtigsten Klassenregeln für Nick und seine Freunde. Ihr könnt auch Piktogramme verwenden.
6. Wozu gibt es überhaupt Regeln? Überprüft eure ersten Vermutungen aus Aufgabe 2, Seite 47 anhand dieses Beispiels.
7. Nicht immer sind alle mit Regeln, die für sie gelten sollen, einverstanden.
   a) Sammelt Vorschläge, wie man zu Regeln kommt, mit denen alle wirklich einverstanden sind.
   b) Überlegt, welche Schwierigkeiten damit verbunden sein könnten.

*Ein **Piktogramm** (lat. pictum = gemalt) ist ein leicht verständliches Informationszeichen, z. B.:*

METHODEN

Diskurs

Wenn man Regeln aufstellen möchte, die alle anerkennen können, muss man sich auch wieder an Regeln halten. Diese Regeln kann man „Regelfindungsregeln" nennen.

Der deutsche Philosoph Jürgen Habermas hat ein Gespräch, in dem sich alle Teilnehmer auf ein gemeinsames Ergebnis einigen wollen und sich dabei an bestimmte, von ihm formulierte Regeln halten, **Diskurs** genannt. Seine **Diskursregeln** lassen sich auch als „Regelfindungsregeln" anwenden. Hier sind fünf dieser Diskursregeln:

Diskurs (von lat. discurro): eifrig hin- und herlaufen; ein hin und her gehendes Gespräch

1. Alle Teilnehmer an einem Diskurs möchten eine Einigung erzielen, der alle zustimmen können.
2. Alle ernst gemeinten Meinungen sind gleichberechtigt, keine zählt mehr als andere.
3. Jeder begründet seine Meinung so, dass andere sie verstehen und vielleicht auch zustimmen können.
4. Niemand wird in seiner Meinungsbildung unter Druck gesetzt oder unfair behandelt.
5. Jeder ist bereit, sich von guten Gründen (Argumenten) überzeugen zu lassen.

Jürgen Habermas (geb. 1929 in Düsseldorf)

In der Gemeinschaft leben

8. Die Klasse 6a diskutiert über den nächsten Ausflug. Dabei geht es hoch her.

- **A** Luisa will in den Freizeitpark. Ihre Freundin Lea findet das doof und verlangt von ihr, auch für ein anderes Ausflugsziel zu sein.
- **B** Max will auf keinen Fall einen Ausflug machen. Er hält die Diskussion über Ausflugsziele für überflüssig.
- **C** Susa kommentiert alle Vorschläge von Tom mit den Worten: „Blöde Idee".
- **D** Katharina erklärt ausführlich, weshalb sie in den botanischen Garten will, aber sie macht es so kompliziert, dass keiner sie versteht.
- **E** Özil möchte von Iris wissen, weshalb sie nicht in den Zoo möchte, aber Iris hat keine Lust, ihm die Gründe zu nennen.
- **F** Maria ist Klassensprecherin, sie will deshalb bestimmen, wohin der Ausflug geht.
- **G** Jonas sagt, dass er unbedingt irgendwo mit dem Zug hinfahren möchte, aber er erklärt nicht, warum.
- **H** Kim will nicht sagen, was sie denkt, und behält deshalb ihre Vorschläge für sich.

a) Notiere zu jedem Satz eine Diskursregel, die nicht beachtet wird.
b) Erläutere die Diskursregeln anhand dieser Beispielsätze.

9. Eine weitere Diskursregel von Habermas lautet:
„Die im Diskurs von allen vereinbarte Lösung muss auch von denjenigen akzeptiert werden können, die an dem Gespräch selbst nicht teilgenommen haben." Erkläre schriftlich, was das bedeutet.

➲ *szenisches Spiel S. 66*

10. Schlüpft in die Rollen der Kinder aus den Beispielsätzen und gestaltet ein szenisches Spiel. Versucht, zu einem Ergebnis im Sinne von Jürgen Habermas zu kommen.

TIPP
Erklärt euch, während ihr die Rollen spielt, gegenseitig, warum so kein Diskurs gelingen kann. Macht es dann besser, indem ihr euch an die Diskursregeln haltet.

D DENKRAUM

Erprobt die Diskursregeln nun einmal selbst in einem Gespräch: Wählt eines der folgenden unsinnigen Themen dazu aus – oder denkt euch selbst eines aus.
- **A** Wie kann die Verteilung von kostenlosen Cappys an unserer Schule ablaufen?
- **B** Wie kann das Mitbringen von Haustieren in Schulen geregelt werden?

Wertet eure Diskussion im Anschluss aus: Beschreibt, was gut funktioniert hat und was weniger. Begründet, warum.

Das Zusammenleben regeln

Eine Kursordnung aufstellen

Wenn mehrere unterschiedliche Regeln für einen bestimmten Bereich zusammengefasst werden, spricht man von einer Ordnung, die in diesem Bereich gilt.

11. Welche Dinge möchtet ihr in eurem Kurs regeln? Sammelt Stichwörter.
12. a) Führt einen Diskurs und entwickelt eine Kursordnung, die alle anerkennen können.
    b) Haltet eure Kursordnung schriftlich fest und hängt sie in eurem Kursraum auf.
13. Gibt es etwas, das ihr nicht gemeinsam aushandeln könnt?

Max hat in seinem Kurs auch Regeln ausgehandelt und sich eifrig daran beteiligt. Nach dem Ende der Stunde sagt er zu Tine: „Pfft, es ist mir trotzdem egal, was für Regeln gelten. Sollen die anderen sich daran halten, das reicht. Ich mache es nicht."

14. Antworte Max an Tinas Stelle, was du von seinem Verhalten hältst. Begründe deine Meinung.
15. Diskutiert darüber, wie mit Regelübertretungen umgegangen werden sollte.

> *Wer einmal eine Regel übertritt, der muss hart bestraft werden. Sonst hält er sich niemals daran!*

DENKRAUM

Kommentiere diese These schriftlich. Überlege dir dazu Beispiele, aus welchen Gründen jemand eine Regel verletzen könnte.

Kommentieren: *Man äußert seine eigene Meinung zu etwas.*
These: *Behauptung*

Schulregeln um 1900

In der Schule vor mehr als hundert Jahren galten eine Reihe von Verhaltensregeln, die strengstens einzuhalten waren, wie zum Beispiel diese:

- Alle Schüler sitzen anständig, gerade, mit dem Rücken angelehnt in Reihen hintereinander.
- Jedes Kind legt seine Hände geschlossen auf den Tisch.
- Die Füße werden parallel nebeneinander auf den Boden gestellt.
- Sprechen, Plaudern, Lachen, Flüstern, Hin-und-her-Rücken, heimliches Lesen, neugieriges Umhergaffen sind verboten.

In der Gemeinschaft leben

- Das Melden geschieht bescheiden mit dem Finger der rechten Hand. Dabei wird der Ellbogen des rechten Armes in die linke Hand gestützt.
- Beim Antworten hat sich das Kind rasch zu erheben, gerade zu stehen, dem Lehrer fest ins Auge zu schauen und in vollständigen Sätzen deutlich und laut zu sprechen.

16. Schlüpft in die Rollen der Schülerinnen und Schüler um 1900.
    a) Benehmt euch für einen Teil der Unterrichtsstunde so, wie es diese Regeln vorschreiben.
    b) Besprecht anschließend, wie ihr euch in den Rollen gefühlt habt.
17. Sammelt gemeinsam Regeln, die in eurer Schule gelten.
    a) Vergleicht die Schulregeln und nennt ein Beispiel dafür, wie sich die Schulregeln verändert haben.
    b) Stellt Überlegungen dazu an, wie das Verhältnis der Schüler und Schülerinnen zu den Lehrern früher war und was sich verändert hat.

Auch in der Familie gibt es Regeln

Kalle und Pauline

Wie jeden Tag sitzt Familie Nalle gemeinsam am Küchentisch und frühstückt. „Pauline", sagt ihre Mutter, „denk bitte daran, dass du heute den Müll runterbringst."– „Ja doch, aber Kalle ist dafür mit der Spülmaschine dran." „Wenn ihr mich nicht hättet …", antwortet Kalle gelassen. „Ach,
5 und dann muss die Wäsche noch aufgehängt werden", ruft Mutter noch, bevor sie im Flur den Staubsauger anstellt. „Kann ich heute Nachmittag mit Simone in die Stadt?", schreit Pauline gegen den Lärm des Staubsaugers zu Mutter hinüber. „Du …ßt doch, wenn … deine Haus… …macht hast …" Mutter ist kaum zu verstehen, aber Pauline kann sich schon den-
10 ken, was sie geantwortet hat. „Hauptsache, wir können heute Abend ‚Die Siedler von Catan' weiterspielen, ich habe nämlich vor, dich diesmal zu schlagen, Schwesterchen!", ruft Kalle vergnügt und springt an Pauline vorbei nach draußen.

 AUFGABEN

1. In der Geschichte sind einige Regeln versteckt, die nicht nur bei Familie Nalle gelten. Schreibe sie heraus.
2. a) Berichte, welche Regeln in deiner Familie gelten.
   b) Vergleicht eure Ergebnisse und begründet Unterschiede.

Das Zusammenleben regeln

3. Stelle dir vor, morgen gäbe es einen großen Regeländerungstag. Begründe, welche Regeln du in deiner Familie ändern und welche du beibehalten würdest.

> *Ich finde es besser, wenn Mama und Papa sagen, was wir dürfen und was nicht.*
> Holger, 11 Jahre

> *Am wenigsten gefällt mir, dass wir die Regeln in unserer Familie nicht mitbestimmen dürfen.*
> Karin, 11 Jahre

4. Welcher Aussage stimmst du zu? Begründe deine Meinung.
5. Tauscht euch darüber aus, wie die Familienregeln bei euch festgelegt werden.
6. Findet euch in Vierergruppen zusammen und übernehmt die Rollen verschiedener Familienmitglieder. Legt gemeinsam Regeln fest, die in einer Familie grundsätzlich gelten sollten. Wendet dabei die Placemat-Methode an.

INFOBOX

Placemat-Methode

Placemat (engl. Platzdeckchen) hier: Schreibfeld

1. Findet euch in Gruppen (max. 4 Personen) zusammen.
2. In die Mitte eines Plakates malt ihr ein großes Viereck (A) und an den Papierrand – für jeden von euch – ein Schreibfeld (B).
3. Jetzt notiert jeder für sich in seinem Feld, was ihm zum gestellten Thema einfällt und unterschreibt seine Notizen.
4. Wenn alle fertig sind, lest ihr die Notizen der anderen nacheinander durch, indem ihr das Blatt im Uhrzeigersinn im Kreis dreht.
5. Einigt euch anschließend darauf, was als gemeinsames Ergebnis festgehalten werden soll, schreibt es in die Mitte und unterschreibt dann alle euer gemeinsames Ergebnis.

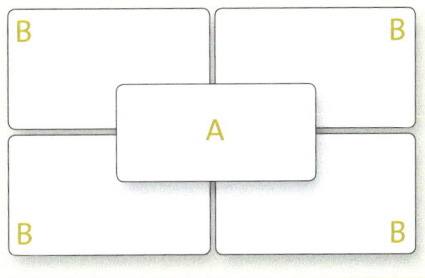

Recherche in Familiensachen

DENKRAUM D

A Überlege, welche Regeln in der abgebildeten Familie gegolten haben könnten.
B Frage in deiner Familie nach alten Familienfotos und vergleiche sie mit aktuellen Bildern. Befrage auch deine Eltern und Großeltern, welche Regeln in ihrer Familie gegolten haben als sie so alt waren wie du.

Familie um 1900

In der Gemeinschaft leben

2 Surfen im Internet, mit Regeln?!

A AUFGABEN

*Die Geschichte des **Internet** beginnt um 1950. Erst seit dem Ende der 80er Jahre existiert das World Wide Web (= www).*
Es ermöglicht uns, Informationen in Text und Bild weltweit abzurufen oder anzubieten.

Webseite: *über eine bestimmte Adresse im Internet abrufbare Seite, von der aus man meistens weitere Unterseiten erreichen kann.*

1. Tauscht eure eigenen Erfahrungen mit dem Internet aus.
   - Welche Webseiten kennst du?
   - Wozu gehst du ins Internet?
   - Wie häufig – am Tag, in der Woche – nutzt du das Internet?

Annika Z., Rechtsanwältin in F., berichtet:

„Immer häufiger passiert es, dass Kinder und Jugendliche im Internet Dinge tun, die sie hinterher teuer bezahlen müssen. Und zwar im wahrsten Sinne des Wortes. Erst letzte Woche war wieder eine Familie bei mir, weil sie nicht wusste, was sie tun sollte. Die 13-jährige Tochter hatte an einem Quiz im Internet teilgenommen. Einige Tage später erhielt sie eine Rechnung über € 89,-. Sie sollte für die Teilnahme am Quiz bezahlen. Daran, dass das etwas kosten sollte, konnte sich die Schülerin allerdings beim besten Willen nicht erinnern."

2. Erläutere, warum sich die Familie der 13-Jährigen Hilfe suchend an die Rechtsanwältin wendet.
3. Stellt Überlegungen an, wie das Mädchen in diese Situation gekommen sein könnte.
4. Diskutiert, ob die Tochter selbst die Verantwortung dafür trägt.
5. Überlegt, ob es sinnvoll wäre, wenn die Eltern mit ihrer Tochter Regeln für die Nutzung des Internet vereinbaren würden.

Regeln für das Surfen im Internet

A Ich suche mit meinen Eltern gemeinsam Internetseiten aus, die für mich interessant sind und die ich alleine nutzen kann.

B Wenn ich beim Surfen auf Internetseiten stoße, bei denen ich unsicher bin, sage ich einem Erwachsenen Bescheid oder gehe sofort aus dem Internet raus.

C Ich gebe im Internet niemals – sei es in Chats, Foren oder E-Mails – meinen Namen, meine Adresse oder Telefonnummer an.

D Wenn ich auf einer Internetseite zu einer Anmeldung, einem Gewinnspiel oder einer Bestellung aufgefordert werde, frage ich zuerst meine Eltern.

Das Zusammenleben regeln

6. Erklärt, was die Regeln bewirken sollen.
7. Gibt es Regeln, die du besonders oder weniger wichtig findest? Begründe deine Antwort.
8. Ergänze den Regelkatalog um Regeln, die deiner Meinung nach außerdem beachtet werden sollten, wenn Jugendliche im Netz surfen.
9. Informiert euch, welche Angebote zum Thema „Internet" in eurer Schule vorhanden sind. Gibt es z.B. einen Kurs zum Umgang mit dem Internet? Fragt auch eure Eltern, wie sie euch beim Umgang mit dem Internet unterstützen können.

Wie gemein!

Luisa konnte sich nicht mehr beruhigen. Und das, obwohl ihre Mutter alles Mögliche tat, um sie zu trösten. Gestern hatte sie es entdeckt: Ihr Foto von der letzten Geburtstagsparty im Internet! Und dabei hatte Caro versprochen, es niemandem zu zeigen. Schließlich hatte Luisa nur zum Spaß Grimassen geschnitten und sich dabei fotografieren lassen. Und jetzt das. Nach einem Streit hatte Caro ein Bild von Luisa auf ihrer Webseite hochgeladen. Und etwas ganz Gemeines dazu geschrieben. Das alles war nun für jeden im Internet zu sehen.

10. Versetze dich in Luisas Lage und erkläre, warum sie über ihr Foto auf Caros Webseite so erschüttert ist.
11. Caro hat sich schließlich bei Luisa entschuldigt und das Bild wieder von der Webseite gelöscht. Eine Woche später taucht Luisas Bild auf der Webseite „Die dümmsten Gesichter Deutschlands" im Internet auf ...
    a) Erkläre, inwiefern die Veröffentlichung privater Fotos im Internet eine Gefahr darstellt.
    b) Diskutiert: Hätte das Problem für Luisa verhindert werden können?
12. Leitet aus diesem Beispiel Regeln für den Umgang miteinander im Internet ab. Gestaltet dazu ein Plakat, das ihr vielleicht auch in eurer Schule aushängen könnt, oder eine eigene Webseite für eure Schulhomepage.
13. Was könnte man tun, wenn einem so etwas passiert wie Luisa? Sammelt Vorschläge.

Cyber-Mobbing: Mobbing durch Bloßstellung, Beleidigung oder Bedrohung von Menschen im Internet
➲ *Mobbing S. 30f.*

Internet – jeder schaut hin

Überlege, warum es immer wieder vorkommt, dass gerade im Internet Menschen gemobbt werden. Schreibe deine Gedanken dazu in einem Text auf.

DENKRAUM

In der Gemeinschaft leben

2

Die Goldene Regel

Die Goldene Regel ist in allen Kulturen der Menschen bekannt. Ihre Formulierungen sind unterschiedlich. Die Goldene Regel ist eine universelle Regel, das heißt, sie gilt für alle Menschen in allen Kulturen und zu allen Zeiten.

universell: allgemein

> „Was du nicht willst, was man dir tu, das füg auch keinem anderen zu."
> „Alles, was ihr wollt, das euch die Leute tun, das tut ihnen auch."

A AUFGABEN

1. Vergleiche die beiden Formulierungen und erkläre, wodurch sie sich unterscheiden.
2. Beschreibe Situationen aus deinem Alltag, in denen du die Goldene Regel anwenden könntest.
3. Warum heißt diese Regel eigentlich „die Goldene"? Stellt gemeinsam Vermutungen darüber an.
4. Kannst du den Schriftzug im Mosaik auf der Abbildung entziffern? Die Auflösung findest du auf Seite 199.
5. Erläutere, inwiefern das Mosaik von Norman Rockwell zur Goldenen Regel passt.

Mosaik: Künstlerische Technik, bei der kleine bunte Steinchen zu einem Bild zusammengesetzt werden

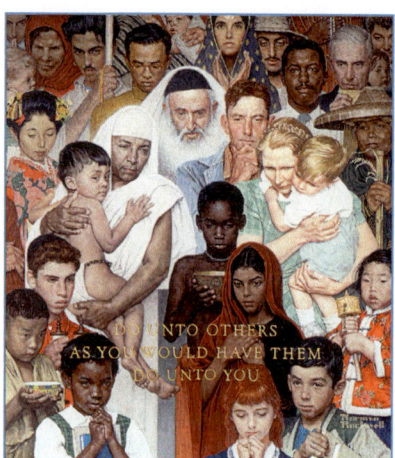

„Petze!", hat Anselm zu Adele gesagt. „Gar nicht!", hat Adele gesagt. „Und wenn du nochmal sagst, ich bin eine Petze, dann sag ich es Mama!"

interpretieren: die Bedeutung eines Textes erklären

Offenbar haben die Freunde des kleinen Nick die Goldene Regel auf ihre eigene Art und Weise interpretiert.

6. Erläutere, inwiefern die Goldene Regel hier missverstanden wurde.
7. Was könnte der kleine Nick seinen Freunden sagen? Verfasse einen Text.

D DENKRAUM

Kann die Goldene Regel alle anderen Regeln ersetzen? Diskutiert darüber in eurem Kurs.

Das Zusammenleben regeln

Rückblick

AUFGABEN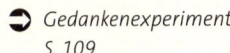

1. Nenne eine Regel, die du nicht gut findest und an die du dich trotzdem hältst. Begründe, warum du das tust.
2. Wozu gibt es überhaupt Regeln? Beantworte diese Frage nun, indem du auf deine ersten Vermutungen (Aufgabe 3, S. 47) zurückgreifst und Ergebnisse aus diesem Kapitel einbeziehst.
3. Vervollständige die Sätze:
    a) Am meisten hat mich in diesem Kapitel interessiert ...
    b) Der wichtigste Gedanke bei diesem Thema war für mich ...
    c) Ich möchte gerne noch wissen, ...

Weiterdenken

4. Stelle dir vor, alle geltenden Regeln würden für einen Tag außer Kraft gesetzt. Wie würde dieser Tag für dich verlaufen?
   Führe dieses Gedankenexperiment schriftlich durch und beurteile das Ergebnis.

➲ *Gedankenexperiment S. 109*

5. Diskutiert darüber, ob Tiere Regeln – z.B. Verkehrsregeln oder Spielregeln – verstehen können.
6. Entwickelt neue Spielregeln für „Mensch-ärgere-dich-nicht". Das Ziel des Spiels bleibt gleich. Führt dazu einen Diskurs durch.
   TIPP
   Ihr könnt auch ein eigenes Spiel erfinden.
   - Damit es nicht zu lange dauert, nehmt euch z.B. fünf Murmeln und überlegt euch, was man damit spielen kann.
   - Legt gemeinsam Regeln fest.
   - Spielt das Spiel und besprecht, was funktioniert hat und was nicht.

➲ *Diskurs S. 49*

3 Moralisch fühlen, urteilen und handeln

1 Moralische Gefühle
2 Gerechtigkeit

„Was ist es, was den Guten fähig macht, seine eigenen Interessen den Interessen anderer zu opfern? Es ist das Gewissen, es ist der Inwohner unserer Brust, der innere Mensch, der große Richter und Schiedsherr über unser Verhalten".
Adam Smith

Das Handeln und Denken der Menschen ist stark von Gefühlen bestimmt. Das weiß jede, die schon einmal richtig Wut empfunden hat, und jeder, der sich schon einmal richtig geschämt hat. Und wie alles in der Welt können auch Gefühle vernünftig und unvernünftig sein. Um zu wissen, was wir tun sollen, brauchen wir Menschen starke vernünftige Gefühle, die uns zeigen, welches Verhalten angemessen ist und welches nicht. Zum Beispiel, wenn wir ein gutes Gerechtigkeitsgefühl entwickeln.

Können wir unseren Gefühlen trauen? Sind sie vernünftig? Können sie uns helfen, gerecht zu handeln?

1 Moralische Gefühle

Benny sitzt mit seiner Mutter und seiner Schwester zu Hause am Mittagstisch. Er hat überhaupt keinen Appetit, obwohl es sein Lieblingsessen gibt. Sein Mund ist ganz trocken, in seinem Bauch zieht und zwickt es. Benny hört gar nicht, dass seine Mutter ihn anspricht. Er muss immer nur an Paul
5 denken und wie entsetzt der vorhin war, als er nach der letzten Stunde feststellte, dass sein nagelneues Handy verschwunden war. Dabei wollte Benny es eigentlich nur mal kurz ausprobieren und es gleich wieder zurücklegen …
Was soll Benny jetzt bloß tun?

Reue
Empörung
Mitleid
Achtung
Rache
Scham
Schuld

AUFGABEN

1. a) Versetze dich in Bennys Situation: Warum zieht und zwickt es in seinem Bauch?
   b) Wie könnten Mutter und Schwester darauf reagieren?
   c) Formuliere eine Antwort auf die Frage am Schluss.
2. Denke noch einmal an Bennys Situation: Hast du dich selbst schon einmal ähnlich gefühlt? Erzähle von solchen Erfahrungen, die du anderen mitteilen magst.
3. Überlege, was dich an diesem Thema interessiert, und schreibe Stichwörter oder Fragen auf. Am Schluss des Kapitels weißt du darüber bestimmt mehr.

Es gibt ganz unterschiedliche Gefühle – und jeder erlebt sie anders. Sie begleiten uns Tag für Tag, mal heftig, mal ganz unauffällig. Oft erlebt man sie im Umgang mit anderen Menschen, manchmal auch, wenn man ganz allein ist. In diesem Kapitel geht es um Gefühle, die mit menschlichem Verhalten zu tun haben, um moralische Gefühle.

Dazu lernst du als philosophische Methode den **Perspektivwechsel** *kennen.*

Moralische Gefühle

Nachdenken über Gefühle

AUFGABEN A

1. Was steckt in dem Wort GEFÜHLE? Ergänze die Anfangsbuchstaben jeweils zu Adjektiven, die Gefühle bezeichnen.

G ... LÜCKLICH
E ... INSAM
F
Ü
H
L
E

Gefühle – Angst – Alleinsein – Liebe – Schmetterlinge im Bauch – ...

2. Entwickle ein Begriffsnetz: Webe wie eine Spinne ein Netz von Ausdrücken für Gefühle.

3. a) Suche dir eine Person auf einem dieser Bilder aus und gib ihr einen Namen. Versetze dich nun in ihre Situation und schreibe in Ich-Form, was diese Person erlebt und welche Gefühle sie dabei hat.
   BEISPIEL
   Ich bin Markus. Mein bester Freund sitzt dort mit den anderen zusammen. Ich fühle mich ...
   b) Ist es dir leichtgefallen, in die Haut eines anderen zu schlüpfen? Woran könnte das liegen? Tauscht euch darüber aus.
   c) Nenne weitere Gefühle und beschreibe, in welchen Situationen man sie empfinden kann.

M METHODEN

Perspektivwechsel

Wenn du dich in die Lage einer anderen Person hineinversetzt, ihre Gedanken und Gefühle nachvollziehst und beschreibst, ist es fast so, als wenn du diese Person in der entsprechenden Situation selber bist. Dieses Hineinschlüpfen in die Haut eines anderen ist wichtig, um sein Verhalten, seine Meinung oder auch seine Gefühle verstehen zu können. Man nennt diesen Vorgang Perspektivwechsel, weil du deine Perspektive (Blickrichtung) auf eine Situation für kurze Zeit verlässt, um die eines anderen einzunehmen. Ein solcher Perspektivwechsel wird durch bestimmte Formulierungen angedeutet: „Ich stelle mir vor, dass er …" – „Wenn man sich in die Lage von … versetzt, dann …" – „Sie fühlt sich bestimmt …". Viele Aufgaben in diesem Kapitel erfordern einen Perspektivwechsel.

Irgendwie ein blöder Tag

Maria steht heute in der Pause nicht bei den anderen. Sie sitzt hinter der Turnhalle auf einem Zaunpfosten, ganz allein. Tränen laufen ihr über die Wangen, obwohl sie eigentlich gar nicht weinen will. Sie will nie wieder mit den anderen etwas zu tun haben, und erst recht nicht mit Sandra! – Oh nein, jetzt hat der Tamer sie gesehen! Maria dreht sich schnell zur Wand der Turnhalle. Plötzlich spürt sie, wie jemand hinter ihr steht. Es ist Tamer. Er sagt: „Irgendwie ein blöder Tag heute, was? Muss uns der olle Keuner so viel aufgeben? Ich bin so sauer! Du auch …?"

4. Perspektivwechsel Maria
   a) Beschreibe, wie Maria sich fühlt. Woran erkennst du das?
   b) Erläutere, was ihr passiert sein könnte.

Perspektivwechsel Tamer
   c) Schreibe auf, was Tamer durch den Kopf geht, bevor er Maria anspricht.
   d) Beurteile die Art, wie er das Gespräch beginnt.

5. Wie könnte das Gespräch weitergehen? Gestalte einen Dialog zwischen beiden.
6. Diskutiert über die Bedeutung der Fähigkeit zum Perspektivwechsel für das Zusammenleben mit anderen.

Moralische Gefühle

Gefühle unter der Lupe

AUFGABEN

1. Beschreibe das Gefühl „Wut" mit Worten.
   a) Benenne die Redewendungen, die auf der Abbildung dargestellt sind.
   b) Beschreibe eine Situation, in der du einmal richtig wütend warst. Schildere möglichst ausführlich, wie sich deine Wut angefühlt hat.
   c) Sammelt gemeinsam einzelne Wörter, die „wütend sein" bezeichnen. Ihr könnt auch neue erfinden. Schreibt sie in unterschiedlichen Schriftarten und -größen auf, zum Beispiel am Computer.

schildern: sprachliche Beschreibung einer Landschaft, Situation oder auch einer persönlichen Stimmung

DENKRAUM

A Male diese drei Gefühle, jedes auf ein Blatt.
   Nutze möglichst viele bunte Farben, z.B. Tusche, Wachskreide oder einfach Buntstifte.

Tipp
Wenn du die Buntstifte vor dem Malen mit etwas Wasser anfeuchtest, geben sie die Farbe noch besser ab.

Deine Mitschüler und Mitschülerinnen können erraten, welches Gefühl jeweils dargestellt wird.

B Erzähle eine Geschichte, in der jemand …
   … seine Wut ungezügelt rauslässt – oder
   … seine Wut im Zaum hält und einen anderen Weg findet, sie abzubauen.
   • Überlege dir zuerst, welche Personen vorkommen sollen. Du kannst ein paar Stichworte dazu aufschreiben, was passieren soll. Das erleichtert dir das Erzählen.
   • Du kannst auch eine Geschichte dazu vorlesen, die du bereits kennst.
   • Alternativ könnt ihr die Geschichte in einem Schreibgespräch schreiben.

➜ *Schreibgespräch S. 28*

Eine schöne Geschichte
von Manfred Mai

Mein Name ist Günther Bärlin. Ich bin elf Jahre alt und wohne in einer Stadt im Ruhrgebiet. Da arbeiten viele Türken. Ihre Kinder gehen mit uns in die Schule. Auch in meiner Klasse ist ein Türke. Er heißt Arkan. Der gefiel mir sofort. Ich hätte mich gern mal mit ihm unterhalten, über die Tür-
5 kei und wie es dort ist. Aber Hans Endrainer, der stärkste Junge in unserer Klasse, hatte etwas gegen Türken. Deshalb hat er uns verboten, mit Arkan zu reden. Und weil wir alle Angst vor Hans hatten, taten wir, was er wollte. Dabei konnte ich den Hans eigentlich nie leiden. Er hat immer Kleinere und Schwächere geärgert und gequält, besonders den Harald Bühler. Dem
10 versteckte er das Mäppchen, legte einen nassen Schwamm auf seinen Stuhl, sperrte ihn in den Schrank oder schlug ihn einfach. Jeden Tag machte der Hans etwas anderes. Und Harald Bühler konnte sich nicht wehren, weil er kaum Muskeln hat. Und krank ist er auch oft. So einen zu ärgern, fand ich gemein. Aber jetzt ist es damit vorbei. Jetzt hat Hans Endrainer endlich
15 eine aufs Dach bekommen. Darüber bin ich froh.

Am Mittwoch kam er mit einem Blasrohr in die Schule. Gleich in der ersten Stunde wollte er es ausprobieren. Da hatten wir Deutsch bei Herrn Kleiner, und der versteht in solchen Dingen keinen Spaß. Wir sagten zu Hans, er solle es lieber lassen, doch der hörte nicht auf uns. Als Herr Kleiner etwas
20 an die Tafel schrieb, schoss ihm Hans ein Papierkügelchen an den Hinterkopf.
„Wer war das?", brüllte Herr Kleiner.
Natürlich meldete sich niemand.
„Na gut, dann schreibt ihr bis morgen alle die Erzählung ab, die wir eben
25 gelesen haben."
Draußen schien die Sonne. Es war richtiges Badewetter, und wir sollten heute Nachmittag diese blöde Erzählung abschreiben. Alle sahen Hans an. Auf einmal hob er langsam die Hand und sagte:
„Der Harald war's."
30 Es wurde ganz still in der Klasse […]

2. Stelle dir vor, du gehst in Günthers Klasse und erlebst die oben erzählte Situation selbst mit:
   a) Notiere spontan, was dir durch den Kopf geht.
   b) Vergleicht eure Notizen und sucht gemeinsam nach präzisen Begriffen für eure Gedanken und Gefühle.
3. Wie beurteilst du Hans' Verhalten? Formuliere eine Begründung dafür.

So geht die Geschichte von Günther Bärlin weiter:

[…] , bis Harald zu heulen anfing. Da rief Arkan von hinten so laut, dass es jeder hören konnte: „Ist gelogen! War nicht Harald, war Hans!" Alle haben ihn ganz erstaunt angestarrt. Der hat Mut, dachte ich.
Hans bekam eine lange Strafarbeit und platzte fast vor Wut. Gleich nach
5 der Stunde rannte er auf Arkan zu und wollte auf ihn einschlagen. Da haben ich und ein paar andere ihn festgehalten. Jetzt hat er nichts mehr zu sagen in der Klasse. Niemand will mehr etwas mit ihm zu tun haben. Aber mit Arkan reden und spielen jetzt alle.

4. a) Versetze dich in die Lage einer beliebigen Person und schreibe diesen Textabschnitt aus ihrer Perspektive. Entscheide selbst, wessen Perspektive du einnehmen willst: Arkan, Harald, Hans oder Günther.
   b) Präsentiert eure Ergebnisse und lasst eure Mitschülerinnen und Mitschüler erraten, wessen Perspektive ihr eingenommen habt.
5. Bestimmte Verhaltensweisen anderer Personen können in uns das moralische Gefühl der Empörung hervorrufen.
   a) Überprüfe anhand deiner Notizen zu Aufgabe 2a), ob Hans' Verhalten bei dir Empörung auslöst.
   b) Untersucht, auf welche der folgenden Verhaltensweisen man empört reagieren könnte:
   zu spät kommen – schummeln – lügen – stolpern –
   nicht zurückwinken – das kleinere Stück Schokolade abbekommen
   c) Wie kann Empörung zum Ausdruck gebracht werden? Betrachte dazu auch die Abbildung.
6. Vergleiche das Gefühl Wut mit dem moralischen Gefühl Empörung.
   a) Beschreibe, in welchen Situationen man wütend und in welchen man empört ist.
   b) Vergleiche die Gefühle Wut und Empörung. Gestalte dazu ein Bild, eine Collage oder ein Standbild.

7. Wählt eine Szene, in der sich jemand über das Verhalten eines anderen empört. Stellt sie als szenisches Spiel dar.
   TIPP
   Lasst nach jedem Spiel die Spieler ihre Gedanken und Gefühle aussprechen, die sie in ihrer Rolle hatten. Ihr könnt auch das Spiel mit einem vereinbarten Zeichen unterbrechen und die Figuren direkt nach ihren Gedanken und Gefühlen befragen (Standbild-Stopp).

METHODEN

Szenisches Spiel

Es gibt verschiedene Formen, z.B. Rollenspiel mit Textvorlage – freies Rollenspiel – Pantomime – Spiel mit Standbild-Stopp.

Mögliche Schritte:

1 Rollen verteilen

2 Ich-Text zur Rolle verfassen

3 Spielsituation festlegen (z.B. aus Textvorlage)

4 Darstellungsformen einüben (z.B. Gestik, Mimik, Sprache, Körpersprache)

5 vielleicht Requisiten (für das Spiel nützliche Gegenstände) besorgen

6 proben – aufführen

Die Zuschauer beobachten genau und geben anschließend eine Rückmeldung an die Darsteller.

Wenn sich das Gewissen meldet ...

Betrachte das Bild und stelle dir vor, du selbst bist dieses Kind auf der Treppe. Dein bester Freund hat herausbekommen, dass du ihn in einer Sache angelogen hast. Nun stehst du hier allein und grübelst ...

AUFGABEN

1. Schreibe Gedanken und Gefühle aus der Perspektive des Mädchens auf.
2. a) Tritt nun aus dieser Perspektive wieder heraus und vergleiche deine Notizen mit denen deiner Mitschüler: Welche Überlegungen geben die Situation der abgebildeten Person besonders gut wieder?
   b) Überprüft gemeinsam, durch welche Formulierungen deutlich wird, dass sich bei diesem Kind das schlechte Gewissen meldet.

 **INFO**

Unser Gewissen

Das Wort „Gewissen" ist schon sehr alt. Es lässt sich auf das lateinische *conscientia* zurückführen, das „Mitwissen" bedeutet. Mein Gewissen „weiß", ob ich mich richtig oder falsch verhalte, und „sagt" mir das auch. Es wird auch „innerer Richter" oder „innere Stimme" genannt. Man kann es im Bauch spüren, wenn es sich regt: Es zwickt und piekt, irgendwie fühlt man sich unwohl. Unser Gewissen signalisiert, hier ist moralisch etwas schief gelaufen.

3. Versetze dich noch einmal in das Kind auf der Treppe. Du triffst deinen Freund wieder und sprichst ihn an: Wie kannst du eine Versöhnung mit ihm erreichen?

DENKRAUM

Erfindet eine Situation, in der sich plötzlich bei einer Person das Gewissen meldet. Dieses Gewissen bekommt in eurem Spiel eine eigene Rolle und schaltet sich als innere Stimme im entscheidenden Moment mit deutlichen Worten ein. Überlegt und entscheidet vorher gemeinsam:
- Wo könnte es passieren?
  zu Hause, in der Schule, beim Sport, im Bus ...
- Was könnte in dieser Situation passieren?
- Welche Personen sind beteiligt?
- Probiert verschiedene Reaktionen auf die Stimme des Gewissens aus:
  a) die Person befolgt die Worte des Gewissens oder
  b) die Person achtet nicht auf die Stimme des Gewissens.

Ben
von Irmela Brender

Der folgende Text erzählt die Gedanken eines Kindes. Ben ist alleine zu Hause und gerät heftig in Versuchung, etwas zu tun, von dem er weiß, dass es falsch ist:

Ich bin ganz in Ordnung. Meine Mutter weiß, dass sie mich allein zu Hause lassen kann. Gerade ist sie weggegangen, zum Einkaufen. Sie weiß, dass ich jetzt hier an meinem Tisch sitzen bleibe und meine Hausaufgaben mache.
5   3 x 4 = 12   4 x 3 = 12   2 x 5 + 2 = 12
Ich steh lieber mal auf. Es ist nicht gut, die ganze Zeit so still zu sitzen. Nein, ich tu ja nichts. Ich will nur mal aufstehen und ans Fenster gehen. Zwölf – eine ganz tolle Zahl ist das. Man könnte ein Heft vollschreiben über die zwölf. Ich geh jetzt mal durch die Wohnung. Einfach so. Da ist ja nichts
10 dabei. Viele Leute können besser denken, wenn sie gehen.
Aber ich denke dabei an nichts als an zwölf. 2 x 6 = 12. Ich gehe durch die Wohnung. Ich will nur mal sehen, ob sie etwas gemerkt hat. Wenn der Geldbeutel noch in der Küchenschublade liegt, dann hat sie nichts gemerkt. Aber ich nehme nichts. Nein, ich habe mich wirklich geändert, ich nehme
15 nichts. Heute nicht – überhaupt nicht mehr.
Der Geldbeutel liegt in der Schublade.
Ich mach ihn nicht auf. Ich setze mich an meinen Schreibtisch und schreibe: 2 x 6 = 12.
Ich mach ihn doch auf. Nur um zu sehen, ob sie etwas gemerkt hat. Ob
20 noch Geld drin ist. Aber ich nehme nichts. Ich mach ihn nur auf.
…
Ich bin ein Dieb. Und jetzt hab ich wieder Angst.
Ach, Unsinn. Wegen einem Fünfziger!
Ich wollte es nicht.
25 Na gut. Das war eben irgendwas in mir.
In mir? Wer bin ich?

4. Was könnte Ben durch den Kopf gegangen sein, als er den Geldbeutel seiner Mutter geöffnet hat (Z. 19)? Gestalte einen Dialog zwischen zwei Stimmen.
5. Betrachte den Schluss des Textes: Wie reagiert Ben auf sein schlechtes Gewissen? Beurteile seine Reaktion.
6. Der Text trägt den Titel: *Ich, mein Feind.* Diskutiert, inwiefern dieser Titel zur Geschichte passt. Was lässt sich daraus für das Gewissen von Ben ableiten?
7. In welcher Situation hat sich dein Gewissen schon einmal bemerkbar gemacht? Berichte davon oder denke dir eine Situation dazu aus.
8. Woher weiß dein Gewissen eigentlich, welches Verhalten moralisch „gut" und welches „schlecht" ist? Sammelt eure Vermutungen auf einem Plakat oder mit Kärtchen an der Tafel.

Woher kommen moralische Gefühle?
Der moralische Sinn und das Mitgefühl

Adam Smith, ein Philosoph aus Schottland (1723–1790), war einer der ersten, die sich über moralische Gefühle bei Menschen sehr genaue Gedanken gemacht haben. Er war der Ansicht, dass alle Menschen neben den normalen fünf Sinnen einen besonderen Sinn für das moralisch richtige Verhalten haben. Dieser moralische Sinn sorgt dafür, dass wir das Handeln anderer und auch unser eigenes in einer bestimmten Situation als angemessen oder unangemessen beurteilen können.

Voraussetzung dafür ist das Mitgefühl mit anderen: Wir können uns die Gefühle eines anderen Menschen so gut vorstellen, dass wir seinen Kummer, seine Angst, aber auch seine Freude oder sein Glück nahezu selbst fühlen. Wir kennen solche Gefühle ja von ähnlichen eigenen Erlebnissen. Dieses Einfühlungsvermögen (Empathie) ermöglicht uns, die Perspektive einer anderen Person einzunehmen (Perspektivwechsel). Diese Fähigkeit kann allerdings auch verkümmern, wenn man sie nicht einsetzt oder sogar versucht zu unterdrücken.

Adam Smith sprach als Schotte Englisch und verwendete für Mitgefühl das Wort sympathy (Sympathie).

➲ *Perspektivwechsel S. 62*

AUFGABEN

1. Fasse in eigenen Worten zusammen, was Smith unter Mitgefühl (Empathie) versteht.
2. Stelle dir vor, du bist auf dem Pausenhof deiner Schule und dein Blick fällt zufällig auf dieses Gesicht:

   a) Beschreibe das Gesicht dieses Mädchens möglichst genau.
   b) Beschreibe deine Empfindungen beim Betrachten des Mädchens.
   c) Erkläre mithilfe von Adam Smith, wie deine Empfindungen zustande kommen.

3. Nun vergrößern wir den Ausschnitt deiner Wahrnehmung: Stelle dir noch einmal vor, du bist auf dem Pausenhof und beobachtest diese Szene:

a) Beschreibe, was hier geschieht.
b) Formuliere deine Empfindungen beim Betrachten des bedrohten Mädchens.
c) Diskutiert, inwiefern sich eure Empfindungen beim Betrachten nur des Gesichtes (Aufgabe 2) von denen beim Betrachten der ganzen Situation (Aufgabe 3) unterscheiden.
d) Sucht Gründe dafür. Nutzt dazu auch den folgenden Textabschnitt über Adam Smith.

Der unparteiliche Zuschauer

Bewerten wir das Verhalten anderer Menschen als moralisch gut oder schlecht, dann betrachten wir die Situation wie ein unparteilicher Zuschauer. So nennt Adam Smith unsere Fähigkeit, durch Perspektivwechsel das Verhalten anderer Personen moralisch zu beurteilen. Dieser unparteiliche Zuschauer sitzt „in meiner Brust", wie Smith sagt. Er kann Gefühle anderer nachempfinden, aber auch über Gründe für ihr Verhalten nachdenken. Dadurch gibt er uns die Möglichkeit, das Verhalten anderer Menschen zu beurteilen. Auch mich selbst kann der unparteiliche Zuschauer betrachten: Dann ist es mein „Gewissen", das sich meldet.

➲ *Auf S. 58 kannst du nachlesen, wie Adam Smith es selbst formuliert hat.*

4. Wie stellst du dir den unparteilichen Zuschauer vor? Schreibe einen Text oder male ein Bild dazu.
5. a) Nennt Gefühle, die man mit anderen mitempfinden kann.
   b) Überlegt, ob es auch Gefühle gibt, die man nicht mit anderen mitfühlen kann.
6. Diskutiert darüber, wodurch man die Empathiefähigkeit verlieren kann. Findet dafür verschiedene Beispiele.

Moralische Gefühle

Was haben Gefühle eigentlich mit Moral zu tun?

Moral

Das Wort „Moral" leitet sich her aus dem Lateinischen *mores*, das übersetzt wird mit „die Sitten". Sitten sind Regeln für das Verhalten gegenüber anderen Menschen. Sie legen fest, was sich gehört, was angemessen, was unangemessen ist. Moralisch gut sind Handlungen, die von allen Menschen einer Gesellschaft als gut und richtig beurteilt werden. Zum Beispiel: Wer ein Versprechen gibt, soll es auch einhalten und nicht brechen, auch wenn es ihm schwerfällt. Darauf muss sich derjenige, dem das Versprechen gegeben wurde, verlassen können.

Es gibt noch andere Regeln, die für das Zusammenleben von Menschen wichtig sind.
➲ *Schaue dazu in Kap. 2.2 nach.*

Moral der gegenseitigen Achtung

Wer sich moralisch verhält, begegnet seinen Mitmenschen mit Achtung: Er achtet den anderen als Menschen, so wie er ist. Jeder Mensch ist einzigartig, und alle Menschen sind gleichwertig. Weil die Menschen fähig sind, die Einzigartigkeit und die Gleichwertigkeit anderer zu achten, besitzen sie Würde.
Im Jahre 1776 wurden zum ersten Mal Menschenrechte niedergeschrieben, um die Würde des Menschen zu schützen. Sie kommen jedem Menschen auf der Erde zu, unabhängig von seiner Kultur, seinem Alter, seinem Geschlecht und seinen Überzeugungen. Die Menschenrechte sind auch im Grundgesetz der Bundesrepublik Deutschland verankert. Bei Verletzung der Menschenwürde missachtet man das moralische Gefühl für das, was richtig und angemessen ist, zum Beispiel, wenn man jemanden beleidigt.

Alle Menschen sind einzigartig – und doch gleich?
➲ *Zu diesem Gedanken kannst du in Kap. 4.1 nachlesen.*

1776: Die Unabhängigkeitserklärung der Vereinigten Staaten von Amerika.

Grundgesetz, Artikel 1: „Die Würde des Menschen ist unantastbar."

AUFGABEN

1. Erläutere den Begriff „Moral" mithilfe des Textes und gib eigene Beispiele für moralisches und unmoralisches Verhalten.

2. Welches Bild hat mit moralischem Verhalten zu tun? Begründe deine Entscheidung.

*Die **Goldene Regel** gibt eine Hilfestellung, menschliches Verhalten als moralisch richtig oder falsch zu beurteilen.*
➲ *Schaue dazu noch einmal auf S. 56 nach.*

3. a) Erkläre mit Hilfe des Textes, inwiefern moralisch richtiges Verhalten die Würde des anderen achtet.
   b) Wie äußert sich für dich die „Achtung vor dem anderen"? Gib Beispiele und begründe sie.
4. Erläutert, welche Rolle Gefühle bei moralischem oder unmoralischem Verhalten spielen können.

Reue

Stelle dir folgende Situation vor:
Du bist Vertrauensschüler in deinem Jahrgang. In der Pause kommt Lisa aus der Parallelklasse zu dir und berichtet dir von einem Problem, das sie mit Johanna, einer Mitschülerin in ihrer Klasse hat.
Lisa erzählt: „… Und weil die sich immer so doof anstellt und ich auch noch neben ihr sitzen muss, hab ich auf einen Zettel „Johanna ist dumm und stinkt!" geschrieben und ihn in der Klasse rumgegeben. Alle haben gelacht und noch andere, böse Witze über Johanna gemacht. Da ist mir ganz komisch geworden und ich wünschte mir, dass ich diesen Zettel niemals geschrieben hätte … "

5. Gib Lisa einen Rat, wie sie sich verhalten soll. Schreibe ihn auf und erkläre auch, warum du ihr dazu rätst.

Mitleid

6. Erzähle eine Geschichte zu diesem Bild.

Moralische Gefühle

Wie kann man mit moralischen Gefühlen umgehen?

Situation A
Blick ins Tagebuch des Freundes

Du besuchst deinen Freund. Leider ist er noch nicht zu Hause. Die Mutter empfängt dich an der Tür und bittet dich ins Zimmer deines Freundes zu gehen und dort zu warten. Zufällig entdeckst du auf dem Nachttisch ein Tagebuch. Zuerst bist du überrascht, weil du nicht weißt, dass er ein Tagebuch schreibt. Dann wirst du neugierig, schlägst es auf und liest darin. Kurz bevor dein Freund ins Zimmer kommt, legst du es schnell wieder zurück …

Situation B
Lob zu Unrecht

Nachmittags hat deine Mutter einige Nachbarinnen zum Kaffee eingeladen. Da sie mittags noch mit den Vorbereitungen der Kuchen zu tun hat, bittet sie dich, den Kaffeetisch zu decken. Eigentlich wolltest du schon früh deine Hausaufgaben machen, um anschließend möglichst viel Zeit zum Spielen mit deinen Freunden zu haben. So gibst du den Auftrag deiner Mutter an deine Schwester weiter, die – ohne dass es deine Mutter bemerkt – für dich den Tisch deckt. Als später die Nachbarinnen am Kaffeetisch sitzen, lobt deine Mutter dich vor allen Gästen ausdrücklich für das zuverlässige und sehr ordentliche Tischdecken …

1. Stelle dir vor, du erlebst eine der beiden Situationen A oder B …
   a) Formuliere deine spontanen Gedanken auf einem blauen Kärtchen.
   b) Was würdest du jetzt tun? Schreibe deine Antwort auf ein gelbes Kärtchen.
   c) Clustert die blauen und gelben Kärtchen getrennt an einer Pinnwand oder Tafel.
2. Betrachtet die beiden Fälle nun mit dem prüfenden Blick des unparteilichen Zuschauers. Tragt Gründe für die genannten Gefühle und unterschiedlichen Verhaltensweisen zusammen und beurteilt sie.
   TIPP
   Ihr könnt diese Aufgaben in zwei Gruppen (Situation A bzw. Situation B) durchführen und eure Ergebnisse anschließend den anderen vorstellen.
3. Formuliert am Ende der Situation A oder B eine Entscheidungsfrage, zu der ihr eine Dilemma-Diskussion durchführen könnt:
   Soll ich … tun? Ja oder Nein?

AUFGABEN

↳ *Clustern S. 25*

*Der **unparteiliche Zuschauer** ist für Adam Smith unsere Fähigkeit, mit anderen mitzufühlen und ihr Verhalten moralisch zu beurteilen.*
↳ *Lies dazu noch einmal den Text auf S. 70.*

*Ein **Dilemma** ist eine Art „Zwickmühle".*
↳ *Dilemma-Diskussion S. 44*

Moralisch fühlen, urteilen und handeln

3

A **AUFGABEN**

Rückblick

1. Zu Beginn dieses Kapitels hast du dir notiert, was dich zum Thema „moralische Gefühle" interessierte. Überprüfe nun selbst, was du in diesem Kapitel dazu gelernt hast.

Weiterdenken

Humorlos

Die Jungen
werfen
zum Spaß
mit Steinen
nach Fröschen.

Die Frösche
sterben
im Ernst.

Erich Fried

2. a) Was löst das Bild spontan bei dir aus?
   b) Hast du eine ähnliche Situation schon einmal miterlebt? Berichte kurz davon.
3. Die Abbildung ist eine Illustration zu dem Gedicht „Humorlos" von Erich Fried.
   a) Begründe, ob das Bild aus deiner Sicht zum Gedicht passt oder nicht.
   b) Erläutere, inwiefern das Gedicht von Fried moralische Gefühle anspricht.

Jakie
nach Frans de Waal

Im Zoo von Arnheim wurden nach dem Reinigen des großen Schimpansengeheges alle Gummireifen mit Wasser abgespritzt und in einer Reihe auf einen Querbalken des Klettergerüstes gehängt. Die Schimpansin Krom interessierte sich für einen bestimmten Reifen, in dem noch etwas Wasser
5 schwappte. Dieser Reifen war der letzte am Querbalken und konnte nicht so einfach heruntergenommen werden. Krom zog und zog an ihm, aber ohne Erfolg. Sie versuchte es lange, bevor sie aufgab und sich in eine Ecke hockte. Alle anderen Affen ignorierten Kroms Bemühungen, bis auf Jakie: Dieser siebenjährige Schimpanse, um den sich Krom gekümmert hatte, als
10 er noch klein war, machte sich sofort ans Werk. Ohne zu zögern schob er die Reifen einen nach dem anderen vom Querbalken, bis er an den letzten kam, der Krom so interessiert hatte. Diesen nahm der junge Affe ganz vorsichtig herunter, sodass kein Wasser verloren ging, trug ihn schnurstracks zu Krom und stellte ihn aufrecht vor sie hin. Krom akzeptierte sein Ge-
15 schenk und schöpfte mit ihrer Hand Wasser daraus, um es zu trinken.

➲ *Internetrecherche*
S. 192 f.

4. a) Was ist das Besondere an Jakies Verhalten?
   b) Recherchiere einen ähnlichen Fall:
      Im August 1996 ereignete sich im Brookfield Zoo von Chicago (USA) ein außergewöhnlicher Zwischenfall mit dem Gorillaweibchen Binti Jua.
   c) Diskutiert: Kann man Menschenaffen moralische Gefühle zusprechen?

2 Gerechtigkeit

Die Göttin Justitia

Schon Sokrates und Platon haben über die Gerechtigkeit nachgedacht. Bei den Römern wurde die Gerechtigkeit als Göttin verehrt, als Göttin Justitia. Das heißt übersetzt „Gerechtigkeit". Justitia ist das Sinnbild der Gerechtigkeit und hat besondere Attribute.

Attribut: Kennzeichen, Beigabe

AUFGABEN A

1. Beschreibe die beiden Abbildungen der Göttin Justitia.
2. Versuche eine Erklärung für die Attribute zu geben, die Justitia bei sich hat. (Wenn diese Kennzeichen bei beiden Statuen vorkommen, haben sie auch dieselbe Bedeutung.)

Attribute	Justitia 1	Justitia 2
Waage		
...		
...		

3. Stelle eine Vermutung an, warum die eine Allegorie der Gerechtigkeit eine Augenbinde trägt, die andere nicht.

Allegorie: Sinnbild

In diesem Kapitel nehmen wir uns die Gerechtigkeit vor und wollen versuchen, diese Fragen zu beantworten:
- *Was ist Gerechtigkeit und was tut man eigentlich, wenn man gerecht ist?*
- *Gibt es verschiedene Arten von Gerechtigkeit?*
- *Was hilft uns, selber gerechter urteilen und handeln zu können?*

Hast du noch eine weitere Frage zum Thema Gerechtigkeit?
Schreibe sie auf und prüfe am Schluss des Kapitels, ob sie beantwortet ist.

*Die philosophische Methode, die du kennenlernen wirst, ist das **In-Szene-Setzen**.*

Was ist Gerechtigkeit?

Ein Fall für Justitia?

A Fünf Jugendliche bewerben sich nach einer Vorauswahl um einen Ferienjob, für den man keine besonderen Fähigkeiten braucht.

B Eine Person soll bestimmt werden, die auf den Baum klettern und versuchen soll, den Rucksack herunterzuholen, der sich dort verfangen hat. Wer sollte das deiner Meinung nach tun? Begründe deine Auswahl.

C Wer übergibt Frau Meister, der netten Mathelehrerin, das Abschiedsgeschenk? Zwanzig Schülerinnen und Schüler melden sich.

 **AUFGABEN**

1. Sind die drei Fälle ein Fall für Justitia? Erkläre, was sie mit Gerechtigkeit zu tun haben könnten.
2. Prüfe, bei welchen Entscheidungen in den Situationen A, B und C man eine Augenbinde tragen könnte, bei welchen nicht. Begründe das Ergebnis deiner Prüfung.
3. In welchem Fall könnte das Los entscheiden, in welchem nicht? Gib eine Begründung.
4. Zähle auf, was man von einer Person nicht wissen kann, wenn man eine Augenbinde trägt.

Woher kommt die Gerechtigkeit?

Teilen Hunde ihr Fressen gerecht? Schauen die Löwen, ob jeder seinen Teil bekommt? Wie kommt es, dass wir Menschen Gerechtigkeit anstreben und selber möglichst gerecht handeln und urteilen wollen?

Vor über 2000 Jahren haben römische Philosophen eine gute Antwort auf
5 diese Frage gefunden: Gerecht kann man nur sein, wenn man die Bürger als gleich betrachtet. Sie haben damit etwas Großes ausgesprochen: Alle Menschen sind gleich. Niemand ist ein bisschen „gleicher" als andere. Nur weil die Menschen gleich sind, kann man sie vergleichen, Unterschiede

ausgleichen und gerecht sein. Das heißt, etwas recht machen, richtig machen. Gleichheit und Gerechtigkeit sind untrennbare Zwillinge.

Trifft das zu? Sind alle Menschen gleich? Sind wir nicht doch ganz verschieden? Es gibt große und kleine, schwarze und weiße, alte und junge, blonde und schwarzhaarige, intelligente und weniger kluge Menschen, manche machen gerne Sport, andere liegen lieber auf dem Bett und lesen, manche haben gute Noten, andere schlechte.

5. Inwiefern könnten alle Menschen gleich sein?
   Tragt Vermutungen zusammen.

Erstes Gerechtigkeitsprinzip: Fairness

Prinzip: allgemeine Regel, Grundsatz

Zur Gerechtigkeit gehört vor allem, dass alle die gleichen Chancen haben, Ziele zu erreichen, die allen Menschen erstrebenswert erscheinen. Niemand darf benachteiligt oder bevorzugt werden.

1. Nenne Ziele, die allen Menschen erstrebenswert erscheinen.
2. Nenne Beispiele aus der Schule, der Freizeit oder der Familie, in denen es um Fairness geht.

AUFGABEN

> Niemand darf wegen seines Geschlechtes, seiner Abstammung, seiner Rasse, seiner Sprache, seiner Heimat und Herkunft, seines Glaubens, seiner religiösen oder politischen Anschauungen benachteiligt oder bevorzugt werden. Niemand darf wegen seiner Behinderung benachteiligt werden.
>
> Artikel 3, Grundgesetz der Bundesrepublik Deutschland

3. a) Erklärt euch gegenseitig, wie ihr diesen Artikel versteht.
      BEISPIEL
      Wegen des Geschlechts benachteiligt oder bevorzugt zu werden, heißt zum Beispiel …
      Wegen der Abstammung …
   b) Prüft, ob der Artikel 3 des Grundgesetzes etwas mit gerechten Chancen zu tun hat.
4. a) Inszeniert in verschiedenen Gruppen eine Situation, in der Menschen nicht die gleichen Chancen eingeräumt werden.
   b) Analysiert, worin die Verletzung der Fairness genau besteht.

M METHODEN

In Szene setzen

Bei einer Inszenierung stellt man ein Thema oder ein Problem als eine Szene dar. Man setzt es in Szene. So wie im Theater ein Stück inszeniert wird. Man schaut, wie der Stoff des Stückes inszeniert, d.h. auf die Bühne gebracht werden kann. Wenn man etwas in Szene setzt, muss man auch immer überlegen, ob man die geeigneten Mittel und eine angemessene Darstellungsweise wählt.

Die Inszenierung als philosophische Methode steht zwischen dem Gedankenexperiment und dem szenischen Spiel oder dem Rollenspiel: Es wird mit Gedanken experimentiert, indem man sie inszeniert.

Eine Inszenierung hat drei Schritte:

1. **Das Problem oder das Thema als Frage formulieren**
   Beispiel
   Wenn jemand Personen für einen Job einstellt, muss er dann wissen, ob diese Personen Frauen oder Männer, Mädchen oder Jungen sind?
2. **Darstellungsweise und Mittel festlegen**
   Wie kann man die Frage am besten in Szene setzen?
   Beispiele
   Gerichtsverhandlung, Handpuppenspiel, Interview, Standbild, Rollenspiel
3. **Bewertung der Inszenierung**
   Die Beteiligten prüfen
   a) ob die Frage oder das Thema angemessen inszeniert wurde und
   b) was die Inszenierung ihnen gebracht hat.

➲ *Die philosophische Methode Gedankenexperiment findest du auf S. 109 und die Methode szenisches Spiel auf S. 66.*

Gerechtigkeit

Fall 1:
Warum darf sie, was ich nicht darf?
Warum darf ich nicht, was sie darf?

Sie muss erst später schlafen gehen, dabei stehen wir doch zur gleichen Zeit auf.

Ich musste bei den Eltern so viel erkämpfen, ihm erlauben sie jetzt schon so viel.

Sie darf auf die Party, ich nicht.

Als ich so alt war wie er, da durfte ich lange nicht so viel wie er.

Sie darf viel länger fernsehen.

Sie hat schon einen eigenen Computer mit Internet in ihrem Zimmer.

So viel Taschengeld, wie er jetzt bekommt, davon habe ich in seinem Alter nur geträumt.

AUFGABEN

1. Wer hat nach deinem Gefühl eher recht: Laura, die ältere Schwester, oder Jakob, der jüngere Bruder? Begründe, warum das so ist.
2. Was die Geschwister dürfen und nicht dürfen, scheint hier nur mit ihrem Alter begründet zu werden. Prüfe, ob das Alter ein sinnvoller Grund für Verbote oder Erlaubnisse sein kann.
3. Prüfe, ob die Unterschiede etwas damit zu tun haben könnten, dass die Geschwister Mädchen und Junge sind.
4. Schreibe aus der Sicht von Jakob eine Beschwerde an ein Gericht, in der du deine Benachteiligung aufgrund des Alters erklärst.

Moralisch fühlen, urteilen und handeln

Fall 2:
Warum bekommt er, was ich bekomme?

Tamer und Annika wollen heute dem alten Herrn Bayer in seinem Laden helfen und für ihn Lose verkaufen. Das Geld können sie gut brauchen. Sie wollen sich neue CDs kaufen. Herr Bayer erklärt ihnen, wie der Losverkauf funktioniert und macht sich dann auf den Weg zu einem wichtigen Arzt-
5 besuch.
Es ist ziemlich heiß und stickig im Laden, und ständig kommen neue Kunden, um Lose zu kaufen. Tamer bedient so schnell er kann und verkauft ein Los nach dem anderen. Annika dagegen muss ständig etwas trinken oder sie braucht unbedingt ein Eis. Außerdem macht sie immer mal wieder eine
10 Pause an der frischen Luft. Sie verkauft darum viel weniger Lose als Tamer. Schließlich kommt Herr Bayer zurück. „Ihr habt ja toll verkauft!", ruft er beim Anblick der Lose und gibt jedem 15 Euro. Tamer ist ganz schön sauer, als er und Annika nach Hause gehen.

5. Gib eine Erklärung, warum Tamer verärgert ist.
6. Arbeite heraus, was Herr Bayer sich überlegt haben könnte, wie er Tamer und Annika für ihre Arbeit entlohnt.
7. Inszeniert eine Auseinandersetzung, in der es um die Frage geht, ob die Entlohnung gerecht ist.
   VORSCHLÄGE
   a) als Gerichtsverhandlung mit Schöffen;
   b) als Dialog zwischen Tamer und Annika;
   c) als Gespräch unter Tamers bzw. Annikas Freunden und Freundinnen;
   d) als Gespräch beim Abendessen, in dem Tamer bzw. Annika jeweils bei sich zu Hause von der Lohnauszahlung erzählen.

Schöffe: *Bürger oder Bürgerin, der oder die Beisitzer oder Beisitzerin des Gerichts ist, ohne Fachmann für Recht zu sein*

Gerechtigkeit

Zweites Gerechtigkeitsprinzip:
Angemessenheit oder: Jedem das Seine

Der Philosoph Platon entwickelte dieses Gerechtigkeitsprinzip als Erster. Er war der Auffassung, dass Gerechtigkeit herrsche, wenn „Jeder das Seine" tut und bekommt. Er meinte damit, dass jeder das tun solle, was er kann und wozu er fähig ist und dass jeder das bekommen solle, was ihm zusteht.
Bei diesem Gerechtigkeitsprinzip handelt man danach, was angemessen ist.

 Platon (427-347 v. Chr.) S. 181

1. Erkläre, was Platon an dieser Abbildung ändern würde, wenn es gerecht zuginge. Zeichne sie entsprechend dem Ergebnis neu.

AUFGABEN

> Niemand darf wegen seines Alters benachteiligt oder bevorzugt werden.
> Allgemeines Gleichbehandlungsgesetz § 1

DENKRAUM

§: Abkürzung für Paragraf, Abschnitt eines Gesetzestextes.

A Findet euch in einer Gruppe zusammen, sucht euch eine Figur aus, und diskutiert, was den Gesetzgeber dazu bewogen haben könnte, im Kinder- und Jugendschutzgesetz Altersgrenzen für Kinder und Jugendliche zu setzen.

B Stellt ein Gedankenexperiment an: Wie sähe die Welt aus, wenn jeder das bekäme, was er braucht und jeder das täte, was er kann?

Moralisch fühlen, urteilen und handeln

3 Ich bin gefragt
Was kann ich tun, um gerecht zu handeln und zu urteilen?

A Unparteilicher Zuschauer

Erinnerst du dich an den unparteilichen Zuschauer im Kapitel „Moralische Gefühle"? Schlage auf Seite 70 nach.

AUFGABEN

➲ *Gedankenexperiment S. 109*

1. Formuliere eine Regel, die der unparteiliche Zuschauer dir mit auf den Weg geben würde, wenn du den Wunsch hast, möglichst gerecht zu handeln und zu urteilen.

   TIPP
   Du kannst die Regel mit *„Versuche immer so zu handeln, dass du ..."* beginnen.

2. Versuche zu erklären, warum die Welt gerechter wäre, wenn man dieser Regel des unparteilichen Zuschauers folgen würde.

B Goldene Regel

Erinnerst du dich an die Goldene Regel auf Seite 56?

3. Erkläre, wie es zu mehr Gerechtigkeit kommt, wenn du dich an die Goldene Regel hältst.

C „Im Zweifel für den Angeklagten!", „Im Zweifel für die Angeklagte!"

„Alle wissen es, alle sind sich sicher: Sie war's! Bestimmt! Und es kann auch gar nicht anders sein. Sie wurde nachmittags an den Schränken gesehen. Und sie hatte es so sonderbar eilig. Außerdem hatte sie sich vor zwei Wochen Karlas Schrankschlüssel geben lassen, um schnell etwas für sie zu holen. Übrigens nervt sie seltsamerweise nun auch nicht mehr, keinen I-Pod zu haben. Also, der Fall ist klar! Saskia hat Karlas I-Pod geklaut!"
Die Indizien scheinen gegen Saskia zu sprechen. Doch gibt es bisher keine Beweise. Es ist sogar so, dass Saskia zu ihrer Verteidigung sagt, sie sei an dem Nachmittag gar nicht mehr an den Schränken gewesen, sondern schon mit dem Bus um zehn nach zwei gefahren. Um drei, als sie jemand gesehen zu haben glaubte, war sie gar nicht mehr in der Schule.

Indiz, Indizien: Hinweis, Hinweise

➲ *In Szene setzen S. 78*

4. Finde für die Indizien mögliche Erklärungen, die Saskia entlasten könnten.
5. Wie könnte man auf dieser Grundlage bei diesem Fall vorgehen? Kann Saskia schuldig gesprochen werden? Inszeniert eine Verhandlung vor einem Schiedsgericht, in der diese Frage geklärt wird.

D Geduld?

Tränen unterm Weihnachtsbaum

Es ist Weihnachten. Jochen hat sich ein Fahrrad gewünscht, Annabella möchte gerne eine Querflöte und Kevin einen neuen Fußball. Nun ist es so weit. Die Bescherung steht bevor. Jochen erkennt schon von weitem, dass da ein Fahrrad eingepackt steht und er macht einen Luftsprung. Jetzt kann
5 er endlich mit dem Rad zur Schule fahren und spart viel Zeit, wenn er nicht auf den Bus warten muss. Überglücklich streicht er an dem Rahmen seines neuen Fahrrads entlang.

Kevin hat etwas Rundes entdeckt und bevor er es vom Geschenkpapier befreit, versucht er einen kleinen Kick, aber Vater deutet auf den Weihnachts-
10 baum, und er macht sich lieber ans Auspacken.

Auch Annabella lässt ihren Blick über die verschiedenen Päckchen unter dem Baum gleiten. Aber etwas, das wie ein Flötenkasten aussieht, kann sie nicht entdecken. Schon kullern die Tränen die Wangen hinunter, und sie bringt mühsam und maßlos enttäuscht hervor: „Jochen und Kevin haben
15 das bekommen, was sie sich gewünscht haben – und ich?"

Die Mutter versucht zu erklären: „Jochen braucht doch jetzt ein Fahrrad, um in die neue Schule zu kommen. Die Busverbindung dorthin ist doch ganz umständlich. Und für zwei so teure Geschenke hat es dieses Jahr einfach nicht gereicht." – „Und wie soll ich Querflöte ohne Instrument ler-
20 nen?", fragt Annabella trotzig. „Wir haben uns überlegt, dass du dir von der Musikschule erst einmal eine Flöte leihen kannst, um zu probieren, wie du damit zurechtkommst. Bei der nächsten Gelegenheit, vielleicht zu deinem Geburtstag im Sommer, bekommst du dann deine eigene Flöte", vertröstet sie der Vater.

6. Berichtet von einer ähnlichen Situation, die ihr selbst einmal erlebt habt.
7. Stellt euch vor, ihr wärt Annabella. Prüft, ob ihr die Erklärung der Mutter und die Vertröstung des Vaters annehmen könntet.

E Die Waage halten

In der Zeitschrift GEO wurden Jugendliche interviewt, wie sie über Gerechtigkeit denken. Die 16-jährige Charlotte äußerte sich so:

Ich bin in einer großen Familie mit drei Geschwistern aufgewachsen, dadurch habe ich von Anfang an etwas über Gerechtigkeit gelernt. Für mich bedeutet es, dass man einerseits seine Interessen und seinen Willen durchsetzt, dann aber auch mal großzügiger ist und zurücksteckt, wenn die an-
5 deren etwas wollen. Es ist nicht so wichtig, dass in jedem Moment alle das Gleiche bekommen oder machen dürfen. Aber auf lange Sicht muss es sich ausgleichen. Am Ende hält es sich die Waage.

Moralisch fühlen, urteilen und handeln

8. Schreibt drei Sätze über Charlottes Verständnis von Gerechtigkeit auf.
   BEISPIEL
   Charlotte meint, es ist gerecht, wenn …
9. Was würde Charlotte Annabella raten?

➔ *Sokratisches Gespräch S. 97*

10. Führt ein sokratisches Gespräch über Charlottes Verständnis von Gerechtigkeit.

Übereinkommen über die Rechte des Kindes

Argumente: Begründungen

Von den knapp 7000000000 (7 Milliarden) Menschen auf der Erde sind rund 2000000000 (2 Milliarden) Kinder. Jeder dritte Mensch ist also ein Kind. Nicht allen Kindern auf der Welt geht es so gut wie den meisten Kindern in Deutschland und in der Europäischen Union. Es gibt aber
5 besondere Gesetze zum Schutz von Kindern. Sie sind nötig, weil Kinder weder Anzeige erstatten noch Rechtsanwälte beauftragen noch Gerichte anrufen können, wenn ihnen Unrecht widerfährt.
1989 verabschiedete die Vollversammlung der Vereinten Nationen (UNO) die Kinderrechtskonvention, die die Rechte der Kinder festschreibt. Sie
10 gelten auch in Deutschland. Alle Menschen unter 18 Jahren besitzen diese Rechte.
(Artikel 1 der Kinderrechte).

Konvention: Abkommen, Vereinbarung

A AUFGABEN

1. Erkläre, was Kinder noch nicht dürfen.
2. Erkläre, warum es die „Rechte der Kinder" gibt.

Artikel 2: Alle Kinder sind gleich
Die Regierungen respektieren die aufgeschriebenen Rechte immer, zu jeder Zeit, für alle ihre Kinder, auch wenn die Kinder aus einem anderen Land stammen, eine andere Hautfarbe haben, Mädchen oder Jungen sind, eine andere Sprache sprechen, an einen anderen Gott oder an keinen Gott glauben, Eltern haben, die anders denken als deine, reicher oder ärmer sind als du, behindert sind.

UNICEF: *United Nations International Children's Emergency Fund; deutsch: Kinderhilfswerk der Vereinten Nationen*

3. Vergleiche diesen Artikel 2 mit Artikel 3 des Grundgesetzes der Bundesrepublik Deutschland auf S. 77: Prüfe, welche Übereinstimmungen es gibt.

Artikel 6: Leben und Überleben
Die Regierungen unternehmen alles, damit die Kinder überleben und Kinder sein können. Was dies bedeutet, möchtest du wissen?

Kinder müssen nicht hungern, bei Erkrankung erhalten sie Medikamente, sie haben Zeit zum Spielen und Lernen usw. ...

4. Sammelt in einem Schaubild, was Kinder zum Überleben brauchen und was sie brauchen, um Kinder sein zu können.

   TIPP

   Malt die Kreise größer, wenn es sich um wichtige Dinge, und kleiner, wenn es sich um weniger wichtige Dinge handelt.

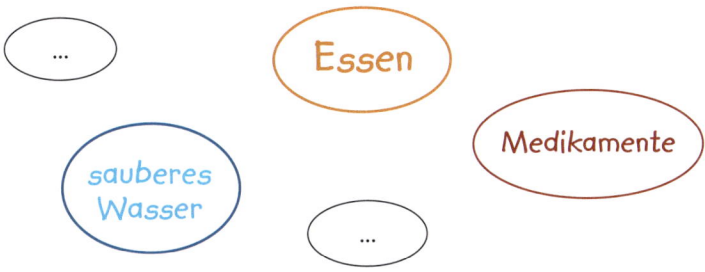

Artikel 28: **Kinder müssen die Schule besuchen dürfen**

Kinder haben das Recht zu lernen, was sie interessiert und was sie für das Zusammensein mit anderen Menschen brauchen. Deshalb führen alle Länder auf der Welt Schulen. Das Übereinkommen besagt sogar, dass es Pflicht ist, die Schule zu besuchen. Der Schulunterricht ist kostenlos. Alle Kinder
5 müssen den Unterricht während neun Schuljahren regelmäßig besuchen. Am Ende der Schulzeit sollen Kinder wählen können, ob sie einen Beruf erlernen oder noch weiterhin die Schule besuchen möchten.

5. Führt ein sokratisches Gespräch über die Frage „Warum ist es für Kinder so wichtig, das Recht zu haben, in die Schule zu gehen?"
6. Schreibe einen Aufsatz über das Foto.

Moralisch fühlen, urteilen und handeln

Artikel 32: **Wenn Kinder arbeiten**

Täglich gehst du zur Schule. Dafür verwendest du einen großen Teil deiner Zeit. In vielen Ländern verbringen Kinder die meiste Zeit damit Geld zu verdienen, damit die Familie überleben kann. Diese Kinder haben weder Zeit zum Spielen noch Zeit zum Lernen. Das Übereinkommen will alle
5 Kinder vor Kinderarbeit und Ausbeutung schützen. Schutz bedeutet hier, dass die Regierungen der verschiedenen Länder Gesetze erlassen, die sagen, von welchem Alter an Kinder arbeiten dürfen, wie viele Arbeitsstunden erlaubt sind und wie viel ein Geschäftsinhaber bezahlen muss.

TIPP
Gehe beim Schreiben des Interviews in folgenden Schritten vor:
1. *Sammle Stichwörter, die dir bei der genauen Betrachtung des Bildes einfallen.*
2. *Formuliere Fragen zu den Stichwörtern.*
3. *Ordne die Fragen in einer Mindmap und bringe sie danach in eine sinnvolle Reihenfolge.*
4. *Stelle dir vor, das Kind sitzt dir gegenüber und du beginnst, es zu fragen ...*

7. Suche dir ein Foto aus und bereite ein Interview vor, das du mit dem abgebildeten Kind führen könntest, wenn du ihm begegnen würdest.
8. Erkundige dich, ob und in welchem Umfang in Deutschland Kinder arbeiten dürfen.

Gerechtigkeit

Rückblick

AUFGABEN A

1. Am Anfang des Kapitels hast du dir vielleicht eine Frage aufgeschrieben, die dich am Thema Gerechtigkeit interessiert. Ist diese Frage nun beantwortet? Wenn nein, wie könntest du doch noch eine Antwort bekommen?
2. Vervollständige die folgenden Satzanfänge:
   a) Am interessantesten fand ich bei diesem Thema …
   b) Ich möchte gerne noch wissen, …
3. Male, zeichne oder klebe ein Bild, auf dem eine Welt dargestellt ist, in der die Kinderrechte verwirklicht sind.
4. Kennst du einen Menschen, von dem du sagen würdest, er sei besonders gerecht? Wähle eine oder mehrere Anregungen:
   a) Verfasse für eine Schülerzeitung oder für eine Homepage ein Porträt dieses Menschen und erkläre, was ihn zu einem gerechten Menschen macht.
   b) Fertige ein künstlerisches Porträt dieses Menschen an (Malerei, Zeichnung, Fotografie, Film).
   c) Führe ein Interview über das Thema Gerechtigkeit mit diesem Menschen.

Porträt: Textform, in der ein Mensch genau beschrieben wird; (künstlerische) Darstellung einer Person

Weiterdenken
Noch einmal Justitias Augenbinde

Findet euch zu zweit zusammen und verbindet euch gegenseitig im Wechsel die Augen. Lasst euch anschließend durch die Schule oder über den Pausenhof führen.
5. Welches Gefühl war für denjenigen oder diejenige, der oder die geführt wurde, vorherrschend?
6. Bei welcher Einstellung lässt man sich leicht, bei welcher schwer führen? Tauscht euch über die Erfahrungen aus, die ihr gemacht habt.
7. Wird Justitia auch geführt? Stellt eigene Überlegungen an, ob Justitia auch eine Sicherheit hat oder ganz auf sich gestellt ist.

4 Mensch, Natur und Technik

1 Wer sind wir?
2 Neugier und Erfindungsgeist

Der Mensch

Eines Tages wurde der Affe menschlicher,
er lernte, sich im Stamm zu behaupten, zu denken, zu sprechen;
sich Geschichten auszudenken, er sah, dass sein Leben ein Ende hatte,
und schuf Rituale und die Kunst,
er erforschte seine Welt,
er trieb Handel,
er bestellte das Feld,
er zähmte das Tier,
er bezwang den Fluss, den See, das Meer.
Eines Tages kehrte sich der Mensch von seiner Vergangenheit
als Tier ab,
seine Welt war eine selbst geschaffene Welt,
er nannte sie „Kultur".

Wer sind wir? **Gibt der Text eine Antwort?**
Woher kommen wir, wohin gehen wir? **Geben die Spuren eine Antwort?**
Was können wir? **Geben die Dinge eine Antwort?**
Sind wir gleich oder verschieden? **Sind wir gleich und verschieden?**

Mensch, Natur und Technik

1 Wer sind wir?

A AUFGABEN

1. Arbeitet zu zweit: Betrachtet euch in einem Handspiegel. Das ist das Gesicht eines Menschen. Könnt ihr etwas entdecken, was euch zum Menschen macht?
   a) Sprecht über diese Frage und notiert eure Ergebnisse auf Karten.
   b) Hängt die Karten aus und diskutiert über die Ergebnisse.
   c) Einigt euch auf die fünf Ergebnisse, die euch besonders interessant erscheinen.

2. Was ist für dich „der Mensch"? Schreibe eine eigene Definition und beginne mit Der Mensch ist das Lebewesen, das ...
3. Was interessiert dich am Menschen? Sammle Fragen und schreibe sie auf. Am Schluss des Kapitels kannst du auf diese Fragen zurückkommen.

Philosophie ist aus philos= *Freund* und sophia = *Weisheit* zusammengesetzt und bedeutet *Freund der Weisheit*.

Anthropologie: von dem griechischen Wort anthropos = *Mensch* und logos = *Lehre* abgeleitet und bedeutet *Lehre vom Menschen*.

Was ist der Mensch? Das ist eine Frage, die in der Philosophie und in der Anthropologie beantwortet wird. Philosophinnen fragen, was ist das Wesen des Menschen? Sie interessieren sich dafür, welche Gedanken sich die die Menschen über den Menschen machen. Anthropologen interessieren sich für die Überreste der Urmenschen, die bei Ausgrabungen gefunden werden. Meistens sind das Knochen oder Steinwerkzeuge.

Die Anthropologin Mary Leakey legt in Laetoli (Ost-Afrika) die Fußspuren von Urmenschen frei, die du auf S. 99 sehen kannst.

Die philosophische Methode, die du in diesem Kapitel kennenlernen und und ausprobieren kannst, ist das **sokratische Gespräch**.

Wo kommen wir her?
Die Frage nach der Herkunft des Menschen

Der englische Naturforscher Charles Darwin war der Erste, der eine wissenschaftliche Theorie aufstellte, mit der man diese Frage beantworten konnte: Jede Art von Lebewesen, ob Mensch, Tier oder Pflanze, entwickelt sich aus früheren Arten. Diese Theorie nennt man Evolutionstheorie. Auch
5 der Mensch ist ein Ergebnis der Evolution. Er hat Vorfahren in der Urzeit und entwickelte sich langsam zur heute lebenden Menschenart. Die Evolution vom Urmenschen bis zum heutigen Menschen dauerte ungefähr vier Millionen Jahre. Das ist in Maßstäben der gesamten Evolution gedacht keine lange Zeit. Die Dinosaurier zum Beispiel starben vor 65 Millionen
10 Jahren aus. In den vier Millionen Jahren entstanden viele Menschenarten, von denen alle bis auf eine ausstarben.

Darwin behauptete nicht, dass der Mensch vom Affen abstammt. Er ging vielmehr davon aus, dass beide Arten gemeinsame Vorfahren hatten, die vor vielen Millionen Jahren lebten. Und Darwin war auch nicht der Auffas-
15 sung, dass der Mensch der höchste Punkt der Evolution des Lebens ist, die „Krone der Schöpfung". Er war vielmehr davon überzeugt, dass der Mensch eine Form des vielfältigen Lebens unter anderen ist.

Charles Darwin (1809–1882)

Evolution: *Prozess der Entwicklung von Lebewesen*

AUFGABEN

These: *Behauptung*

revolutionieren: *umdrehen, vollständig und rasch verändern*

Tipp
Theorien vom Ursprung der Welt und des Menschen werden in Kapitel 6.2 ab S. 156 vorgestellt.

1. a) Suche aus dem Text drei Thesen der Evolutionstheorie heraus und schreibe sie auf.
   b) Vergleicht eure Ergebnisse in Partnerarbeit und ergänzt eure eigene Liste.
2. Darwins Evolutionstheorie revolutionierte das Bild vom Menschen. Er war plötzlich nicht mehr die „Krone der Schöpfung".
   a) Erkläre, was mit „Krone der Schöpfung" gemeint sein könnte.
   b) Was glaubte man vor Darwin, woher der Mensch kommt?
   c) Erkläre, was sich für die Menschen durch Darwins Evolutionstheorie verändert hat.

DENKRAUM

A Darwin behauptete, der Mensch sei nicht die „Krone der Schöpfung". Was ist er dann? Stelle dir vor, du könntest Darwin darauf antworten. Schreibe ihm deine Überlegungen in Form eines Briefes.
B Gestalte mit künstlerischen Mitteln deiner Wahl ein Bild des Menschen, das ihn in der Situation darstellt, in der er seine „Krone" abgibt.
C Was hat „Ardi" mit uns zu tun?
  • Recherchiere im Internet unter dem Suchbegriff „Ardi" oder – wenn nötig – unter „Ardipithecus ramidus".
  • Stelle die Informationen zu einem kleinen Vortrag zusammen und suche auch nach einer Abbildung, die du zeigen kannst.

4 Nachdenken über Abstammung

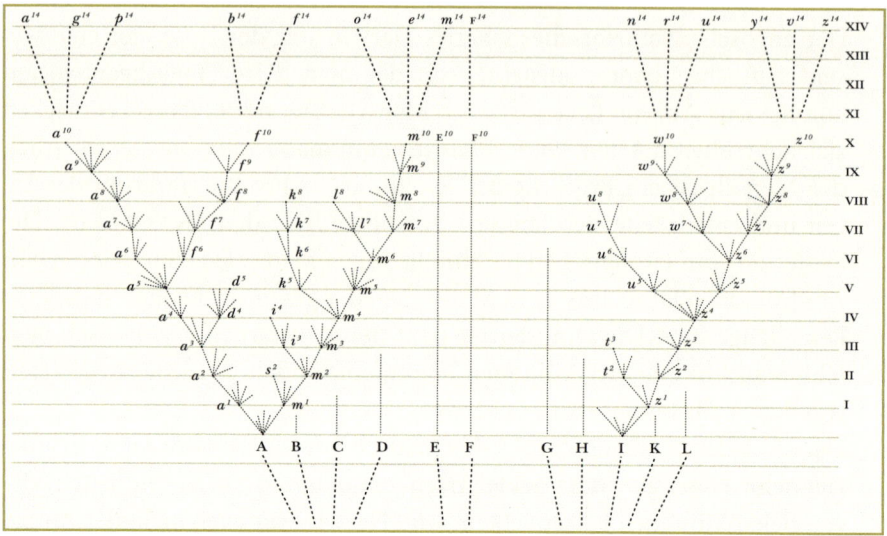

Darwins „Koralle"

Haeckels „Baum"

Bonnets „Leiter"

A AUFGABEN

1. Betrachte die drei Abstammungsmodelle und benenne, wodurch sie sich unterscheiden.

2. Familienstammbaum

Wir stammen von Urmenschen ab, die längst ausgestorben sind. Und wir stammen direkt von Menschen ab, von denen viele noch leben: von den Urgroßeltern, Großeltern, Eltern. Oft haben wir Geschwister, Tanten, Onkel, Cousins und Cousinen.

a) Wähle ein Abstammungsmodell aus, das zu einem Familienstammbaum passen könnte und begründe deine Wahl.

b) Gestalte deinen Familienstammbaum über drei Generationen (Großeltern, Eltern, Kinder). Vielleicht kannst du auch Fotos verwenden.

Gleich oder ungleich? Gleich und ungleich?

In der Evolution des Menschen gab es verschiedene Menschenarten, heute nur noch eine. Wissenschaftlerinnen und Wissenschaftler vom Max-Planck-Institut für evolutionäre Anthropologie in Leipzig haben herausgefunden, dass alle heute lebenden Menschen von einer einzigen
5 Menschenart abstammen, dem Homo sapiens. Sie können auch beweisen, dass wir nicht vom Neandertaler abstammen. Der Homo neanderthalensis war eine eigene Menschenart.

Heute gibt es nur noch eine einzige Menschenart, und es gibt keine Menschenrassen. Die heute lebenden Menschen gleichen sich sehr und
10 unterscheiden sich nur durch unwesentliche Äußerlichkeiten: Haut-, Augen-, Haarfarbe und Besonderheiten des Gesichts. Diese Unterschiede sind keine Unterschiede zwischen Rassen. Die Unterschiede zwischen zwei Weißen sind nämlich manchmal größer als die Unterschiede zwischen einem Weißen und einem Schwarzen.

Homo sapiens: der weise Mensch ➲ S. 100

3. Nimm Stellung dazu, ob das Bild zu der Behauptung des Textes passt, dass es nur eine einzige Menschenart gibt und keine Rassen.

Mensch, Natur und Technik

4

Bin ich wie alle?
Oder bin ich einzigartig?

4. Welches der beiden Bilder beantwortet diese Frage besser? Begründe.
5. Arbeite mit deiner Nachbarin oder deinem Nachbarn:
   a) Fertige eine Tabelle an und trage in die linke Spalte ein, worin du anderen gleichst.
   b) Vergleicht eure Listen. Wie viele Übereinstimmungen gibt es?
   c) Trage nun in die rechte Spalte ein, was dich einzigartig macht.
   d) Frage deine Nachbarin oder deinen Nachbarn, was dich einzigartig macht und ergänze die Tabelle.

Wer bist du, Mensch?

Lucy

von Arno von Berge Henegouwen, Ruud Hisgen, Adrie und Alfons Kennis

Das ist Lucy. Sie lebte vor drei Millionen Jahren in Afrika. Sie sieht unseren Affenvorfahren noch sehr ähnlich. Sie ist noch kein richtiger Mensch. Aber ihre Art ist die erste Menschenart auf zwei Beinen. Lucy ging gebückt und war nicht größer als ein Kind. Ihre Spezies lebte eine Million Jahre lang.

Australopithecus afarensis
australo: südlich
pithecus: Affe
afarensis: aus der Gegend von Afar, Äthiopien
ernährt sich hauptsächlich von Früchten und Pflanzen; Werkzeuge nicht bekannt

Turkana-Junge

von Arno von Berge Henegouwen, Ruud Hisgen, Adrie und Alfons Kennis

Das ist der Junge von Turkana. Er war elf oder zwölf Jahre alt, als er vor 1,5 Millionen Jahren in Afrika am Turkana-See starb. Der Junge von Turkana war menschenähnlicher als Lucy. Er konnte besser laufen und besser denken. Seine Nachfahren haben sich über die ganze Welt verbreitet. Seine Art wurde Homo erectus genannt, der aufgerichtete Mensch. Versteinerungen seines Skeletts wurden in Afrika, in Asien und in Europa gefunden. Die Anthropologen rätseln noch, warum Homo erectus Afrika verlassen hat. – Hast du eine Idee?

Info
Der Turkana-See liegt in Afrika.

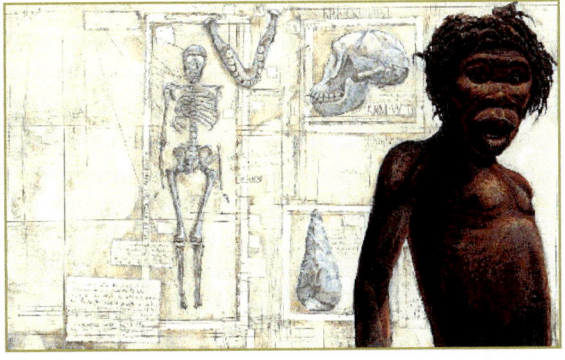

Homo erectus
homo: Mensch
erectus: der aufrecht geht
Gehirn viel größer als bei Lucy

Geh nicht weg! Wie heißt du?
- Man nennt mich den Jungen von Turkana.
Das ist aber ein komischer Name.

- Ich lebe hier am Turkana-See, und nach dem wurde ich benannt, denke
5 ich.
Du kannst also denken?
- Meinst du Worte, die man nur selbst hört? Worte, die niemand sonst hört?
Ja, genau das ist denken. Was kannst du sonst noch?
- Nun, mein Vater hat mir gezeigt, wie man Steine schärft.
10 Ach so, du kennst also Steinwerkzeuge?
- Werkzeuge, was ist das?
Ein Hammer oder eine Axt, zum Beispiel.
- Ja, ich kann ganz tolle Schaber machen.
Wie machst du die?
15 - Nun, ich nehme einen großen Stein, dann schlage ich ihn gegen einen anderen Stein, bis eine dünne Scheibe absplittert, und das ist dann ein Schaber.
Was machst du damit?
- Man kann Felle damit sauber schaben. Das ganze Fleisch wird weggeschabt. Dann hat man ein schönes warmes Fell, unter das man nachts kriechen
20 kann.
Also isst du Fleisch?
- Was sonst?
Wie kommst du an das Fleisch?
- Wir jagen, was sonst? Ich bin zwar noch jung, aber im nächsten Winter
25 oder im Winter danach darf ich zur Jagd mitgehen. Mein Onkel ist der beste Jäger unsere Stammes. Wir machen immer ein großes Fest, wenn die Jäger erfolgreich heimkehren. Dann sitzen wir alle zusammen und essen Fleisch. Jung und alt, Männer und Frauen. Wir essen und essen, bis wir fast platzen, und dann schlüpfen wir unter die warmen Felle und träumen. Das
30 ist gemütlich.
Wie kochst du das Fleisch?
- Was meinst du denn damit?
Nun, bratet ihr es oder kocht ihr es oder was?
- Ich weiß wirklich nicht, wovon du redest.

A AUFGABEN

Dialog: Gespräch zwischen Zweien

1. Benenne, wer in dem Dialog spricht.
2. Zwischen den Aufgaben **a)** und **b)** kannst du wählen.
   a) Erkläre, wovon sich der Turkana-Junge ernährt und wie die Nahrung zubereitet wird.
   b) Der Junge kann zuerst nicht verstehen, was mit dem Wort „Werkzeug" gemeint ist. Was vermutest du, warum nicht? Zeichne ein Werkzeug, das er benutzt.
   c) Lasse dir das Ergebnis der Aufgabe, die du nicht gewählt hast, von Schülerinnen und Schülern erklären, die sie bearbeitet haben.
3. Was ist „denken"? Was stellt sich der Junge vom Turkanasee unter „denken" vor? Suche eine passende Textstelle und erkläre sie.

4. Führt ein sokratisches Gespräch über die folgenden Fragen:
   a) Können wir besser denken als der Turkana-Junge?
   b) Könnte ich mich mit dem Jungen vom Turkana-See anfreunden?

Beobachte dich beim Denken und schreibe eine eigene Begriffsbestimmung.

TIPP
Schau dir dazu noch einmal an, was sich der Turkana-Junge unter „denken" vorstellt.

DENKRAUM

 Begriffsbestimmung S. 24

„Ich weiß, dass ich nicht weiß."

Sokrates 469–399 v. Chr.

M METHODEN

Sokratisches Gespräch

Das sokratische Gespräch ist eine philosophische Methode, die Sokrates erfand.
Er war davon überzeugt, dass man im gemeinsamen Gespräch besonders gut zu Erkenntnissen kommen kann.

Merkmale des sokratischen Gesprächs:

1. Alle einigen sich auf ein Thema oder eine Frage.
2. Jeder kann an einem sokratischen Gespräch teilnehmen und Meinungen und Argumente zur Sprache bringen.
3. Voraussetzung ist, dass alle gegenüber den Meinungen anderer offen und unvoreingenommen und bereit sind, ihre eigene Meinung zu überprüfen.
4. Die Aufgabe besteht darin, Meinungen und Thesen zu begründen.
5. Alle verfolgen das Ziel, ein Ergebnis zu erreichen, dem möglichst alle Teilnehmerinnen und Teilnehmer des sokratischen Gesprächs zustimmen können.

Mensch, Natur und Technik

4 Neandertaler, Neandertaler …
von Arno von Berge Henegouwen, Ruud Hisgen, Adrie und Alfons Kennis

… komm her und setz dich zu mir. Sieh mal, wie verschieden wir sind. Du bist viel stämmiger und kräftiger. Das wundert mich nicht. Du hast ja viel mehr Muskeln als ich. Dein Körper kann die Kälte viel besser ertragen als meiner.
5 Wir sind so verschieden und doch haben wir vieles gemeinsam.
Wir stammen beide aus Afrika.
Wir haben den gleichen Vorfahren: Homo erectus.
Wir stammen beide von den Verwandten des Jungen von Turkana ab.
Wenn wir die gleichen Vorfahren haben, warum gleichen wir uns dann
10 nicht viel mehr?
Du hast Afrika früher verlassen als wir. Damals war es in Europa und Kleinasien schrecklich kalt. Das war während der Eiszeiten. Und dein Körper hat sich perfekt an diese Kälte angepasst.
Wir aber blieben im heißen Afrika und gingen erst viel später nach Europa.
15 Das war vor 40 000 Jahren.
Und dann lebten wir 10 000 Jahre gemeinsam hier.
Du warst viel stärker als wir, aber wir waren viel schlauer als du.
Wir kamen einfach nicht gut miteinander aus.
Woher ich weiß, dass wir schlauer waren?
20 Weil du über Jahrtausende immer die gleichen Werkzeuge hattest. Aber wir hatten da schon Schmuck. Der hat dir so gut gefallen, dass du ihn nachgemacht hast.
Um zu überleben reicht es nicht, nur stark zu sein.
Schlaue Leute versuchen stets etwas Neues, sie wollen immer mehr.
25 Daher haben wir uns über die ganze Welt verbreitet. Ihr nicht.
Und deine Leute starben aus. Vermutlich vor 27 000 Jahren. Warum? Das weiß niemand.

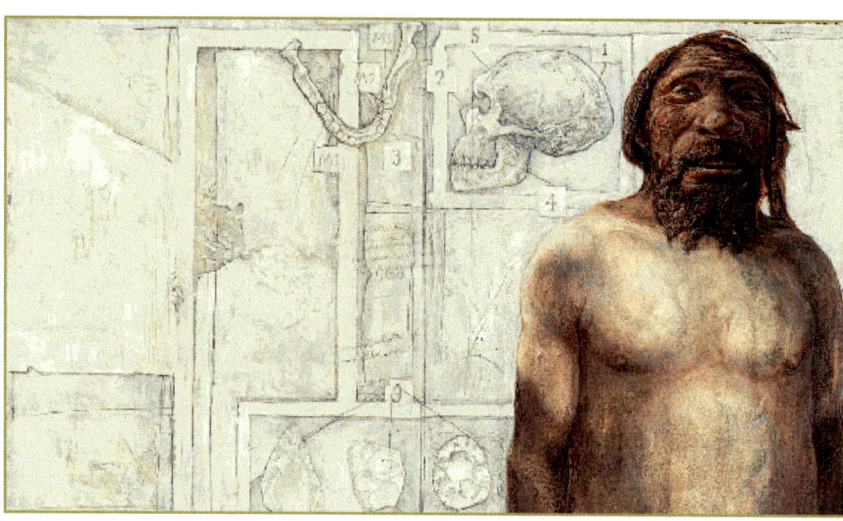

Homo neanderthalensis
Gehirn viel größer als das vom Jungen von Turkana, lebte in einfachen Hütten und in Höhleneingängen, nutzte Feuer, fertigte Werkzeug aus Stein und Holz, begrub seine Toten, konnte sprechen, aß hauptsächlich Fleisch, lebte vor allem in Europa

Wer sind wir?

AUFGABEN Ⓐ   **4**

5. Wer spricht? Begründe deine Antwort.
6. Erkläre,
   a) wie der Neandertaler und der Mensch, der im Text spricht, miteinander verwandt sind und
   b) wann und wo sich die beiden Spezies kennengelernt haben.

Spezies: Art

7. In dem Text wird gesagt, dass es nicht ausreicht, stark zu sein, um zu überleben. Führt ein sokratisches Gespräch über diese These.

These: Behauptung

Das Leben eines Neandertaler-Kindes

Schreibt für eine Jugendzeitschrift einen Artikel über das Leben des Neandertaler-Kindes.
Ihr könnt ein fiktives (vorgestelltes) Interview führen oder das Kind selbst erzählen lassen. Gebt ihm einen Namen und schätzt auch sein Alter. Befragt es auch nach seinen Sorgen, vor was es Angst hat und was ihm besonderes Vergnügen bereitet.

DENKRAUM Ⓓ

Woher wissen wir, wie die Neandertaler aussahen?

Die niederländischen Zwillingsbrüder Alfons und Adrie Kennis wollten genau wissen, wie die Urmenschen ausgesehen haben. Aus Nachbildungen der bisher 19 Knochen des Neandertalers, die man seit 1856 im Neandertal bei Düsseldorf gefunden hat, bauten sie eine lebensnahe Figur. Sie steht im Neandertal-Museum in Mettmann und befindet sich neuerdings in Gesellschaft: Die Brüder Kennis haben auch eine Neandertalerin gemacht.

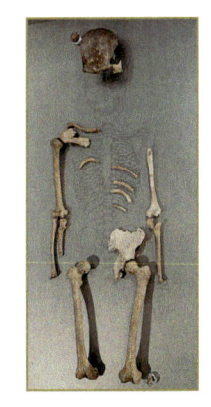

8. Stelle Vermutungen an, wie sie das gemacht haben könnten.

Homo sapiens

von Arno von Berge Henegouwen, Ruud Hisgen, Adrie und Alfons Kennis

- Hallo, du da!
Wer? Ich?
- Ja, du. Wer sonst? Was macht ein Kind wie du denn hier?
Ich suche nach dem Urmenschen.
5 - Wo soll der denn sein?
In Afrika, heißt es.
- Und wie willst du ihn denn erkennen? An den Augen?
Nein, na ja, vielleicht schon. Wenn man einem Hund in die Augen schaut, sieht man einen Hund. Wenn man einem Kaninchen in die Augen schaut,
10 sieht man ein Kaninchen. Die dunklen Augen eines Affen sind ein Spiegel, in dem man sich selbst sieht, und doch steckt hinter den Augen ein Affe. Ich habe einen Funken Mensch gesehen in den Augen des Jungen von Turkana. Und ich hatte den Eindruck, dass der Neandertaler mit mir reden konnte. Ich meine richtig reden, sich unterhalten. Man sieht es den Augen
15 an, ob man jemanden wirklich kennenlernen kann.
- Und was siehst du in meinen Augen?
Einen Menschen, ich sehe einen Menschen. Jemanden wie mich.
- Ich auch.
Und doch unterscheiden wir uns noch.
20 -Wie meinst du das?
Durch die Kleidung zum Beispiel.
- Was sonst noch?
Du hast nichts von all dem, was ich habe.
- Was meinst du damit?
25 Na, so etwas wie Fernsehen, Radio oder eine Uhr und ein Telefon.
- Was?!
Ach, ist nicht so wichtig ...

Homo sapiens
homo: Mensch
sapiens: weise
größeres Gehirn, langer schlanker Körper, baut Häuser und fertigt Werkzeuge und Kunstwerke; kann sprechen, Allesesser, ist in der ganzen Welt verbreitet

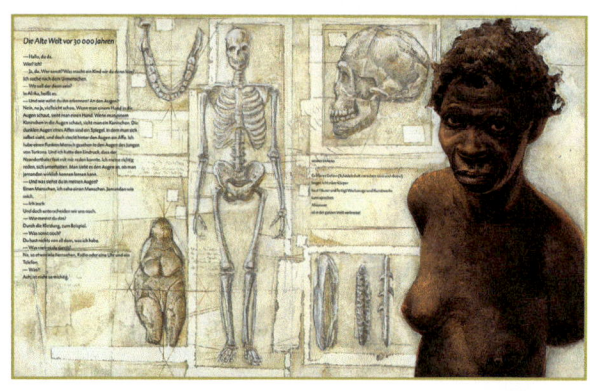

9. Erkläre, wer das Gespräch beginnt und wer das Kind ist. Erfinde Namen für die Gesprächspartner.
10. Benenne Gemeinsamkeiten und Unterschiede. Fertige eine Tabelle an und trage die Gemeinsamkeiten links und die Unterschiede rechts ein.
11. Kannst du in den Augen eines anderen Menschen „lesen", und können andere in deinen Augen „lesen"? Probiert es gegenseitig aus.
12. Führt das Gespräch in dem Text oben als Schreibgespräch fort.

➜ Schreibgespräch S. 28

D DENKRAUM

„Man sieht es den Augen an, ob man jemanden wirklich kennenlernen kann." Führt zu diesem Satz ein sokratisches Gespräch.

Botschaften des Menschen

Höhlenmalerei
nach Emmanuel Anati

Der Mensch ist das Tier, das Geschichten erzählt. Geschichten über das, was er erlebt hat oder erleben möchte, Geschichten über die Vergangenheit, die Gegenwart und die Zukunft. Für uns ist es ganz selbstverständlich, dass wir Geschichten aufschreiben und aufbewahren können. Wir bewahren Briefe und Tagebücher in Kartons auf. Bücher und andere Medien füllen riesige Bibliotheken. Doch erst vor ungefähr 5500 Jahren haben die Sumerer im Zweistromland (heute Irak) die Keilschrift erfunden.

Was haben die Menschen davor getan, um ihre Geschichten und Erinnerungen nicht zu vergessen? Ihr Gedächtnis war die Kunst. Sie übermittelte Wissen, Weisheit und Botschaften. Bis heute gibt es Völker, die ihre Geschichte ohne Schrift, nur mit der Kunst überliefern.

Die Zeichnungen an den Höhlenwänden erzählen die Erlebnisse, die Gedanken, die Träume der Urmenschen vor zehntausenden von Jahren. Diese

Geschichten konnten die Menschen damals „lesen". Heute bemühen sich
15 Wissenschaftler, sie noch einmal zu entziffern. Wie ist das möglich, nach so langer Zeit?

Als die Menschen verstanden, dass es in der Natur Zeichen gibt, die man lesen kann, fingen sie an, Kunstwerke zu schaffen. Die Spur eines Tieres oder eines Menschen im Sand, die Kratzer einer Bärenkralle auf der Fels-
20 wand, der Erdhügel, den das Kaninchen vor seinem Bau aufgehäuft hatte, der schwarze Fleck der Asche an der erloschenen Feuerstelle – dies alles sind Zeichen, die für den Menschen Bedeutung hatten.

Erinnert ihr euch an die Spuren von Laetoli? Sie erzählen, hier sind vor Urzeiten Menschen vorbeigekommen. Wer mag das gewesen sein, wohin
25 sind sie gegangen? Wir stellen uns die Menschen vor, die diese Spuren hinterlassen haben, obwohl von ihnen selbst nichts mehr übrig geblieben ist. So ist es auch mit anderen Spuren: Hier lief einmal ein Tier! Seine Spur ist ein Zeichen, wenn man sich dazu ein Tier vorstellen kann, das einmal an dieser Stelle vorbeigelaufen ist.

sprich: kromanjó

30 Schon die Cro-Magnon-Menschen, die zur Art Homo sapiens gehörten, haben Kunst gemacht. Sie hatten das Bedürfnis, Botschaften zu übermitteln. Oft hatten diese Botschaften einen magischen Sinn.

A AUFGABEN

1. Gib in eigenen Worten wieder, wozu die Urmenschen die Kunst nutzten.
2. Fasse zusammen, was ein Zeichen ist.
3. Lege ein „Wörterbuch der Zeichen" an: Male links ein Zeichen und gib rechts die Erklärung des Zeichens.
    a) Verwende die Zeichen, die im Text genannt werden.
    b) Füge ihnen Zeichen hinzu, die du selbst wahrgenommen hast.
    c) Erzähle von Zeichen oder Spuren, die du selbst hinterlassen hast.

D DENKRAUM

Stelle dir vor, du bist in der Organisation „Europäisches Kulturerbe Höhlenkunst" tätig und führst Besuchergruppen durch eine Höhle, in der es Wandbilder wie das auf Seite 101 abgebildete zu sehen gibt.

A Erkläre den Besuchern in einem kleinen Vortrag, was die Bilder bedeuten könnten, warum die Urmenschen solche Bilder geschaffen haben.

B Stelle eine Vermutung darüber an, was die Erfindung der Kunst für die Evolution des Menschen gebracht haben könnte.

TIPP

Notiere dir Stichworte und übe den Vortrag in einer Kleingruppe, bevor du ihn hältst.

Wer sind wir?

Rückblick

AUFGABEN A

1. Du hast dir am Anfang des Kapitels Fragen aufgeschrieben, die dich am Thema „Wer sind wir?" interessieren. Überprüfe, ob diese Fragen beantwortet sind oder nicht, wie die Antwort lautet und ob dich die Antwort überzeugt.
2. Vervollständige die folgenden Satzanfänge:
   a) Am meisten interessiert hat mich beim Thema „Mensch", ...
   b) Der wichtigste Gedanke bei diesem Thema war für mich ...
   c) Ich möchte gerne noch wissen, ...

Weiterdenken

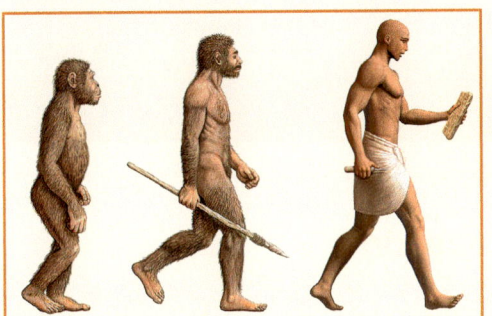

„Eines Tages kehrte sich der Mensch von seiner Vergangenheit als Tier ab. […] Er irrte und konnte Irrtümer einsehen, er lernte, frei zu sein."

Tipp
Blättere noch einmal auf die Doppelseite 88 f. zurück, dort findest du den Anfang des Textes.

Nachdem ihr euch in diesem Kapitel mit der Frage „Was ist der Mensch?" auseinandergesetzt habt, bringt nun euer Verständnis der beiden Sätze zum Ausdruck. Ihr könnt verschiedene Formen wählen, in denen ihr diese Aufgabe bearbeiten könnt:

3. Führt in einer Kleingruppe ein sokratisches Gespräch über die Frage, was das Einsehen von Irrtümern mit „frei sein" zu tun haben könnte.
4. Erarbeitet in einer Gruppe einen künstlerischen Ausdruck (malen, zeichnen, collagieren) einer Szene, wie der Mensch sich von seiner Vergangenheit als Tier abwendet, und wohin er sich neu wendet.
5. Schreibe ein Haiku über den ersten oder den zweiten Satz.

Tipp
Eine Anleitung zum Schreiben eines Haiku findest du auf S. 36.

Utopie MENSCH

„Utopie" kommt aus dem Griechischen und bedeutet so viel wie „Nirgend-Ort"; eine Utopie ist eine Zukunftsvision. Welche Utopie des Menschen ist für euch vorstellbar?

6. Gestaltet gemeinsam ein „Höhlenbild" der Zukunft.
   Stellt aus verschiedenen Materialien, Gegenständen und Techniken ein „Bild des Menschen" her.

2 Neugier und Erfindungsgeist

Mit den Augen eines Staubkorns

Universum (lat. universus): gesamt

Natur (lat. natura) von nasci: entstehen, geboren werden

Wenn ich versuche, mir das gesamte Weltall vorzustellen, dann ist der Mensch nur ein winziges Staubkorn. Er ist verschwindend klein im Vergleich zum Universum, aber er ist auch winzig klein auf seinem eigenen Planeten. Alles, was das Universum enthält, ist Natur: Milchstraßen, Sterne, Planeten, die Erde, Tiere, Pflanzen, Meere und Berge, Wälder und Wüsten, Flüsse, Seen und das ewige Eis – auch der Mensch. Er ist der Teil der Natur, der sich über die Natur Gedanken macht, der die Natur beobachtet, der …

A AUFGABEN

1. Führe den Text fort, indem du benennst, was der Mensch noch in und mit der Natur macht.
2. Betrachte – vielleicht mit einer Lupe – die beiden Fotos. Beschreibe, wie eine Person sich fühlt, die jeweils in eines der Bilder gerät.
3. Male, zeichne oder klebe eine Collage, wie du dir den Menschen in der Natur vorstellst.

In diesem Kapitel beschäftigen wir uns damit, wie wir Menschen die Natur erfahren und gestalten, warum wir so neugierig sind und wohin uns die Neugier führt. Der Erfindungsgeist des Menschen wird ebenso Thema sein wie die Frage der Verantwortung für die Natur. Gibt es eine Frage, die dich bei diesem Thema besonders interessiert? Schreibe sie auf. Vielleicht ist sie am Ende des Kapitels beantwortet – wer weiß?

Die Methode, die in diesem Kapitel im Vordergrund steht, ist das **Gedankenexperiment**.

Neugier und Erfindungsgeist

Natur und Mensch
Alles Natur?

1

4

7

2

5

8

3

6

9

AUFGABEN A

1. Auf jeder Abbildung ist Natur zu sehen. Doch gibt es große Unterschiede.
   a) Ordne jeder Abbildung einen Buchstaben auf einer „Natur-Skala" zu:

vom Menschen	A unberührt	B kultiviert und genutzt	C angelegt und gestaltet
Bild Nr:			

kultiviert: bearbeitet, genutzt, gepflegt

   b) Erkläre, mit welchen der dargestellten Arten von Natur du vertraut bist, mit welchen nicht und gib Gründe an, warum das so ist.

DENKRAUM D

Suche aus Zeitschriften ein Foto heraus, das möglichst eine von Menschen ganz unberührte Natur zeigt und verändere es, indem du Einflüsse der Menschen deutlich machst.
Du kannst auch umgekehrt vorgehen und eine Abbildung verwenden, in der du zeigst, wie die Natur sich genutzte Landschaft wieder zurückerobert.
A Hängt die Bilder in der Klasse auf, erklärt sie euren Mitschülerinnen und Mitschülern.
B Diskutiert darüber, wo ihr euch am wohlsten fühlt und begründet warum.

Tipp
Achte bei der Auswahl des Fotos darauf, dass die Farben nicht zu dunkel sind, da man die Übermalung sonst vielleicht nur schlecht erkennen kann.

Mensch, Natur und Technik

4 Neugier und Wissensdurst

Aristoteles: *griechischer Philosoph der Antike, lebte von 384–322*

➲ *Was macht ein Philosoph? Was ist Philosophie? Schlage auf Seite 168 nach.*

Alle Menschen streben von Natur aus nach Wissen.

Stimmt das?

A AUFGABEN

These: *Behauptung*
Gegenthese: *entgegengesetzte Behauptung*

1. Kannst du Aristoteles' Satz aus eigener Erfahrung bestätigen? Nenne Beispiele.
2. Formuliere eine Gegenthese zu Aristoteles.
3. Führt in zwei Gruppen eine Diskussion. Eine vertritt Aristoteles' These, die andere die Gegenthese.

Wage zu wissen!

Ich?!?!?!?

Der Philosoph **Immanuel Kant** *(1724–1804) fordert uns auf: „Sapere aude!" Das heißt: Wage zu wissen! Oder: „Habe Mut, wissen zu wollen!"*

4. Kannst du dir erklären, warum Kant meinte, etwas wissen zu wollen, sei ein Wagnis? Kannst du ein Beispiel geben? Vielleicht hilft dir die folgende Geschichte dabei.

Der Schneider von Ulm

Prothese: *künstliches Körperteil (Fuß, Bein, Hand, Arm, Auge)*

Zunft: *Zusammenschluss von Handwerkern*

Albrecht Berblinger, ein Schneider, der in jungen Jahren viel lieber Mechaniker geworden wäre, tüftelte in seiner Freizeit an technischen Erfindungen. So erfand er 1808 die erste Beinprothese mit Gelenk.
Dann beobachtete er Eulen und andere Vögel und tüftelte jahrelang an
5 einem Fluggerät. Seine Kollegen aus der Zunft der Schneider verlangten von ihm, dass er bei seinem gelernten Handwerk bleibe und erlegten ihm Strafgelder auf. Aber Berblinger konnte nicht anders, er musste seine Ideen immer weiter verfolgen. Als er schließlich vor Mitgliedern des württembergischen Königshauses und vielen Ulmern sein Gleitflug-
10 gerät testen wollte, war der Wind ungünstig, sodass der Flug auf den nächsten Tag verschoben werden musste. Es wird überliefert, dass er

bei seinem zweiten Versuch auf einem turmartigen Gerüst auf den richtigen Luftzug wartete, dabei aber von jemandem gestoßen worden sei und unsanft in der Donau gelandet sein soll. Die Flugvorführung war gescheitert, der „Schneider von Ulm" wurde ausgelacht.

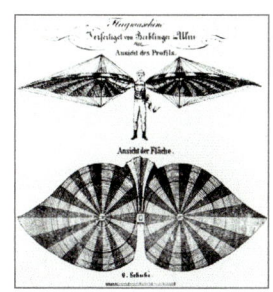

Berblingers eigenhändige Konstruktionsskizze seines Hängegleiters

5. Erkläre, warum Schneider Berblinger von seiner Zunft mit Strafgeldern belegt wurde und wie er auf diese Strafen reagiert hat.
6. Stelle eine Vermutung an, woran er deiner Meinung nach gescheitert ist.
7. Albrecht Berblinger hat in seinem Leben viel gewagt. Stelle dar, welche Wagnisse das waren.
8. Nimm Stellung zu der Frage, ob Schneider Berblinger zu viel riskiert hat.

A Heute gilt Albrecht Berblinger als Pionier der Luftfahrt. Die „Deutsche Gesellschaft für Luft- und Raumfahrt" bittet dich, eine Laudatio auf Albrecht Berblinger, den Schneider von Ulm, zu halten. Komme dieser Bitte nach und bereite dich schriftlich auf deinen Vortrag von etwa zwei Minuten vor.
B Entwickle eigene Überlegungen, ob Schneider Berblinger nach Immanuel Kants Aufforderung gehandelt hat und schreibe darüber einen kleinen Aufsatz.

DENKRAUM

Laudatio: Lobrede

Dädalus und Ikarus

Einer Sage nach hielt König Minos Dädalus zusammen mit seinem Sohn Ikarus auf der griechischen Insel Kreta gefangen. Der König ließ das Meer streng bewachen, sodass ein Entkommen aussichtslos erscheinen musste. Doch Dädalus kam auf die Idee, auf dem Luftweg zu fliehen. Er baute für sich und Ikarus aus Holzstangen und Federn Flügel und verklebte sie mit Wachs. Der Vater schärfte dem Sohn ein, immer in seiner Nähe zu bleiben, nicht zu tief zu fliegen, damit die Federn nicht das Wasser berührten, und auch nicht höher als er zu fliegen,

Carlo Saraceni (1585–1620) „Der Sturz des Ikarus"

Mensch, Natur und Technik

damit die Sonne nicht die Federn versengen würde. Anfangs ging alles gut, aber dann wurde Ikarus übermütig. Das Fliegen machte ihm solchen Spaß!
20 Er wollte höher hinaus, zu hoch! Da schmolz die Sonne das Wachs, die Federn lösten sich, und Ikarus stürzte ins Meer.

➲ *Sokratisches Gespräch S. 97*

9. Welche drei Regeln schärfte Dädalus seinem Sohn Ikarus ein?
10. Ist Ikarus selber schuld? Führt zu dieser Frage ein sokratisches Gespräch.

Wissenschaftlich denken

> **Sokrates zugeeignet:**
>
> Es ist schon so: Die Fragen sind es,
> aus dem das, was bleibt, entsteht.
> Denkt an die Frage jenes Kindes:
> „Was tut der Wind, wenn er nicht weht?"
>
> Erich Kästner

A AUFGABEN

absurd: unsinnig, widersinnig

1. Formuliere ähnliche Fragen wie die, die im Gedicht von Erich Kästner gestellt wird.
2. Was meinst du: Sind das absurde Fragen? Begründe.

Fragen stellen lernen und in Gedanken experimentieren

3. Gib der Zeichnung einen Titel.
4. Suche dir aus den abgebildeten Werkzeugen, Geräten oder Maschinen etwas heraus und formuliere eine Frage, die zu seiner Erfindung führt.
5. Jetzt mache das umgekehrte Experiment: Finde eine Frage, die zu etwas führt, das noch erfunden werden kann. Wenn es dir hilft, denke an diese Bereiche: Fortbewegung, Menschen mit Behinderung, Tierhaltung, Schulalltag. Fertige Skizzen an.
6. Was ist dir schwerer gefallen: Frage 4 oder Frage 5? Begründe deine Antwort.

Neugier und Erfindungsgeist

M METHODEN

Gedankenexperiment

Ein Gedankenexperiment ist ein Experiment mit Gedanken und in Gedanken. Man kann mit dieser Art Experiment überprüfen, ob die eigenen Gedanken, die man zu einer Sache hat, richtig sind. Gedankenexperimente beginnen mit einer Annahme und enden mit einer Frage.
Zum Beispiel:

„Nimm einmal an, du könntest die Gedanken anderer Menschen lesen. Was würde sich in deinem Leben ändern?"
Andere Anfänge sind möglich: „Gehen wir einmal davon aus, …", „Vorausgesetzt, man könnte …", „Was wäre, wenn …", und eine passende Frage schließt sich dann an.

Gedankenexperimente können in jeder Epoche und an jedem Ort spielen. Man kann Menschen und Tieren Fähigkeiten andichten, die sie gar nicht haben, oder man kann Maschinen die Rolle von Lebewesen spielen lassen. In Gedanken ist alles erlaubt. Der Witz an einem Gedankenexperiment ist schließlich, dass man nach den Ergebnissen fragt und diese Ergebnisse bewertet: „Und was heißt das?", „Was folgt daraus?", „Wollen wir das?"

Gedankenexperiment Buchdruck

Bücher, Zeitungen, Zeitschriften, Landkarten – Druckerzeugnisse aller Art gehören ganz selbstverständlich zu unserem Leben. Aber erst vor 550 Jahren hat Johannes Gutenberg in Mainz den Buchdruck mit beweglichen Lettern aus Metall erfunden. Bücher werden schon seit 2500 Jahren ge-
5 schrieben, aber sie konnten nicht in Massen hergestellt werden. Zeitungen gab es auch, aber man konnte sie nicht an jeder Straßenecke für wenig Geld kaufen. Das ist erst seit Gutenberg möglich. (Das Papier wurde übrigens vor 2000 Jahren in China erfunden, davor schrieb man auf Tontafeln, Tierhäuten und Papyrus.) Vor Gutenberg musste man die Bücher ab-
10 schreiben oder aufwendig Drucktafeln schnitzen, um mehrere Exemplare herzustellen. Entsprechend kostbar und schwer zugänglich waren Bücher. Stadtbüchereien gab es nicht und ohnehin konnten nur sehr, sehr wenige Menschen lesen. Wissenschaftler sind sich einig, dass Gutenbergs Erfindung nach der Sprache und den Schriftzeichen die dritte große Medien-
15 Revolution der Menschheit einleitete. Man kann sich die Veränderungen, die diese Revolution mit sich brachte, gar nicht im ganzen Ausmaß vorstellen. Oder doch … ?

Lettern: *Buchstaben, Drucktypen*

Book of Lindisfarne, ca. 700 n. Chr.

Medien-Revolution: *Veränderung der Kommunikationsmittel*

Mensch, Natur und Technik

4

Auflage: *Stückzahl eines Buches*

Gesichtspunkte	vor Gutenberg bedeutet das für ...	nach Gutenberg bedeutet das für ...
die Auflage		
der Verkauf		
der Preis		
die Leserinnen und Leser		
die Autorin		

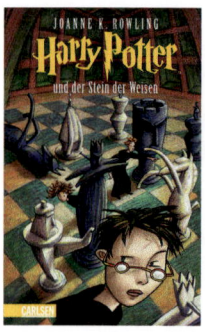

7. Übertrage die Tabelle in dein Heft oder deine Mappe.
8. Stellt euch vor, J. K. Rowling hätte die Manuskripte der sieben Bände „Harry Potter" vor der Erfindung des Buchdrucks geschrieben. Untersucht unter den aufgezählten Gesichtspunkten, was das bedeutet hätte und tragt die Ergebnisse in die mittlere Spalte ein.
9. Nun führt das Gedankenexperiment einen Schritt weiter, indem ihr euch vorstellt, was tatsächlich der Fall ist: Dass nämlich J. K. Rowling die sieben Bände nach der Erfindung des Buchdrucks geschrieben hat. Untersucht, was sich durch Gutenberg verändert hat und tragt die Ergebnisse in die rechte Spalte ein.
10. Bewertet nun abschließend das Gedankenexperiment: Sind die Folgen des Buchdrucks wünschenswert? Nehmt in einer Diskussion Stellung zu dieser Frage.

D DENKRAUM

A Nimm an, es gäbe den Buchdruck nicht. Schreibe einen kleinen Aufsatz darüber, was das für die Schulbildung und für die Wissenschaft bedeuten würde.

B Gäbe es deiner Meinung nach das Internet ohne den Buchdruck? Diskutiert in der Gruppe.

C Beschreibe, wie es für das Mädchen auf dem Gemälde ist zu lesen. Berücksichtige dabei, wie alt das Bild ist.

Albert Anker, 1884

Gedankenexperiment Rad

Niemand weiß sicher, wo genau und vom wem vor ungefähr 5500 Jahren das Rad erfunden wurde. Man nimmt an, dass es an verschiedenen Orten etwa gleichzeitig geschah. Es gibt Abbildungen von Rädern aus Mesopotamien (im heutigen Irak) und Funde von Wagen aus den norddeutschen
5   Mooren, die so alt sind.
Anfangs transportierten die Menschen schwere Lasten auf Schlitten, die sie selbst und später dann Tiere zogen. Dann kam jemand auf die Idee, Rollen, zum Beispiel Stücke von Baumstämmen, unter den Schlitten zu legen. Das erleichterte die Sache, aber diese Art der Fortbewegung war auch umständ-
10 lich. Schließlich hatte jemand den Einfall, eine Rolle vorne und eine Rolle hinten unter dem Schlitten so zu befestigen, dass sie sich in einer Halterung drehen konnten. Und nun war es nur noch ein Schritt zum Rad.

11. Erkläre, welcher Schritt das war.
12. Wähle eine Aufgabe aus:
    a) Macht das Gedankenexperiment „Eine Welt ohne Räder" und notiert Stichworte.
    b) Zeichne einen Comic: „Der Weg zum Rad".

A   Stelle dir vor, du bist ein Wissenschaftler bzw. eine Wissenschaftlerin, mit dem Spezialgebiet „Die Geschichte der Technik". Dieses Fachgebiet gibt es übrigens tatsächlich. Schreibe unter der Überschrift „Rad und Schrift – Ein erfolgreiches Gespann?" einen kurzen Artikel für eine wissenschaftliche Zeitschrift, indem du Vermutungen anstellst, warum das Rad und die Schrift ungefähr gleichzeitig erfunden wurden und was sich für die Menschen dadurch verändert hat.
B   Anthropologinnen und Philosophen beschäftigen sich auch mit der Frage, ob Tiere Dinge erfinden können.
Stelle dir vor, du bist ein Wissenschaftler oder eine Wissenschaftlerin und schreibst an eine Kollegin oder einen Kollegen eine E-Mail, in der du Vermutungen darüber anstellst, ob Tiere erfinden können.
C   Auch Jugendliche können schon ernsthafte Forscherinnen und Forscher sein. Einige machen bei dem Wettbewerb „Jugend forscht" mit. Schaut selbst einmal im Internet und bringt ein Beispiel einer Erfindung von jungen Forscherinnen oder Forschern mit in die nächste Unterrichtsstunde.

DENKRAUM

Tipp
Wissenschaftler sind oft gut miteinander bekannt. Du kannst den Empfänger oder die Empfängerin also gerne mit „du" anreden.

4 Verantwortung für die Natur

Leonardo da Vinci
nach Manfred Mai

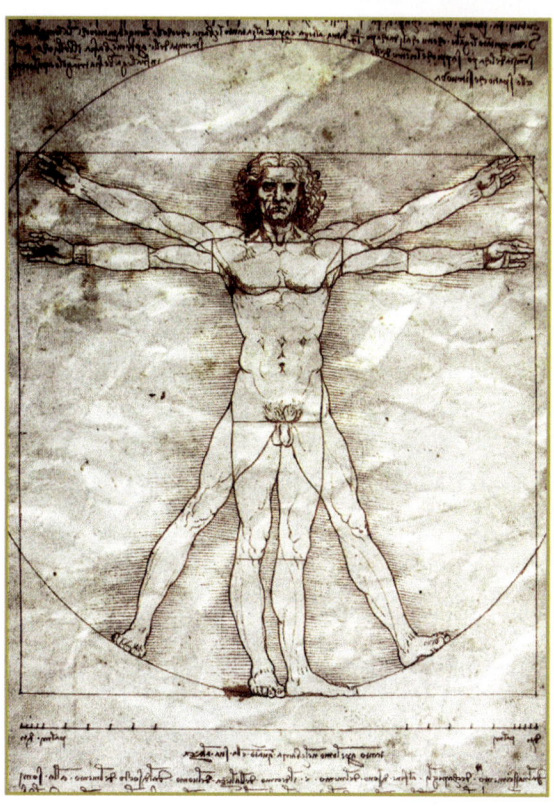

Leonardo da Vinci lebte von 1452 bis 1519 in einer Zeit, die man „Renaissance", das bedeutet „Wiedergeburt", nennt. Nach dem langen Mittelalter rückte die Renaissance endlich den einzelnen Menschen in den Mittelpunkt. Künstler und Wissenschaftler betrachteten ihn als ein freies Wesen, das für seine Handlungen verantwortlich ist. Er sollte über sich und sein Leben selbst entscheiden und seine Fähigkeiten entfalten können. Dafür musste er lernen und Wissen erwerben. Man begann, die Natur genau zu beobachten und zu erforschen. Leonardo da Vinci war ein „Universalgenie". Er beherrschte alle Künste und die Wissenschaften, schuf nicht nur die berühmte „Mona Lisa" und „Das Abendmahl", er war auch Bildhauer, Wissenschaftler, Architekt, Techniker und Erfinder. So zeichnete er z. B. ausführliche Konstruktionsanleitungen für Flugmaschinen, die einem Hubschrauber sehr ähneln. Er sezierte Leichen, weil er verstehen wollte, wie der Mensch gebaut ist und wie er funktioniert.

Leonardo war sich aber auch seiner Verantwortung als Wissenschaftler und Erfinder bewusst. Er schrieb:

„Ich weiß, wie man sich unter Wasser aufhalten und lange ohne Nahrung bleiben kann. Aber ich veröffentliche es nicht und erkläre es niemandem. Denn die Menschen sind böse und würden diese Kunst dazu verwenden, um auch auf dem Meeresgrund zu morden. Sie würden den Boden der Schiffe anbohren und sie mit allen Menschen, die darin sind, versenken."

A AUFGABEN

1. Erkläre, von welcher Erfindung Leonardo spricht.
2. Wie würde Leonardo die Frage beantworten, ob Forscherinnen und Forscher verantwortlich für ihre Entdeckungen und Erfindungen sind? Schreibe Leonardos „Richtlinie zum ethischen Verhalten in der Wissenschaft".
3. Führt über Leonardos Meinung, die Menschen seien böse, ein sokratisches Gespräch.
4. Betrachte die Abbildung und nimm Stellung zu der Frage, ob sie zu den Aussagen des Textes passt.

Projekt „Watershed"

watershed (engl.):
1. Wassereinzugsgebiet
2. Wendepunkt

Schon immer hatten die Dorfbewohner im Bundesstaat Maharashtra Bäume gefällt, weil sie Brennholz zum Kochen brauchten. Das Weidevieh hatte inzwischen aber die letzten Bäume und Sträucher abgefressen, und wenn ein heftiger Monsunregen einsetzte, dann schoss das Wasser die Hänge herunter ohne zu versickern und riss die Erde mit sich fort. Wo vor 100 Jahren noch Wälder standen, gab es nun nur noch Steppe oder nackten Fels.
Schließlich haben einige katholische Priester mit Geldern aus dem deutschen Entwicklungshilfeministerium ein Projekt begonnen, das „Watershed" genannt wird. Das ganze Dorf beteiligt sich daran. In Gruppen ziehen die Bewohner kleine Furchen in die Berghänge bis ins Tal hinein. Die wenige Erde wird zusammengekratzt und unzählige kleine Bäumchen werden gepflanzt. Wenn Regen fällt, wird er in den Furchen gefangen, versickert langsam und wird im Boden gehalten. Die Wurzeln der allmählich wachsenden Bäume halten die Erde fest, und der Grundwasserspiegel steigt, was man daran sehen kann, dass die Brunnen wieder mehr Wasser haben. Alle Dorfbewohner müssen, zur Not mit ihrem Daumenabdruck, unterschreiben, dass sie Verantwortung für das Projekt übernehmen. Deshalb dürfen sie nichts machen, was der Natur schaden könnte, z. B. Wäsche waschen im Fluss, Brennholz schlagen oder die Ziegen frei weiden lassen.

5. Erkläre, warum die Dorfbewohner keine Wäsche im Fluss waschen, kein Brennholz schlagen und ihr Vieh nicht frei herumlaufen lassen dürfen.
6. Stelle Überlegungen an, wie sich das Projekt „Watershed" auf das Leben der Dorfbewohner in verschiedenen Bereichen auswirkt (z.B. Haushalt, Ackerbau, Viehhaltung, Schule, Verkehr).

Mensch, Natur und Technik

4 D DENKRAUM

A Das englische Wort „Watershed" bedeutet sowohl Wasser- oder Regeneinzugsgebiet als auch Wendepunkt. Arbeite heraus, inwiefern beide Bedeutungen zu dem Projekt passen könnten.

B Stellt euch vor, es regnet in dem Gebiet, in dem das Dorf liegt. Dichtet den Text für ein Regenlied zur Melodie eines Liedes, das ihr kennt.

Lebensraum?

Candida Höfer, Zoologischer Garten Basel II, 1992

Tipp
Informiert euch bei eurem Biologielehrer oder eurer Biologielehrerin über die Lebensweise von Flusspferden.

➲ *Dilemma-Diskussion S. 44*

7. Die Menschen interessieren sich für die Natur und besonders für Tiere aus fernen Ländern, für die sie zoologische Gärten anlegen, um sie dort zu betrachten und zu erforschen.
   a) Beschreibe, was du auf der Fotografie des Flusspferdes im Baseler Zoo siehst.
   b) Setze dich mit der Frage auseinander, ob die Zoobesucher wirklich das Flusspferd in seiner Natur beobachten können.
   c) Führt eine Dilemma-Diskussion über die Frage, ob und warum es vertretbar ist, Tiere in zoologischen Gärten zu halten.

Neugier und Erfindungsgeist

Rückblick

AUFGABEN

1. Vervollständige die Sätze:
   - Meine Fragen vom Anfang des Kapitels sind bis auf die Frage(n) „...?" beantwortet.
   - Am meisten interessiert hat mich ....
   - Der wichtigste Gedanke bei diesem Thema war für mich ...
   - Ich möchte gerne noch wissen, ...

Weiterdenken

Galileo Galilei (1564–1642), der aus der Beobachtung der Himmelskörper mit einem Fernrohr Naturgesetze ableitete, sagte einmal, das „Buch der Natur" sei in der Sprache der Mathematik geschrieben. Damit meinte er, dass man die Natur nur versteht, wenn man sie in Zahlen erklären kann.

2. Betrachte die Abbildung und stelle eigene Überlegungen an, was dargestellt sein könnte.
3. Wenn du von deinen eigenen Erfahrungen in der Natur ausgehst: Ist das „Buch der Natur", wie Galilei meinte, in der Sprache der Mathematik geschrieben oder „spricht" die Natur auch andere Sprachen?
   a) Diskutiert dieses Thema.
   b) Schreibe einen Aufsatz zum Thema „Wie die Natur ‚spricht'".
4. Kann man in der Natur wie in einem Buch lesen und alles verstehen? Entwickle eigene Überlegungen zu dieser Frage.

➲ *Auflösung auf S. 199*

5 Wahrheit und Wirklichkeit

1 Wahrheit und Lüge
2 Wahrnehmung des Fremden

„Wenn ich lügend sage, dass ich lüge, lüge ich oder sage ich Wahres?"
„Du sagst Wahres."
„Wenn ich Wahres sage und sage, dass ich lüge, lüge ich."
„Du lügst offenbar."

Eubolides (Mitte des 4. Jahrhunderts v. Chr.)

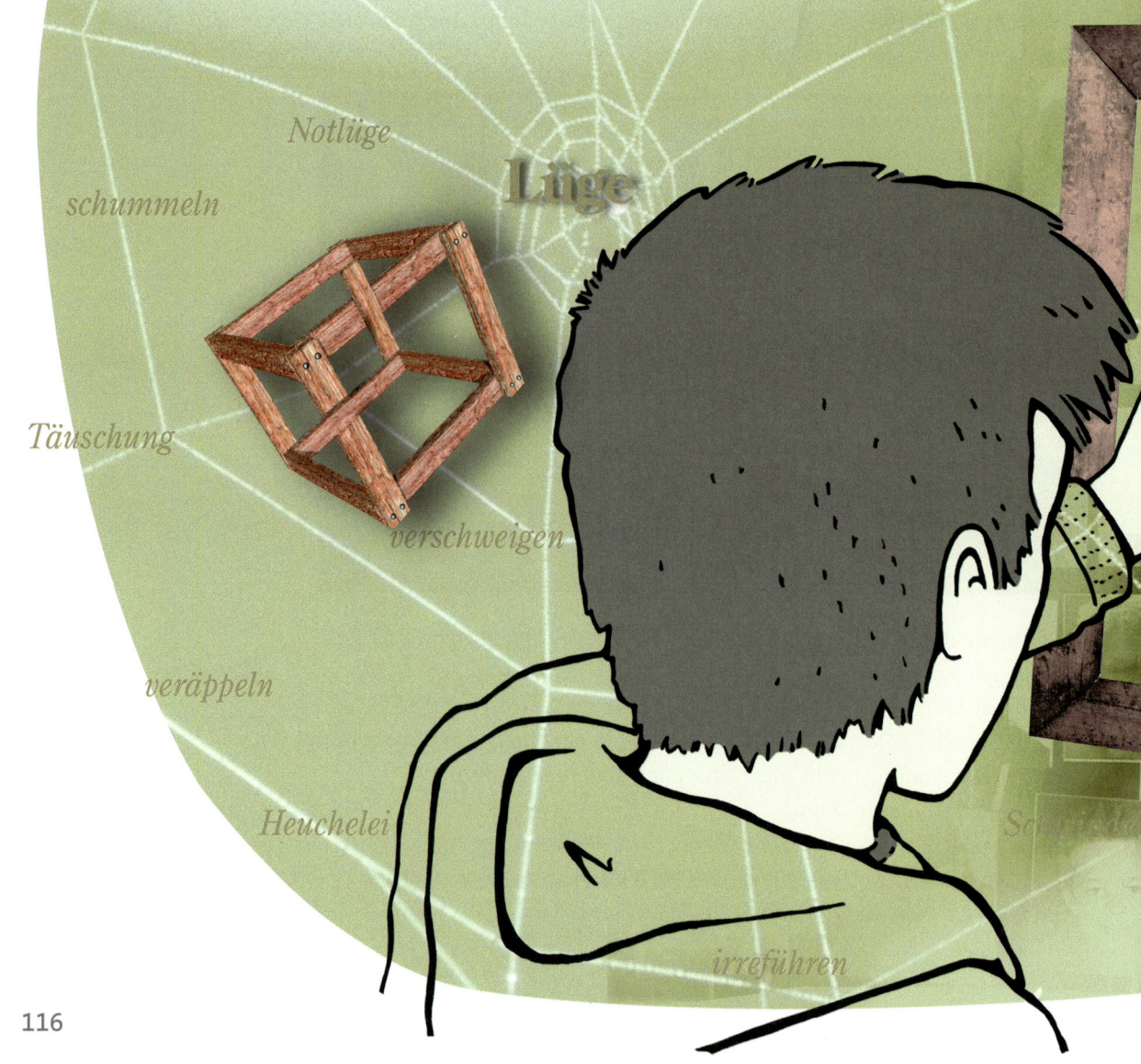

Kennst du das?
Alle haben es gesehen, das Auto, das um die Ecke kam. Einer sagt, es war rot, aber eigentlich war es doch blau ...

Und kennst du das?
Alle haben es mitgekriegt, wie Daniel und Lise aneinandergeraten sind. Er hat sie beleidigt, dann hat sie getreten, sagen die einen. Nein, sie hat getreten, dann hat er sie beschimpft, sagen die anderen ...

Oder das?
„Eklig! Wie kann man so was nur essen!" – „Wieso – schmeckt doch lecker!"

Was meinst du, wie viele Wirklichkeiten gibt es und wie viele Wahrheiten?

Wahrheit und Wirklichkeit

5 1 Wahrheit und Lüge

M. C. Escher: Belvedere

optisch (griech.): das Sehen betreffend

Aufsicht: von oben gesehen

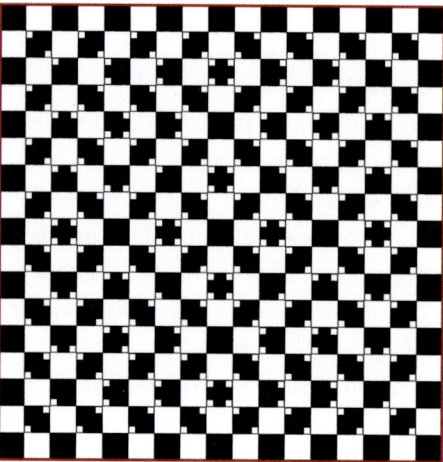

A AUFGABEN

1. **Das bewegte Quadrat**
   a) Sind die Linien gerade oder gekrümmt? Formuliere eine Vermutung und begründe sie.
   b) Überlege, wie du das überprüfen kannst und stelle fest, welche Antwort richtig ist.
   c) Beschreibe, welche Wirkung die optische Täuschung auf dich hat und erkläre möglichst genau, wodurch sie entsteht.

2. **Seltsame Aussichten**
   a) Zeichne eine Aufsicht von Eschers Gebäude und markiere in der Zeichnung die Stelle, an der sich die Personen befinden. Beschreibe, welche Schwierigkeiten sich ergeben.
   b) Erkläre, wodurch in Eschers Bild die Täuschung entsteht.

3. Vergleiche die beiden Bilder und prüfe, wo die Täuschung entsteht: In deinen Augen oder im Bild?

- Kannst du deinen Augen, Ohren und deiner Nase trauen?
- Bist du immer sicher, dass das, was du zu wissen glaubst, auch richtig ist?
- Wie kannst du feststellen, ob etwas wahr ist und ob jemand lügt? Und wie, ob ein Verhalten richtig ist?
- Was macht eine Aussage zu einer richtigen Aussage?

Um diese Fragen geht es in dem Kapitel. Vielleicht hast du schon jetzt ein paar Gedanken und Einfälle zu dem Thema? Oder weitere Fragen? Dann schreibe sie auf.

Die philosophische Methode, die du kennenlernen wirst, ist der **methodische Zweifel**.

Durch Wahrnehmungen urteilen

AUFGABEN A

1. Was brauchst du, um wahrzunehmen?

 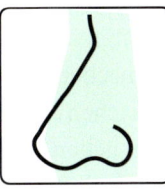 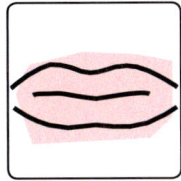  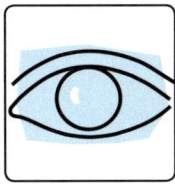

2. Zerlege das Wort „Wahrnehmungsurteil" zuerst in seine Bestandteile und versuche dann eine Begriffsbestimmung:
Ein Wahrnehmungsurteil ist ….

Urteil: Aussage, Satz

3. Findet zu der Begriffsbestimmung ein Beispiel, indem ihr ein Wahrnehmungsurteil formuliert. Berücksichtigt mehrere Sinne.

➲ *Begriffsbestimmung S. 24*

4. a) Berichtet von Sinnestäuschungen, die ihr kennt. Berücksichtigt möglichst alle Sinne.
   b) Erklärt, wie die Täuschungen zustande gekommen sind.

5. Menschen haben täglich viele tausend Sinneswahrnehmungen. Wie hoch schätzt ihr die Häufigkeit von Sinnestäuschungen ein?
   a) Legt eine Tabelle an und tragt eure Schätzungen durch je einen Strich ein.

Sinneswahrnehmung: alles was wir durch sehen, hören, riechen, schmecken und tasten wahrnehmen

Vorsicht, Täuschung!

einmal pro Tag	einmal pro Woche	einmal pro Monat	einmal pro Jahr

unmögliches Dreieck

   b) Wertet die Tabelle aus und stellt Überlegungen dazu an, was aus diesem Ergebnis folgt.

Umfrage auf dem Schulhof

DENKRAUM D

a) Führt eine kurze Umfrage auf dem Schulhof durch, in der ihr fragt: „Kann man Auge, Ohr, Nase, Geschmack und Körpergefühl trauen?"
b) Überlegt euch, wie ihr die Antworten erfasst und auswertet.

Gedankenexperiment

Stelle ein Gedankenexperiment an: Niemand könnte Sinneswahrnehmungen trauen. Was würde das für unser Leben bedeuten?

➲ *Gedankenexperiment S. 109*

Wahrheit und Wirklichkeit

5

Pablo Picasso, spanischer Künstler (1881–1973)

Wirklich „wirklich"?
von Heinz von Foerster und Bernhard Pörksen

Ein reicher amerikanischer Reisender, der genug Geld hat, um ein Gemälde zu kaufen, besucht Picasso in seinem Schloss. Picasso ist entzückt, führt ihn herum, zeigt ihm seine Bilder; schließlich sagt der Amerikaner: „Lieber Herr Picasso, warum malen Sie die Menschen nicht so, wie sie sind?" Und
5 Picasso fragt nach: „Wie soll ich das machen? Wie geht das? Wie sind die Menschen? Können Sie mir ein Beispiel geben?" Da zückt der Amerikaner seine Brieftasche, nimmt ein kleines Foto heraus – und sagt: „Hier sehen Sie meine Frau, wie sie ist." Fasziniert nimmt Picasso das Bild in die Hand, dreht es herum und meint: „Aha, das ist Ihre Frau. So klein ist sie. Und so
10 flach!"

6. Was will Picasso damit sagen, dass die Frau des Amerikaners „so klein" und „so flach" ist?
7. Stelle eigene Überlegungen an, ob man die Menschen so malen kann, wie sie sind.
8. a) Fertigt gegenseitig ein Porträt von euch an und diskutiert das Ergebnis.
    b) Vergleicht eure Bilder mit dem Porträt von Picasso: Beurteilt, ob eines der Wirklichkeit näherkommt, und begründet eure Auffassung.

Über Tatsachen urteilen

Was für eine merkwürdige Idee, dass die Erde eine Kugel ist! Da hinten ist sie doch zu Ende!

AUFGABEN A

1. Was könntest du der Ameise antworten? Schreibe einen kleinen Dialog.

2. Urteile selbst: Wo stehen die Jugendlichen?
3. Stelle Vermutungen darüber an, warum die drei Jungendlichen abweichende Urteile zu der Frage haben, wo ihr Standort ist.

Zweifelsfälle

A Seit Urzeiten waren sich die Menschen sicher, dass Gott sie und die ganze Welt geschaffen habe. Nach den biblischen Schriften müsste das vor ungefähr 5000 Jahren gewesen seit. Da machte vor 150 Jahren der englische Wissenschaftler Charles Darwin auf seiner Weltreise Entdeckungen, nach denen schon Hunderttausende Lebewesen vor Jahrmillionen auf der Erde gelebt haben müssen. Musste man da nicht an der Wahrheit der Schöpfungsgeschichte zweifeln?

4. Erkläre, woran Charles Darwin zweifelte.
5. Siehst du eine Möglichkeit, diesen Zweifel auszuräumen? Begründe deine Ansicht.

B Elena war sich immer sicher gewesen, dass Julia sie nicht mochte und schlecht über sie sprach. Wie sie sie schon ansah, so abwertend und überheblich! Julia war es bestimmt auch, die sie beim Klassenlehrer wegen der Sache mit dem Bioreferat angeschwärzt hatte. Andererseits erzählte Sevgi, Julia wäre nett und hätte gar nicht schlecht über sie gesprochen, im Gegenteil, sie hätte freundliche Dinge über Elena gesagt. Elena beginnt zu zweifeln.

Referat: Vortrag

6. Erkläre, woran Elena zweifelt.
7. Schreibe auf, was du ihr raten würdest, wie sie mit ihrem Zweifel umgehen könnte.

Wahrheit und Wirklichkeit

M METHODEN

Zweifel

Der französische Philosoph René Descartes (*sprich: renee deekart*) war ein Mann, der viel und gerne zweifelte. An dem, was andere sagten, an dem, was er selbst zu wissen glaubte, ja er traute manchmal nicht einmal seinen eigenen Augen, womit er auch nicht ganz Unrecht hatte. Denn, so sagte er sich, die Sinne können einen schon einmal täuschen. Descartes beschäftigte sich mit der philosophischen Frage, woher man etwas mit Sicherheit wissen kann. Ständig stellte er Fragen! Er machte sich natürlich wie jeder Philosoph Gedanken darüber, wie man diese Fragen beantworten könnte. Und Descartes hatte einen genialen Einfall: Er machte aus dem Zweifeln eine philosophische Methode und wurde damit berühmt. Bis heute spricht man vom „Methodischen Zweifel".

René Descartes (1596–1650)

Wie funktioniert das, den Zweifel zur Methode zu machen?
Descartes überlegte:

1. Man zweifelt an etwas, weil es einem auf einmal nicht mehr so sicher scheint wie vorher.
2. Um wieder Sicherheit zu bekommen, muss man wieder ganz von vorne beginnen und alle Meinungen und Urteile, die man über die Sache bisher hatte, erst einmal beiseite lassen.

Tatsachenurteil oder nicht?

Ich weiß:	Ich ...:	Äußerung:
	vermute	Morgen gibt es ein Gewitter.
		Die Farbe finde ich cool.
		Zwei mal zwei ist vier.
		Descartes wurde 1596 geboren.
		Das war nicht in Ordnung, was du ihr gesagt hast.
		Zu Weihnachten bekomme ich eine Querflöte.
		Tu das nie wieder!
		Die Zugspitze ist 2992 Meter hoch.
		„Homo sapiens" bedeutet „der weise Mensch".
		Das riecht nach Zimt.

Wahrheit und Lüge

8. Übertrage die Tabelle in dein Heft und fülle für jede Äußerung die erste oder die zweite Spalte aus, indem du prüfst, vor welche Sätze du „ich weiß:" setzen könntest und welche ein anderes Verb benötigen.
9. Welche Sätze könnte man „Tatsachenurteile" nennen? Begründe deine Ansicht.
10. Stelle dir vor, Descartes tritt auf und verkündet ziemlich barsch: „Ich bezweifle jede dieser Äußerungen!"
    a) Prüfe, bei welchen Äußerungen du seine Zweifel ausräumen könntest und beschreibe, wie du dabei vorgehen würdest.
    b) Stelle eigene Überlegungen an, woran es liegen könnte, dass du manche Äußerungen nicht sinnvoll bezweifeln kannst.

Tipp
Folge deinem Sprachgefühl, wenn du unsicher bist.

Was tun wir, wenn wir lügen?

1. Stelle dir vor, ein Mensch weiß nicht, was lügen bedeutet. Erkläre es ihm.
2. Ordne alle Ausdrücke, die dir zu lügen einfallen, in das Modell ein, das du in dein Heft übertragen hast. Im Kern steht die Lüge, nach außen wird das Lügen immer schwächer (z.B. schwindeln, verschweigen).
3. Finde eine Begriffsbestimmung, die alle von dir gefundenen Wörter einschließt.
4. Sammle Ausdrücke, die das Gegenteil von lügen ausdrücken, und ordne sie um das Kreismodell herum an.

AUFGABEN

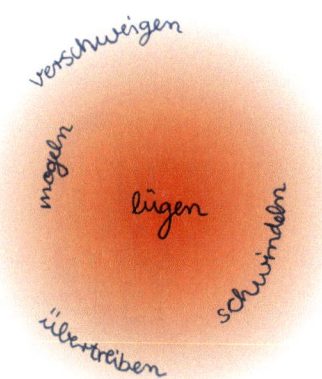

➲ *Begriffsbestimmung S. 24*

Lügengrade

A Tim hat eine Fünf in der Mathearbeit geschrieben. Als seine Eltern nach der Note fragen, sagt er, es war eine Drei.

B Tim hat eine Fünf in der Mathearbeit geschrieben. Auf dem Nachhauseweg überlegt er voller Sorge, was er seinen Eltern erzählen soll. Zum Glück fragen sie nicht nach der Note – offenbar haben sie die Arbeit vergessen. Tim erzählt gar nichts.

C Marie hat einen flüchtigen Blick auf die Mathearbeit ihres Bruders Tim geworfen. Wegen der unleserlichen Schrift der Lehrerin hat sie statt der

Wahrheit und Wirklichkeit

Fünf eine Drei gelesen. Weil sie vor Tim nach Hause kommt, erzählt sie den Eltern, dass Tim eine Drei geschrieben hat.

D Am ersten April erzählt Lina ihrem Bruder Felix, dass ein großes Pferd im Garten steht. Als Felix voller Aufregung die Treppe herunter und zum Fenster rennt, ruft sie laut „April, April!"

5. Ordne den Situationen Wörter von den von dir in Aufgabe 2 gesammelten Wörtern zu.
6. Welche Situation hältst du für den schlimmsten Fall? Begründe deine Ansicht.
7. Betrachte Situation C. Beurteile, ob es sich hier um einen Fall von lügen handelt.

Wie funktionieren Lügen?

Was denkt ein Mensch, der lügt? Was denkt ein Mensch, der belogen wird, aber es nicht weiß?

Wirklich! Ich habe ihr nichts verraten!!

8. Schreibe in die Gedankenblasen, was die Lügnerin und der Belogene über die Absichten und Gedanken des anderen denken. Bedenke dabei, dass der Belogene nicht weiß, dass er belogen wird.
9. Worauf muss die Lügnerin vertrauen?
10. Erkläre die Äußerung: „Lügner sind Trittbrettfahrer der Wahrhaftigkeit."

Was tun bei einer Lüge?

Marcel schreibt eine E-Mail an seine besten Freunde Tamer und Betti:
Hallo zusammen! Ich bin ziemlich sauer! Anton hat mich angelogen. Gestern sagte er, er hätte nun doch keine Karte mehr für das Spiel am Samstag. Aber eben traf ich Benny, der meinte, Anton hätte ihn vor einer halben Stunde

gefragt, ob er nicht zu dem Spiel mitkommen will. Er hätte auch noch eine Karte. Das zahle ich ihm heim, verlasst euch drauf! Marcel

11. Antworte Marcel als Tamer oder als Betti und gib ihm einen Rat, wie er sich am besten verhalten kann.
12. a) Viele Menschen beginnen an der Freundschaft zu zweifeln, wenn ein Freund oder eine Freundin sie belogen hat. Erkläre, warum das so sein könnte.
    a) Stelle eigene Überlegungen an, wie man mit diesem Zweifel umgehen könnte.
13. Vielleicht bist du selbst schon einmal belogen worden? Schreibe auf, wie du dich dabei gefühlt hast und was für Gedanken dir durch den Kopf gegangen sind.

> *Was ich nicht weiß, macht mich nicht heiß.*

> *Lügen haben kurze Beine.*

> *Ehrlich währt am längsten.*

> *Wer einmal lügt, dem glaubt man nicht, auch wenn er jetzt die Wahrheit spricht.*

14. Erkläre, was die Sprichwörter jeweils bedeuten.
15. Welches Sprichwort gefällt die am besten? Warum?

DENKRAUM

Gedankenexperiment zum Lügen
Suche dir ein Thema aus, das du bearbeiten möchtest:
A Stelle dir vor, dass die Menschen heftig und lang anhaltend erröten, wenn sie lügen. Niemand könnte also unbemerkt jemanden anlügen – alle würden nur noch die Wahrheit sagen. Was wäre das für eine Welt?
B Stelle dir vor, die Menschen hätten niemals ein schlechtes Gewissen und würden immer dann lügen, wenn es ihnen Vorteile verschafft. Was wäre das für eine Welt?
Schreibe einen Text zu einem der beiden Themen, der die Frage aus deiner Sicht beantwortet.

Paradoxon: *unauflösbarer Widerspruch*

Lügenparadoxon
Epimenides, der Kreter sagte: „*Alle Kreter lügen.*"
Sagt Epimenides die Wahrheit oder lügt er? Begründe deine Ansicht.

Tipp
Schlage auf S. 116 nach.

Missverständnisse in unserer Sprache

Alice hinter den Spiegeln
von Lewis Carroll

„[…] und diesmal", sagte Goggelmoggel, „bin ich an der Reihe und darf das Thema auswählen –"
(„Er tut genauso, als ginge eine Unterhaltung nach Spielregeln", dachte Alice.) „Also, als erstes eine Frage an dich. Wie alt bist du, hast du gesagt?"
5 Alice rechnete schnell nach und sagte: „Siebeneinhalb Jahre."
„Falsch!" rief Goggelmoggel triumphierend. „Kein Wort hast du davon gesagt." […]
„Siebeneinhalb Jahre!" wiederholte Goggelmoggel nachdenklich. „Ein ungeschicktes Alter. Also, wenn du *mich* gefragt hättest, so hätte ich dir gera-
10 ten: ‚Hör auf mit sieben.' Jetzt ist es natürlich zu spät."
„Beim Wachsen lasse ich mir von niemandem raten", sagte Alice ungehalten. „Aus Stolz?" erkundigte sich ihr Gegenüber.
Diese Verdächtigung brachte Alice noch mehr in Harnisch.
„Ich meine", sagte sie, „es bleibt einem doch gar nichts anderes übrig, als zu
15 wachsen."
„*Einem* vielleicht nicht", sagte Goggelmoggel, „aber *zweien* schon. Mit dem rechten Beistand hättest du mit sieben ohne weiteres aufhören können."
[…] „Was für einen schönen Gürtel Sie da anhaben!" bemerkte Alice plötzlich. (Über Altersfragen hatten sie sich ihrer Meinung nach nun mehr als
20 genug unterhalten. […])

A AUFGABEN

1. Zwischen Alice und Goggelmoggel gibt es dauernd Missverständnisse. Finde zwei Stellen in dem Dialog, in denen ein Missverständnis vorliegt.
2. Untersuche, wodurch die Missverständnisse genau entstehen.

Ihre Begegnung endet schließlich so:

„Wenn *ich* ein Wort gebrauche", sagte Goggelmoggel, „dann heißt es genau, was ich für richtig halte – nicht mehr und nicht weniger."
„Es fragt sich nur", sagte Alice, „ob man Wörter einfach etwas anderes heißen lassen kann."
25 „Es fragt sich nur", sagte Goggelmoggel, „wer der Stärkere ist, weiter nichts."

3. Stelle dir Situationen vor, wie die Menschen die ersten Wörter erfunden haben.
4. Probiert aus, wie es ist, wenn man Dingen andere Namen gibt.
5. Erkläre, was Goggelmoggel damit meint: „Wer der Stärkere ist".

Wahrheit und Lüge

Rückblick

Stelle dir vor,

... jemand sagt, dicke Süßkirschen schmeckten auch nach Pfeffer.

... jemand behauptet, dein rotes T-Shirt sei grün.

... jemand sagt, die Kinderrechtskonvention sei 1856 von der UNO verabschiedet worden.

→ *Zur Kinderrechtskonvention schlage auf S. 84 nach.*

... jemand sagt, Lügen fände er nicht so schlimm, manchmal ginge es eben nicht anders.

AUFGABEN

1. Wie würdest du auf diese Äußerungen reagieren? Setzt die Antwort zu zweit in Szene.
2. Was war für dich in diesem Kapitel ein wichtiger Gedanke? Schreibe einen kurzen Text in dein Heft oder deine Mappe, in dem du begründest, warum dieser Gedanke wichtig für dich war.

Weiterdenken

3. Notiere drei Eindrücke, die du beim Betrachten des Bildes von Wassily Kandinsky gewonnen hast. Könnte jemand deine Eindrücke bezweifeln? Prüft diese Frage, indem ihr euch über eure Eindrücke austauscht.
4. Kann man sich eigentlich selbst belügen? Führt ein Schreibgespräch über diese Frage.

→ *Schreibgespräch S. 28*

2 Wahrnehmung des Fremden

Zygmunt (sprich: Siegmunt) Baumann, polnischer Philosoph, 1925 geboren

> *Fremde bedeuten das Fehlen von Klarheit.*
> Zygmunt Baumann

A AUFGABEN

*Der **Fremde** (althochdeutsch: fremedi) ist jemand, der sich an einem anderen Ort befindet als an dem, von dem er stammt. Er ist ‚fram', was soviel wie ‚entfernt' bedeutet.*

1. Schreibe deine Überlegungen dazu auf, ob der Satz von Zygmunt Baumann zu dem Bild passt.
2. Beschreibe die Begegnung mit etwas Fremdem, die du selbst erlebt hast.
3. Diskutiert,
   a) ob das „Fehlen von Klarheit" ein Nachteil oder ein Vorteil ist und
   b) ob „fram" sein ein Nachteil oder ein Vorteil ist.

In diesem Kapitel sind wir dem Fremden auf der Spur und den Gefühlen, die das Fremde in uns auslöst.
- Was kann alles fremd sein?
- Was ist das Gegenteil von fremd?
- Ist das Fremde etwas Negatives?
- Wie kann man mit Fremdem umgehen?

Das sind Fragen, die in diesem Kapitel betrachtet werden. Natürlich gibt es noch viele andere Fragen zum Fremden. Hast du eine oder gar mehrere? Dann schreibe sie auf. Vielleicht brauchen wir sie noch.

Bei der philosophische Methode dieses Kapitels geht es darum, **Gefühle wahrzunehmen und zu beschreiben**.

Eine eigenartige Geschichte

Geschichten aus der Vorstadt des Universums: Sog
von Shaun Tan

Über das Haus Nummer siebzehn wurde von den Nachbarn immer nur hinter vorgehaltener Hand gesprochen. Sie kannten die wiederkehrenden Geräusche von dort nur zu gut, das Gebrüll, die schlagenden Türen, die herunterfallenden Gegenstände. Doch an einem schwülen Sommerabend geschah etwas, was weit interessanter war: Vorn auf dem Rasen lag plötzlich ein großes Meerestier. Bis zum Vormittag hatten alle Nachbarn dieses rätselhafte, sanft atmende Geschöpf erblickt. Natürlich scharten sie sich darum, um es sich genauer anzusehen.

„Das ist ein Dugong", sagte ein kleiner Junge. „Der Dugong ist ein seltenes, gefährdetes, Pflanzen fressendes Säugetier, das im Indischen Ozean lebt, es gehört der Ordnung Sirenia, der Familie Dugongidae, der Gattung Dugong, der Art D. Dugong an."

Das alles erklärte aber nicht, wie es in ihre Straße gelangt war, die mindestens vier Kilometer vom nächsten Strand entfernt lag. Wie auch immer, die Nachbarn fanden es viel wichtiger, dem gestrandeten Tier mit Eimern, Schläuchen und nassen Handtüchern zu helfen, so wie es Walretter im Fernsehen getan hatten.

Als das junge Paar aus Nummer siebzehn schließlich verschlafen und verwirrt herauskam, um sich das Ganze anzusehen, gerieten sie erst einmal in Wut und machten sich gegenseitig Vorwürfe. „Soll das etwa WITZIG sein?", schrien sie einander und den umstehenden Nachbarn zu. Das Geschrei aber wich bald stummer Verblüffung, als ihnen die Absurdität der Situation bewusst wurde. Es blieb ihnen nichts anderes übrig, als sich an den Rettungsmaßnahmen zu beteiligen, indem sie den Sprinkler anstellten und einen geeigneten Rettungsdienst suchten, falls es so etwas gab (was sie ewig debattierten, wobei sie einander ungeduldig das Telefon aus der Hand rissen).

Während wir alle auf die Experten warteten, tätschelten und beruhigten die Nachbarn reihum den Dugong, sprachen zu seinem langsam blinzelnden

Shaun Tan, geboren 1974, australischer Buch-Autor, Maler, Filmemacher und Stückeschreiber.

Absurdität: *etwas Widersinniges, Unsinniges*

Sprinkler: *Rasensprenger*

debattieren: *diskutieren*

Effizienz: *Wirksamkeit*

Enzyklopädie: *Lexikon*
zoón: *griechisch für Lebewesen (Tiere)*

40 Auge – das, wie jeder fand, von tiefer Trauer erfüllt war – und legten das Ohr auf seine warme nasse Haut, wo sie etwas sehr Leises und Fernes, ansonsten aber Unbeschreibliches hörten.

Das Eintreffen des Rettungswagens war eine fast unwillkommene Unterbrechung; orangefarbene Lichter blitzten, und städtische Arbeiter in leuch-
45 tend gelben Overalls geboten allen zurückzutreten. Ihre Effizienz war beeindruckend: Sie hatten sogar eine spezielle Winde und eine Badewanne dabei, die gerade so groß war, dass sie ein Meeressäugetier von ordentlicher Größe gut aufnehmen konnte. Binnen Minuten hatten sie den Dugong auf das Fahrzeug geladen und waren davongefahren, als hätten sie mit solchen
50 Problemen ständig zu tun.

Abends schalteten die Nachbarn dann ungeduldig von einem Nachrichtensender zum anderen, um zu sehen, ob von dem Dugong berichtet wurde, und als das nicht der Fall war, folgerten sie, dass das ganze Ereignis wohl doch nicht so bemerkenswert war, wie sie geglaubt hatten.

55 Das Paar aus Nummer siebzehn schrie sich wieder an, dieses Mal ging es darum, wer den Rasen ausbessern sollte. Das Gras, auf dem der Dugong gelegen hatte, war nun unerklärlich gelb und tot, als hätte das Tier nicht Stunden, sondern Jahre dort gelegen. Dann verlagerte sich die Diskussion auf etwas vollkommen anderes, und ein Gegenstand, vielleicht ein Teller,
60 krachte gegen die Wand.

Niemand sah, wie der kleine Junge, eine Enzyklopädie der Meereszoologie in den Händen, aus jener Haustür trat, zu der
65 dugongförmigen Fläche schlich und sich mitten hineinlegte, die Arme an den Seiten, den Blick nach oben zu den Wolken und Sternen. Er hoffte, es würde
70 lange dauern, bis seinen Eltern auffiel, dass er nicht auf seinem Zimmer war, und sie zornig herauskamen und brüllten. Wie merkwürdig es war, als sie dann
75 beide ohne ein Geräusch, ganz behutsam zu ihm traten. Wie seltsam, dass das Einzige, was er spürte, sanfte Hände waren, die ihn hochhoben und zurück ins
80 Bett trugen.

Wahrnehmung des Fremden

AUFGABEN A

1. Was erfährst du über den Dugong?
    a) Gibt es Dugongs wirklich? Erkundige dich.
    b) Hast du eine Erklärung, wie der Dugong ausgerechnet in den Vorgarten von Nummer siebzehn gekommen sein könnte?
    c) Wie wird der Dugong beschrieben? Schreibe alle Einzelheiten aus dem Text heraus.
    d) „Die Nachbarn ... legten das Ohr auf seine warme nasse Haut, wo sie etwas sehr Leises und Fernes, aber ansonsten Unbeschreibliches hörten." (Z. 39–42). Stelle dir vor, was die Nachbarn mit dem Ohr am Dugong erleben und versuche, für das „Unbeschreibliche" eigene Worte zu finden.
    e) Ist der Dugong den Menschen fremd oder vertraut oder beides oder beides nicht? Fasse deine Ansicht in einem kleinen Aufsatz unter der Überschrift „ Der ... Dugong" zusammen. Für die drei Punkte setze ein Adjektiv ein.

Tipp
Du kannst dich bei deinem Biologielehrer, in einem Lexikon oder im Internet erkundigen.

➲ *Internetrecherche S. 192*

2. Was erfährst du über die Menschen?
    a) Wo wohnt der Junge? Wer sind seine Eltern?
    b) Der Dugong ist „rätselhaft" (Z. 13), und die Eltern des Jungen benehmen sich „merkwürdig" (Z. 74) und „seltsam" (Z. 77), wird im Text gesagt.
        • Erklärt die drei Wörter, indem ihr Sätze bildet.
            BEISPIEL
            Rätselhaft ist etwas, wenn ...
        • Stellt eigene Überlegungen an, welches der Wörter am besten Fremdheit ausdrückt, indem ihr die Beispielsätze prüft.
    c) Was mag den Jungen bewogen haben, den Platz des Dugong einzunehmen?
    d) Was geht dem Jungen durch den Kopf, während er ausgestreckt auf dem Rasenstück liegt, auf dem der Dugong gelegen hat?
        • Malt auf einen Bogen Packpapier den Umriss eines Schülers oder einer Schülerin und hängt den Bogen anschließend auf.
        • Schreibt auf Kärtchen die Gedanken des Jungen, heftet sie innerhalb des Umrisses auf den Bogen, lest sie euch gegenseitig vor und sprecht darüber.
3. Wie erklärst du dir den Titel der Geschichte?

DENKRAUM D

A Setzt zwei Abschnitte der Geschichte in Szene:
    • Den Abschnitt, in dem erzählt wird, wie die Menschen mit dem Dugong umgehen (Z. 38–42).
    • den letzten Abschnitt der Geschichte (Z. 61–80).

B Vergleicht eure Inszenierungen und diskutiert, welche Szene wichtiger ist, um die Geschichte zu verstehen.

Wahrheit und Wirklichkeit

5 Fremdes und Vertrautes

A AUFGABEN

➲ Mindmap S. 194

1. Das muss die deutsche Schülerin wohl erklären! Kannst du es für sie tun? Fertigt in der Kleingruppe eine Mindmap an, in der in der Mitte „Fremdes" steht. Vergleicht anschließend eure Gedankenkarten.

M METHODEN

Gefühle benennen und beschreiben

Die Begegnung mit Fremdem löst manchmal starke Gefühle aus. Was sind das für Gefühle, die sich einstellen? Kann man sie beschreiben?
Man kann lernen, Gefühle zu benennen und zu beschreiben:

1 Stelle dir eine Situation vor, in der du etwas Außergewöhnliches erlebt oder gesehen hast und richte deine Aufmerksamkeit auf das Gefühl, das du dabei empfunden hast.
2 Benenne das Gefühl (zum Beispiel: Freude, Furcht, Grusel, Ekel, Neugier, Heimweh).
3 Schließlich beschreibe das benannte Gefühl so genau wie möglich.
   BEISPIEL
   Sehnsucht zu haben fühlt sich an
   - wie ein Ziehen im Bauch,
   - als ob ich zu etwas hingezogen werde,
   - ….

Tipp
Metaphern sind ein gutes Werkzeug bei Beschreibungen. Du kannst mit „ihnen in Bildern sprechen".
➲ *Sprachliche Bilder entschlüsseln S. 15*

Argument: *Erklärung oder Begründung, um jemanden zu überzeugen*

2. Sammle Beispiele von „Fremdem" und wende die Methode darauf an.
3. Sammelt Argumente dafür, wozu es gut sein könnte, Gefühle in der Begegnung mit Fremdem benennen und beschreiben zu können.

Wahrnehmung des Fremden

„Fremde Länder – fremde Sitten"

Insekten zu essen ist für Thailänder nichts Ungewöhnliches, und während es vielen Ausländern, den Farangs, wie die Thailänder sie nennen, bereits beim Anblick den Magen umdreht, sind viele Thailänder völlig wild auf frittierte Heuschrecken, Maden, Käfer und Würmer. Insekten isst man in mehr als 100 Ländern der Erde.

Zum Anbeißen lecker scheint der zehnjährige Julian vom Volk der Inuit den kalten, rohen Fisch zu finden, den seine Tante auf dem Eis des Polarmeeres geangelt hat.

Inuit: *Bezeichnung für eine Ethnie (Volk) der sogenannten Eskimo. Inuit bedeutet Menschen.*

4. Könntest du dir vorstellen, eine thailändische Käfer-Spezialität zu kosten oder in einen rohen Fisch zu beißen?
5. Gehe nach der Methode „Gefühle benennen und beschreiben" vor:
    a) Stelle dir das Mahl vor und richte deine Aufmerksamkeit auf die Gefühle, die du dabei hast.
    b) Benenne dein Gefühl.
    c) Beschreibe das Gefühl, indem du es möglichst genau mit verschiedenen Adjektiven benennst.
6. Nenne ein typisches Gericht aus deiner Region und eine deiner Lieblingsspeisen.
7. Stelle dir vor, du servierst dem Inuit-Jungen Julian oder einem thailändischen Bürger dieses Essen. Stelle Vermutungen an, wie sie darauf vielleicht reagieren könnten.

Adjektiv: *Wiewort*

Wahrheit und Wirklichkeit

Algen: *Sammelbegriff für Meerespflanzen; wichtig in der Ernährung und Naturheilkunde, enthält Eiweiß, wertvolle Mineralien und Vitamine; neuerdings für die Kosmetikindustrie von Bedeutung*

Japanischer ALGENSALAT

- 1 Handvoll getrockneter Seetang
- 3 Esslöffel Reisessig
- 3 Esslöffel Sesamöl
- 1 Esslöffel Zitronensaft
- 1 Esslöffel Zucker
- 1 Esslöffel frischer Ingwer
- ½ Esslöffel frischer Knoblauch
- 2 Esslöffel gehackter frischer Koriander
- 1 frische rote Chili-Schote
- 1 Esslöffel geröstete Sesamsamen

D DENKRAUM

A Stimmt ab: Wer kann sich vorstellen, dass das schmeckt?

TEST: Algen für Feinschmecker
Für diese Aufgabe ist es erforderlich, dass ihr bereit seid, eurer Klassenkasse etwa sechs Euro zu entnehmen. Falls ihr euch nicht gleich einig werden könnt, geht nach der Diskurs-Methode vor.

➲ *Diskurs S. 49*

Übrigens
Auf der japanischen Insel Okinawa werden die Menschen so alt wie sonst nirgends auf der Welt. Auf ihrem Speiseplan stehen Algen, Fisch und Gemüse.

B
- Erkundigt euch im Reformhaus oder im Bioladen nach Algen. Oft bekommt man sie getrocknet, dann muss man sie einweichen. Kauft eine kleine Packung.
- Prüft die eingeweichten Algen mit den Fingern und den Lippen und kostet schließlich ein Stückchen davon.
- Beschreibt, wie sich die Algen anfühlen, wie sie schmecken und ganz genau, was ihr bei dem Experiment empfunden habt. Notiert eure Ergebnisse.
- Wenn etwas von den Algen übrig geblieben ist, kann eine Gruppe nachmittags daraus einen Algensalat zubereiten.

C Macht eine Umfrage und wertet sie aus. Übertragt die Tabelle in euer Heft und tragt für jede gegebene Antwort einen Strich ein.

Übrigens
In Irland macht man aus Algen Wackelpudding, denn sie enthalten Agar-Agar, das wie Gelantine eingesetzt werden kann. Ihr könnt sie bei uns in jedem Reformhaus kaufen. Sie enthält keine Produkte aus Tierknochen, wie sonst bei Gelantine üblich.

Dass Menschen Algen essen,	
… ist mir vollständig fremd.	
… ist mir fremd, liegt aber im Bereich des Vorstellbaren.	
… finde ich vorstellbar, auch wenn ich bestimmt keine esse.	
… finde ich interessant und möchte es selbst einmal ausprobieren.	

Wahrnehmung des Fremden

Urteile und Vorurteile

Die amerikanische Grundschullehrerin Jane Elliott erfand 1968 für ihre Klasse eine Übung:

> Die Schulklasse wird geteilt in diejenigen mit blauen oder blaugrauen und in diejenigen Schülerinnen und Schüler mit braunen Augen. Die Blauäugigen tragen ein Zeichen, an dem man schon von weitem sehen kann, dass sie blaue Augen haben, z.B. ein Halstuch in Blautönen. Nun erklärte Elliott
> 5 die Blauäugigen als minderwertig. Sie seien langsam, unkonzentriert, unbeherrscht, könnten schlechter lernen, wollten immer ihre eigenen Regeln durchsetzen und sich nicht anpassen.
> Die Schülerinnen und Schüler übernahmen für eine Stunde ihre Rollen. Die Braunäugigen behandelten die Blauäugigen als wären sie so minder-
> 10 wertig, wie die Lehrerin gesagt hatte, und die Blauäugigen, ließen sich so behandeln.

AUFGABEN

1. Führt die Übung nun selbst durch.
   a) Beschreibe, wie du dich als Blauäugige bzw. als Braunäugige gefühlt hast.
   b) Haben die Blauäugigen das Gefühl gehabt, etwas gegen ihre Diskriminierung tun zu können?
   c) Nennt nach der Worterklärung in der Randspalte Gruppen in der Gesellschaft, die eurer Meinung nach diskriminiert werden oder diskriminiert werden könnten.
   d) Sind diejenigen, die diskriminiert werden, Fremde? Erklärt eure Ansicht in dieser Frage.

Diskriminierung: Benachteiligung, Ungleichbehandlung von Personen

Jane Elliott entwickelte diese Übung zu einer Zeit, als die Schwarzen Nordamerikas unter der Führung von Martin Luther King überall öffentlich gegen die Benachteilung von Schwarzen protestierten. Martin Luther King wurde 1968 von Rassisten ermordet.

2. Stelle Überlegungen an, was Jane Elliott bewogen haben könnte, die Übung für ihre Schüler und Schülerinnen zu entwickeln.
3. In einer Rede sagte Martin Luther King einmal den berühmten Satz: „I have a dream …".
   Wovon könnte Martin Luther King geträumt haben? Führe seine Rede an dieser Stelle fort.

Martin Luther King (1929–1968)

dream (engl.): Traum

Wahrheit und Wirklichkeit

5 Urteil oder Vorurteil

A AUFGABEN

1. Erkläre die Lösung des dargestellten Problems.
2. Hast du diese Auflösung der Situation erwartet? Wenn nein, erkläre, welche Lösung du erwartet hast und warum du sie erwartet hast.
3. Nimm für den Begriff „Vorurteil" eine Begriffsbestimmung vor.
   a) Erkläre die Bedeutung, die sich ergibt, wenn man das Wort „Vorurteil" in seine beiden Bestandteile zerlegt.
   b) Verwende die in der Methode genannten Verfahren 2, 3 und 4.
4. Erkläre, was deiner Meinung nach ein Urteil von einem Vorurteil unterscheidet.

➲ *Begriffsbestimmung S. 24*

***Definition:** Begriffsbestimmung*

> *Vielleicht lautet die kürzeste aller Definitionen des Vorurteils: Von anderen ohne ausreichende Begründung schlecht denken.*
> Gordon Willard Allport (1897–1967)

5. Prüft, ob es sich um eine brauchbare Begriffsbestimmung handelt.
6. Denkt euch einen Fall aus, in dem jemand eine gute Begründung hat, etwas Negatives über einen anderen zu sagen.
7. Prüft, ob die Begriffsbestimmung auch so lauten könnte:
   Vielleicht lautet die kürzeste aller Definitionen des Vorurteils: Von anderen ohne ausreichende Begründung positiv denken.
8. Allport gibt einen versteckten Rat, was man tun könnte, um Vorurteile zu vermeiden. Bringe seinen Rat in die Form einer Regel.
   BEISPIEL
   Wenn du ein Vorurteil gegenüber jemandem oder gegenüber einer Gruppe hast, prüfe …

Süddeutsche Zeitung

Mädchen können Mathe

Viele Mädchen, viele Jungen, viele Lehrer und viele Eltern denken, Mädchen können nicht so gut Mathe wie Jungen. Nun zeigte eine Untersuchung, an der weltweit eine Million Schüler und Schülerinnen teilnahmen, dass das nicht stimmt. Im Durchschnitt sind Jungen nicht besser als Mädchen. Allerdings gibt es deutliche Unterschiede zwischen den verschiedenen Ländern. In denjenigen Ländern, in denen Frauen in der Wissenschaft, der Wirtschaft und in der Politik Männern gleichgestellt sind, erzielen Mädchen ähnlich gute Ergebnisse wie Jungen. Einen Unterschied gibt es aber doch: Überall auf der Welt vertrauen Jungen mehr auf ihre mathematischen Fähigkeiten als Mädchen. at

SZ, 8.1.2010, Nr. 5

9. Suche Argumente, warum Mädchen in der Mathematik weniger Selbstbewusstsein haben als Jungen.
10. Hast du ein gutes Mathe-Selbstbewusstsein? Prüfe, ob die Argumente auf dich selbst zutreffen.

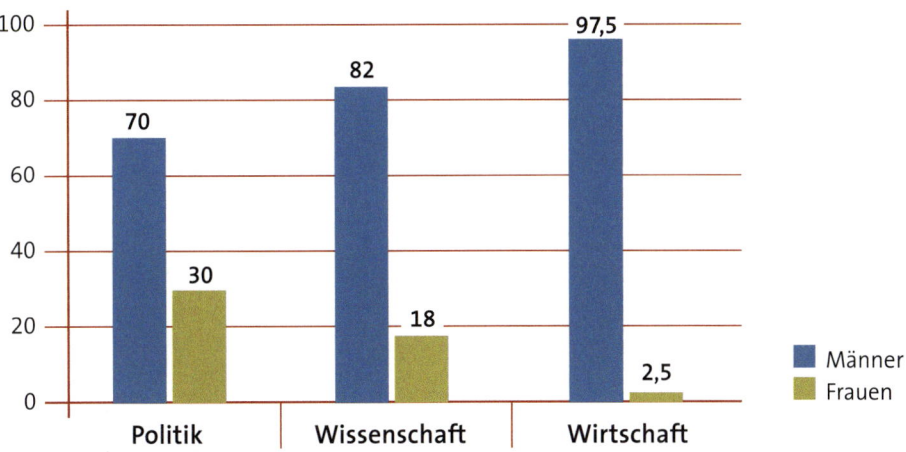

Anteile von Männern und Frauen in der Politik, der Wissenschaft und der Wirtschaft in Deutschland 2009 (in Prozent)

© Gleichstellungsbeauftragte der PH Ludwigsburg 2010

Politik: Personen in Parlament und Regierung
Wissenschaft: Professoren und Professorinnen
Wirtschaft: Personen in der Leitung der 200 stärksten Dax-Unternehmen

Wahrheit und Wirklichkeit

11. Erkläre das Diagramm.
12. Prüfe anhand des Diagramms, ob Deutschland ein Land ist, in dem Frauen und Männer in Politik, Wirtschaft und Wissenschaft gleichgestellt sind.

➲ *sokratisches Gespräch S. 97*

13. Führt ein sokratisches Gespräch zur Frage, ob es ein Vorurteil ist, wenn man sagt, dass Mädchen Mathe nicht können.

Das Fremde in mir

Das bin ICH?!

Becki und Tamer stehen am Straßenrand und schauen beim alljährlichen Stadtlauf zu, an dem auch Sevgi und Elias aus ihrer Clique teilnehmen. Da kommen sie auch schon aus der Kurve. Tamer winkt und feuert die beiden an. Elias läuft ganz dicht an den Zuschauern vorbei. Noch ein paar Schritte
5 und er ist auf der Höhe von Becki und Tamer. Da streckt Becki plötzlich ihr Bein nach vorne. Tamer reißt Becki am Arm nach hinten. Zu spät! Elias taumelt, kann sich aber nicht halten und stürzt schließlich mit einem Wutschrei auf den Asphalt. Mühsam rappelt er sich auf und läuft sichtlich angeschlagen hinter dem Feld mit Sevgi her, die sich ein paar Mal umsieht.
10 Nachdem sich die erste Aufregung gelegt hat, sagt Tamer: „Ich habe gar nicht gewusst, dass du so gemein sein kannst!"
„Ich auch nicht", bringt Becki gerade noch hervor, bevor sie bitterlich zu weinen beginnt.

A AUFGABEN

1. Erkläre, warum Becki bitterlich weint.
2. Ist dir schon einmal etwas Ähnliches passiert? Schreibe die Begebenheit auf oder erzähle deiner Nachbarin oder deinem Nachbarn davon.
3. Abends vertraut sich Becki ihrem Vater an. „Ich habe mich gar nicht wiedererkannt", sagt sie, „das soll ich gewesen sein?!"
   a) Fasse Beckis Gefühle in Worte.
   b) Schreibe auf, was der Vater antworten könnte.

Wahrnehmung des Fremden

Rückblick

AUFGABEN A

1. Welche Aspekte des Themas „Wahrnehmung des Fremden" wurden deiner Meinung nach noch nicht angesprochen?
Formuliere, welcher Gedanke für dich in diesem Kapitel der wichtigste war.

2. Sammle Erklärungen dafür, warum das Mädchen so seltsam mit dem Jungen spricht.
3. Was könnte der Junge antworten? Schreibe einen Text, der in der Sprechblase stehen könnte. Die Sprechblase kann auch eine Denkblase sein.

Weiterdenken

Jane Elliott, die ihr von Seite 135 kennt, hat in ihrem Unterricht auch einmal folgenden Ausspruch eines Sioux-Häuptlings besprochen:

> *Oh großer Gott, bewahre mich davor, einen Menschen zu beurteilen, bevor ich nicht eine Meile in seinen Mokassins gelaufen bin.*
> Sioux-Häuptling

> *Handle so, dass du jederzeit und überall auf der Welt ein gern gesehener Gast sein kannst.*
> Matthias Gronemeyer

4. Wähle den Grundsatz aus, der dir besonders zusagt.
    a) Erkläre den Grundsatz.
    b) Könntest du diesen Grundsatz auch für dich persönlich wählen? Erkläre, was dir daran gefällt oder auch nicht gefällt.
    c) Welche Fähigkeit ist deiner Meinung nach wichtig, um nach einem dieser Grundsätze zu leben?
    - Wissen über andere Lebensweisen und Kulturen
    - Vertrauen
    - Toleranz
    - Respekt

Grundsatz (Maxime): eine Regel, nach der man zu leben bereit ist

Toleranz: Ein Mensch, der andere Meinungen und Lebensweisen gelten lässt und die Gleichheit aller Menschen anerkennt, ist tolerant.

Respekt: Achtung vor dem anderen haben

6 Religionen und Weltanschauungen

1. Feste und Feiertage
2. Erzählungen über den Anfang der Welt

Warum gibt es eigentlich die Welt und nicht Nichts?

War einmal NICHTS, bevor die WELT entstand und alles, was sie enthält? Und wird in unendlicher Zeit wieder NICHTS sein? Was bedeutet es, dass es die WELT gibt und nicht NICHTS? Und wie ist die WELT entstanden?

Hast du dir schon einmal Gedanken über diese Fragen gemacht? Wie denkst du darüber?

Auch Mythen und Religionen versuchen darauf eine Antwort zu geben. Alles was es gibt entsteht und vergeht. Die wiederkehrenden Feste und Feiertage, von denen Mythen und Religionen erzählen, helfen den Menschen, die Welt zu verstehen. Sie geben ihr einen Rhythmus, nach dem die Menschen leben.

Religionen und Weltanschauungen

1 Feste und Feiertage

Festkalender 2010

Januar	Februar	März	April	...	November	Dezember
1	1	1	1		1 Allerheiligen	1
2	2	2	2 Karfreitag		2 Allerseelen	2 Chanukkafest
3	3	3	3		3	3 2.–9.12.
4	4	4	4 Osterfest		4	4
5	5	5	5 ev./kath./orth.		5	5 2. Advent
6 Hl. 3 Könige /	6	6	6		6	6 St. Niklaus
7 Orthodoxes Wheinachtsfest	7	7	7		7	7 Islamisches Neujahr 1432
8 (Russ./Serb. u.a.)	8	8	8		8	8 Muharrem-Fastem
9	9	9	9		9	9 Alevit. 7.–18.12.
10	10	10	10		10	10
11	11	11	11 Tag der Shoa		11 St. Martin	11
12	12	12	12		12	12 3. Advent
13	13	13	13		13	13 Fest der Lucia Schweden
14	14	14	14		14	14
15	15	15	15		15 Islamisches	15
16	16 Fastnacht	16	16		16 Opferfest 1431	16 Aschuratag
17	17 Chrstl. Fastenzeit 17.2.–3.4.	17 St. Patrick	17		17 Buß- und Bettag	17
18	18	18	18		18	18
19	19	19 Neujahrsfest	19		19	19 4. Advent
20	20	20 Iraner 1389	20		20	20
21	21 Frühlingsbeginn >	21 Afghanen 1389	21		21	21
22	22	22 Baha'i 167 u.a.	22		22	22
23	23	23	23 Türkisches Kinderfest		23	23
24	24	24	24		24	24 Heiligabend
25	25	25	25		25	25 1. Weihnachtstag
26	26 Mohammeds Geburtstag	26	26		26	26 2. Weihnachtstag
27	27	27	27		27	27
28	28 Purimfest	28 Palmsonntag	28		28 1. Advent	28
29		29	29		29 Beginn des Kirchenjahres	29
30 1. Vollmond		30 Pessachfest	30		30	30
31		31 29.3.–6.4.				31 Silvester

| Christliche Festtage | Islamische Festtage Daten können um 1-2 Tage diferieren | Jüdische Festtage | Die gepunktete Linie bei Festdaten bezeichnet nicht unbedingt eine Religion, sondern den Kulturkreis, zu dem sie gehören. |

A AUFGABEN

1. a) Suche in dem Kalender nach Feiertagen, die ihr in eurer Familie feiert.
   b) Beschreibe, was bei euch in der Familie an diesen Tagen passiert.
2. In welchen Monaten lagen 2010 die wichtigsten Feste von Christentum, Judentum und Islam?
3. Nenne besondere Tage und Zeitabschnitte im Jahr, die für dich und deine Familie wichtig sind.

In diesem Kapitel kannst du nach den Wurzeln von Judentum, Christentum und Islam forschen und die Bedeutung von Feiertagen und der höchsten religiösen Feste verstehen lernen.
- Wie ist eigentlich der Sonntag entstanden? Warum feiern Juden und Jüdinnen den Sabbat am Samstag?
- Was wird Ostern gefeiert, was am jüdischen Pessach-Fest, was am islamischen Opferfest?
- Hast du noch andere Fragen? Schreibe Sie auf.

*Die Methode dieses Kapitels ist das **Verstehen von Bildern**.*

Feste und Feiertage

Ohne Feiertage gäbe es nur Werktage

AUFGABEN **A**

1. Beschreibe die beiden dargestellten Reihen und benenne die Unterschiede.
2. Stelle dir vor, alle Tage wären gleich und du würdest nur Schulalltage erleben. Diskutiere mit anderen, was dir fehlen würde oder wofür du Zeit haben möchtest.
3. Nenne Ereignisse, die den Lauf der Zeit in bestimmte Abschnitte gliedern.

Der Gedanke, sechs Tage lang zu arbeiten und dann einen freien Tag zu feiern, ist uralt und hat seine Wurzeln im Judentum. Den 7-Tage-Rhythmus gibt es bereits in der Kultur der Sumerer und Babylonier. Dort ist der siebte Tag ein Schicksalstag. Im Judentum ist der Sabbat der siebte Tag und der Höhepunkt der Woche. Dieser Tag unterbricht regelmäßig den Alltag. Das alltägliche Leben bedeutet für die Menschen von jeher Arbeit und Sorge. In der Vorstellung des Judentums soll das Leben der Menschen nicht nur Arbeit und Mühe sein. Es muss also noch eine andere Art von Zeit geben. Das ist der Sinn des wöchentlichen jüdischen Feiertages. Mensch und Tier sollen ruhen, sich erholen, zu sich kommen.

Sabbat kommt aus dem Hebräischen und bedeutet aufhören etwas zu tun, ruhen.

Marc Chagall, Der Sabbat, 1910

Marc Chagall (1887–1985) war ein französischer jüdischer Maler russischer Herkunft. Viele Erlebnisse aus seiner Kindheit erzählt er mit bunten Farben und Symbolen.

4. a) Schreibe auf, welche Gedanken und Gefühle sich beim Betrachten des Bildes von Chagall auf Seite 143 einstellen.
   b) Tauscht eure Eindrücke mit eurem Tischnachbarn aus.
5. Verwende die Methode A des Bildverstehens und gehe nach den dort aufgeführten Schritten vor. Beziehe den Titel des Bildes und das, was du über den Sabbat gelernt hast, in deine Deutung mit ein.
6. a) Führt in kleinen Gruppen ein Gespräch darüber, was das Bild über den Sabbat in der Familie erzählen könnte.
   b) Tauscht euch darüber aus, was man eigentlich tut, wenn man „chillt" und benennt Unterschiede zu anderen Möglichkeiten, freie Zeit zu gestalten.

 **METHODEN**

Bildverstehen

A BILDBETRACHTUNG
1. **Schritt – Spontaner Eindruck:** Wie wirkt das Bild auf mich? Was spricht mich an? Was stößt mich ab? Welche Gefühle löst es aus?
2. **Schritt – Genaue Betrachtung:** Was ist dargestellt? Welche Farben und Formen werden verwendet? Gibt es bestimmte Bildelemente, die eine übertragene Bedeutung haben (Symbole), z.B. eine Taube, die für Frieden steht?
3. **Schritt – Zusammenhänge erkennen:** Wie ist das Bild aufgebaut? Welche Informationen habe ich über das Bild? Was weiß ich über den Maler oder die Malerin?
4. **Schritt – Interpretation (Deutung):** Welche Bedeutung gebe ich all dem, was ich bis zu diesem Schritt wahrgenommen habe? Was könnte das Bild erzählen? Was bedeutet das Bild für mich?

B EIN BILD IN SZENE SETZEN
1 Richtet einen Schau-Platz (Szene) im Klassenzimmer ein und stellt die auf dem Bild dargestellten Gegenstände dar.
2 Nehmt die Plätze und Haltungen der Personen im Bild ein.
3 Entwickelt Ideen, wie einzelne Bildelemente, z. B. ein Lichtkegel, mit einfachen Mitteln in dieser Szene angedeutet werden könnten.
4 Achtet beim Nachspielen auf eure Körperhaltungen und Körperempfindungen.
   Wie fühlen sich die Personen in diesem Bild?
   Welche Atmosphäre hast du empfunden?
5 Tauscht euch in einem Gespräch darüber aus, ob diese Methode neue Erfahrungen oder Kenntnisse über das Bild erbracht haben.

C TEXT-BILD-VERGLEICH
Suche in einem Bild Elemente, die in einem Text genannt werden.

Feste und Feiertage

Die Sabbatruhe im Judentum
Ein Gebot der Thora

> Gedenke des Sabbattages, um ihn zu heiligen.
> Sechs Tage sollst du arbeiten und all deine Arbeit tun.
> Der siebte Tag aber ist Sabbat für Jahwe, deinen Gott.
> Du sollst keine Arbeit tun,
> du und dein Sohn und deine Tochter,
> dein Sklave und deine Sklavin
> und dein Vieh
> und dein Fremder innerhalb deiner Stadttore,
> denn in sechs Tagen hat Jahwe den Himmel und die Erde,
> das Meer und alles, was darin ist, gemacht.
> Aber er ruhte am siebten Tag.
> Deshalb hat Jahwe den Sabbattag gesegnet und ihn geheiligt.
>
> Buch Exodus 20, 10 und 11, aus den Zehn Geboten

Thora (hebr.) bedeutet Weisung.
Die Thora ist die heilige Schrift des Judentums. Im Judentum hat das Studium dieser heiligen Texte eine hohe Bedeutung, weil es zur Gotteserkenntnis führen soll.

Die **Zehn Gebote** (Dekalog) sind eine Zusammenfassung der ethischen Grundgedanken der Thora.

AUFGABEN

1. Liste auf, wer den Ruhetag einhalten soll.
2. Sammle Vermutungen über die Bedeutung der Sabbatruhe
   a) für die genannten Personen,
   b) für die Gemeinschaft,
   c) für die Tiere.

Thora-Rolle, wie sie auch heute noch in der Synagoge, dem jüdischen Gotteshaus, gelesen wird. Ursprünglich wurden Texte nicht in Buchform sondern als Rollen hergestellt

Der Name des jüdischen Gottes - JHWH

Das ist die hebräische Schreibweise für JHWH (gesprochen: Jahwe). Es ist die Bezeichnung für Gott. Rechts daneben die Übersetzung.

> *ich bin da*
> *ich werde für euch da sein*
> *ich bin, der ich bin*
> *ich bin, der ich sein werde*

3. Warum hat dieser Name eine so lange Übersetzung? Schreibe deine Vermutungen auf und tausche dich darüber mit deinem Tischnachbarn aus.

➲ zum Namen JHWH schlage nach auf S. 163

Wie der Sabbat gefeiert wird

Alle Tage des jüdischen Kalenders beginnen am Abend des Vortages mit dem Sonnenuntergang, so auch der Sabbat. Er wird am Samstag gefeiert, darum ist der christliche Sonntag der 1. Tag der jüdischen Woche.

Religionen und Weltanschauungen

Ritual *(lat. ritus): religiöser (Fest)brauch in Worten, Gesten und Handlungen, nach einer festgelegten Ordnung.*

Synagoge *heißt das jüdische Gotteshaus. Es ist der Ort der Zusammenkunft und ein Lehrhaus.*

Sabbatleuchter, Sabbatbrot und Weinkelch

In jüdischen Familien, die den Sabbat nach alten Traditionen feiern, gibt es
5 fest vorgeschriebene Abläufe und Handlungen (Rituale).
Vor Sonnenuntergang zünden die Frauen zuhause zwei Sabbatkerzen an. Damit begrüßen sie den Sabbat und leiten die Sabbatruhe ein. Die Männer gehen üblicherweise zum Gebet in die Synagoge.
Es gibt ein festliches Abendessen in der Familie. Das typische Ritual vor
10 diesem Essen ist der Segensspruch (Kiddusch) über zwei Brote und über einen Becher Wein. Oft wird ein Gewürz während des Sabbatmahls herumgereicht, um seinen wohlriechenden Duft tief einzuatmen. Die Ruhe und Heiligkeit des Sabbats sollen auf diese Weise in den Alltag mitgenommen werden.
15 In der Synagoge wird am Sabbatmorgen während des Morgengebetes ein festgelegter Abschnitt aus der Thora gelesen und am Ende des Sabbats ein fest vorgeschriebenes Gebet gesprochen. Der Sabbat beginnt und endet mit dem Lichtanzünden. Das Licht symbolisiert die Thora. Der Tag ist vollkommen arbeitsfrei, streng gläubige Juden studieren an diesem Tag die
20 Thora. Es ist der Tag der Ruhe und des Friedens. Der Sabbat ist der siebte Tag der Schöpfung und beendet sie.

Moritz Daniel Oppenheim, Schabbat-Nachmittag, 1860

4. Suche in den Bildern von Chagall (S. 143) und Oppenheim sowie auf dem Foto in der Randspalte nach den Ritualen und Gegenständen, die im Text genannt werden, und schreibe sie auf.
5. „Am Sabbat sind alle Menschen gleich." Erkläre diesen Gedanken.
6. „Der Sabbat gewährt dem Menschen Freiheit." Diskutiert diese Aussage.

Der Sonntag als Anfang der christlichen Woche

Die Entstehung des Sonntags

Das Christentum entsteht aus dem Judentum. Jesus musst du dir als einen jüdischen Rabbi vorstellen, der eine eigene Schülerschaft hatte. Nach seinem Tod, das war ungefähr 33 n. Chr., hat diese Schülerschaft seine Gedanken und seine Reden weitergegeben. Die Formulierung „die Christen" war zu Beginn eine Art Schimpfwort. Gemeint waren die Anhänger des Jesus Christus. Die wirkten fremd mit ihren neuen religiösen Vorstellungen. Diese Schüler und Schülerinnen, im Christentum und im Neuen Testament „Jünger und Jüngerinnen" genannt, kamen meistens aus jüdischen Familien. Der römische Kaiser Konstantin und sein Nachfolger haben im 4. Jahrhundert die christliche Religion offiziell anerkannt und eingeführt. Es gab im römischen Reich viele Religionen. Die Christenheit entwickelte mit der Zeit ihre eigenen religiösen Vorstellungen, Rituale, Schriften, Zeitberechnung sowie Feste und Feiertage. Die entstehende christliche Kirche übernahm bedeutende jüdische Feste und Feiertage. Sie bekamen jedoch neue christliche Inhalte und Bedeutungen.

Rabbi (hebräisch): Lehrer
Altes Testament nennen die Christen die Sammlung aller Bücher der hebräischen Bibel, eine andere Bezeichnung für Thora.

Das Neue Testament ist eine Sammlung von Erzählungen und Briefen, die mit dem Beginn des Christentums entstanden sind. Das war die Zeit ungefähr ab 50 bis 100 n. Chr. Beide Testamente sind Bestandteil der christlichen Bibel.

Bibel: Buch, Bibliothek, Buchsammlung, Buch der Bücher

Der Sonntag ist nach dem griechisch-römischen Sonnengott benannt. In der christlichen Kultur ist der Sonntag der erste Tag der Woche. Der Kalender, nach dem die Feste im Jahreslauf berechnet werden, ist ein Sonnenkalender. Der Sonntag wurde von den Christen „Tag des Herrn" genannt. Es ist der Erinnerungstag an die Auferstehung Jesu am Ostersonntag. Am Sonntag wird nicht gearbeitet, er ist Ruhe- und Feiertag und für Christen der erste Tag der Woche.

Darstellung des Sonnengottes Helios

AUFGABEN

1. Finde heraus, wie ein Sonnenkalender funktioniert. Wonach richtet er sich?
2. Gehe zurück zum Kalender auf Seite 142 und prüfe, welche jüdischen Feste das Christentum übernommen haben könnte.
3. Erkläre Unterschiede und Gemeinsamkeiten von Sonntag und Sabbat.
    a) Interpretiere die Bedeutung eines 1. und eines 7. Tages.
    b) Untersuche die Bedeutung der wiederholenden Folge von Feiertagen.

interpretieren: die Bedeutung erklären

Religionen und Weltanschauungen

6

> *Es gibt Millionen Menschen, die sich nach Unsterblichkeit sehnen, die aber nicht wissen, was sie an einem verregneten Sonntagnachmittag anfangen sollen.*
>
> Maurice Chevalier
> französischer Schauspieler und Chansonsänger

Info
Im 19. Jahrhundert arbeiteten die Menschen 15 bis 18 Stunden. Heute sind es in Deutschland 8 Stunden. Viele Kinder arbeiteten 10 bis 12 Stunden täglich in der Landwirtschaft, in Fabriken und im Bergbau unter Tage.
⇨ *Perspektivwechsel S. 62*

4. Erklärt das Zitat von Maurice Chevalier: Inwiefern ist es ein Widerspruch, sich nach Unsterblichkeit zu sehnen und zugleich nicht zu wissen, was man mit einem verregneten Sonntagnachmittag anfangen soll?
5. Nehmt die Perspektive arbeitender Menschen im 19. Jahrhundert ein und stellt Überlegungen an, ob auf sie das Zitat von Maurice Chevalier zutrifft. Verwendet dazu die Informationen zur Arbeitszeit im 19. Jahrhundert.

D DENKRAUM

⇨ *Internetrecherche S. 194*

⇨ *Diskurs S. 49*

Argument: Begründung von Thesen (Behauptungen)

Nach dem Grundgesetz der Bundesrepublik Deutschland ist der Sonntag als Ruhetag geschützt. Er soll der Erholung dienen. Ausnahmeregelungen sind genau festgelegt.

A Recherchiert, welche Ausnahmeregelungen es gibt und berücksichtigt die Ergebnisse der Aufgabe 8 im Kapitel über Gerechtigkeit, Seite 86.
B Führt einen Diskurs zur Frage, ob es erlaubt sein sollte, dass die Läden auch am Sonntag geöffnet sein dürfen.
Haltet die Argumente pro und kontra auf zwei Plakaten fest.

Der Freitag im Islam

Islam (arabisch) heißt Hingabe.
Allah ist das arabische Wort für Gott.

Einen Tag in der Woche, der die Gewohnheiten des Alltags unterbricht, gibt es auch im Islam. Es ist der Freitag und es ist ein arbeitsfreier Tag. Das wichtigste Ritual ist das Gebet in der Moschee am Freitagabend.
An den anderen Wochentagen wird das tägliche Gebet, das zu den religiösen Pflichten gehört, zu Hause gesprochen. Zum Freitagsgebet gehen traditionell nur die Männer.

Feste und Feiertage

AUFGABEN A

1. Der kleine Junge lernt erst, wie sich ein Moslem in der Moschee verhält.
   a) Formuliere einige Fragen, die der kleine Junge in Bezug auf den Islam haben könnte.
   b) Beantworte mithilfe der Infobox seine Fragen.

INFOBOX

Der Islam

Der Islam ist die jüngste der drei monotheistischen Religionen. Der Prophet Mohammed wurde um 570 n. Chr. in Mekka geboren. Mekka ist zu diesem Zeitpunkt bereits eine große Wallfahrtsstadt, zu der in vorislamischer Zeit die Menschen pilgern, um ihre Götter dort zu verehren. In dieser Stadt predigt Mohammed, dass es nur einen Gott gibt. Die Mekkaner vertreiben ihn deshalb, und er flüchtet nach Medina. Dieses Ereignis wird im Islam Hidschra genannt. Mit der Hidschra im Jahr 622 beginnt die islamische Zeitrechnung.

Vieles, was es im Islam gibt, gibt es bereits im Judentum. Erzählungen aus der jüdischen Bibel werden zum Teil auch im Koran erzählt, z. B. die Erzählungen von Abraham, der im Islam Ibrahim heißt. Mohammed führt zum Beispiel die Gebetsrichtung nach Mekka ein. Das bedeutet, dass beim Gebet das Gesicht in Richtung Mekka gerichtet wird. Mohammed kannte das von den Juden, die in und um Mekka lebten. Sie beteten in Richtung Jerusalem.

Der Islam verwendet keine Bilder, sondern nur Schrift, um die Botschaft zu vermitteln. Allah ist so heilig, dass man ihn nicht einfach in einem Bild darstellen kann. Muslime und Muslima beten in Arabisch, auch dort, wo kein Arabisch gesprochen wird, wie z.B. in der Türkei. Die Sprache des Islam ist Arabisch. In dieser Sprache ist der Koran (das heißt „Vortrag", „Lesung") abgefasst, der heilige Text des Islam. Im Koran werden auch die 5 Pflichten genannt, nach denen Muslime leben sollen.

Die fünf Säulen des Islam

1 Bekenntnis zu Allah
2 Gebet, fünfmal täglich
3 Almosen an Bedürftige
4 Fasten
5 Pilgerfahrt nach Mekka (einmal im Leben für diejenigen, die es sich gesundheitlich und finanziell leisten können)

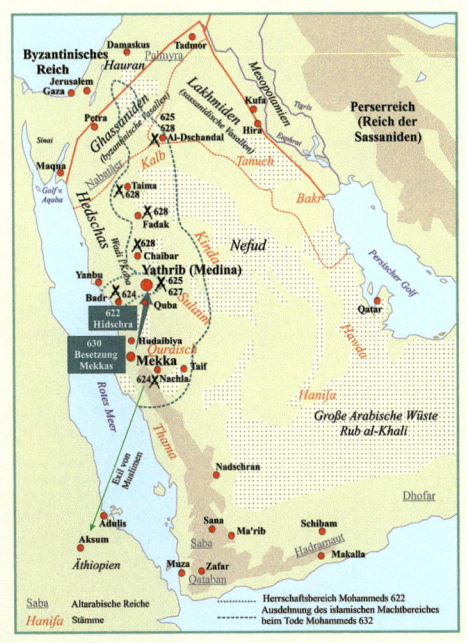

Arabische Halbinsel

Religionen und Weltanschauungen

6

Das Pessachfest –
höchstes Fest im jüdischen Jahreszyklus

Das Pessachfest im jüdischen Jahr

Das Pessach-Fest ist das bedeutendste jüdische Fest und wird über mehrere Tage gefeiert. Am Datum des Pessach-Festes orientieren sich alle anderen jüdischen Festtermine im Jahr. Es liegt immer im Frühling zur Zeit der ersten Ernte. Es gibt zwei Erntezeiten in den Gebieten, in denen das
5   Fest seinen Ursprung hat. Das jüdische Pessach-Fest erinnert an den Auszug (Exodus) der Hebräer aus Ägypten, wo sie als Sklaven gelebt hatten. Dieses große und wunderbare Ereignis, dass entrechtete Sklaven aus der Unterdrückung freikommen, ist das wichtigste jüdische Datum. Denn der jüdische Gott wird als ein Gott verstanden, der die Freiheit der Menschen
10 will. Das jüdische Volk versteht sich als eine Gemeinschaft, die von Jahwe aus der Unfreiheit in die Freiheit geführt wurde.

Beim Pessach-Abendessen (Seder) werden Speisen und Getränke gereicht, die symbolische Bedeutung haben: Ungesäuertes Brot (Mazen), Salzwasser und Wein. Auf dem Seder-Teller sind Speisen angerichtet, die an die Bit-
15 terkeit der Knechtschaft in Ägypten und die harte Arbeit erinnern, wie z.B. bittere Kräuter.

Das Motto des Pessach-Festes lautet: Alle Juden sollen sich zu jeder Zeit an den Auszug aus Ägypten so erinnern, als seien sie selbst aus der Sklaverei befreit worden. Die Erzählung vom Auszug aus Ägypten wird am Passach-
20 Fest vorgelesen. Während des Abendessens (Seder) haben alle diese Erzählung dabei.

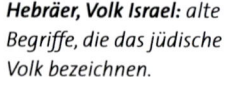

Hebräer, Volk Israel: alte Begriffe, die das jüdische Volk bezeichnen.

Seder-Teller

Feste und Feiertage

A AUFGABEN

1. Welche Elemente des Pessach-Festes, die der Text nennt, findest du in diesem Gemälde und den Fotos auf S. 150 wieder? Bediene dich der Methode C des Bildverstehens (S. 144).
2. Erkläre, warum die Exodus-Erzählung so bedeutsam für Jüdinnen und Juden ist.
3. Nimm Stellung zum Motto des Festes.
4. Kennt ihr christliche oder islamische Feste, bei denen bestimmte Erzählungen jedes Jahr wieder erzählt werden?
   Tragt eure Antworten zusammen.
5. Erzählt, welche Ernte- oder Frühlingsfeste ihr kennt und was sie bedeuten.

Hartmut R. Berlinicke, Pessach

Ostern – das höchste christliche Fest

Du hast bereits einiges über Kalender gelernt. Eine Besonderheit des christlichen Kalenders besteht darin, dass Ostern jedes Jahr neu berechnet wird.

A AUFGABEN

1. Schaue dir an, wann Ostern auf dem Kalender (S. 142) eingetragen ist. Vergleiche das Datum mit dem aktuellen Kalender oder mit alten Kalendern und finde heraus, warum Ostern in jedem Jahr auf einen anderen Tag fällt.
2. Studiere das Bild nach der Methode A des Bildverstehens (S. 144).
3. Von welchem Ereignis erzählt das Bild von Nolde?

Emil Nolde, Kreuzigung

Religionen und Weltanschauungen

Das ist eine Darstellung des Lukas, der eines der vier Evangelien geschrieben hat. Das Neue Testament enthält die Evangelien von Matthäus, Markus, Lukas und Johannes. Sie erzählen die Geschichte vom Leidensweg Jesu, seinem Tod und der Auferstehung.

Evangelium: *eu angelion (griech.): gute Botschaft*

Die Bedeutung von Ostern

Ostern ist das höchste christliche Fest, weil der bedeutendste Glaubensinhalt des Christentums mit diesem Fest zu tun hat: das ist die Auferstehung des Jesus Christus von den Toten. An Ostern wird jedes Jahr an diesen Glaubensinhalt erinnert.

5 Für gläubige Christen ist diese Erzählung von der Überwindung des Todes und der Feier des Lebens bedeutungsvoll. Im Osterfest leben viele uralte Bräuche weiter, die zur Frühlingszeit in vorchristlicher Zeit üblich waren. Viele dieser Bräuche symbolisieren das neu aufbrechende Leben in der Natur nach der Winterzeit. Das Ei ist ein uraltes Symbol für das Neuwerden
10 und Weiterleben.

4. Erzählt euch in Gruppen, welche Osterbräuche ihr kennt.
5. Überlegt, was diese Bräuche bedeuten und tauscht euch darüber aus.
6. Forsche nach, was das Eiersuchen, der Osterhase, der Name Ostern u.a. bedeuten. Verwende dazu Internet-Suchmaschinen und Sachbücher.

Osterspaziergang
aus Faust, von Johann Wolfgang von Goethe

Vom Eise befreit sind Strom und Bäche
Durch des Frühlings holden, belebenden Blick;
Im Tale grünet Hoffnungsglück;
Der alte Winter, in seiner Schwäche,
5 Zog sich in raue Berge zurück.
Von dorther sendet er, fliehend, nur
Ohnmächtige Schauer körnigen Eises
In Streifen über die gründende Flur;
Aber die Sonne duldet kein Weißes;
10 Überall regt sich Bildung und Streben,
Alles will sie mit Farben beleben;
Doch an Blumen fehlt's im Revier,
Sie nimmt geputzte Menschen dafür.
Kehre dich um, von diesen Höhen
15 Nach der Stadt zurück zu sehen.

Aus dem hohlen finstern Tor
Dringt ein buntes Gewimmel hervor.
Jeder sonnt sich heute so gern.
Sie feiern die Auferstehung des Herrn,
20 Denn sie sind selber auferstanden,
Aus niedriger Häuser dumpfen Gemächern,
Aus Handwerks- und Gewerbesbanden,
Aus dem Druck von Giebeln und Dächern,
Aus den Straßen quetschender Enge,
25 Aus der Kirchen ehrwürdiger Nacht
Sie sind alle an's Licht gebracht. […]
Hier ist des Volkes wahrer Himmel,
zufrieden jauchzet groß und klein:
Hier bin ich Mensch, hier darf ich's sein.

7. Erkläre die Stellen in dem Gedicht, an denen die Erfahrung des Neuwerdens oder die Freude über das Leben zur Sprache kommen.
8. Beschreibe in eigenen Worten, wie sich die Menschen in dem Gedicht beim Osterspaziergang fühlen.

"Licht nach der Dunkelheit", "Neuwerden"
Schreibt einen eigenen Text oder ein Gedicht oder improvisiert ein Musikstück oder gestaltet mit Farben ein Bild zu einer dieser Überschriften. Verarbeitet auch eigene Erfahrungen.

Für Mathe-Freaks
Entwickle eine Berechnungsformel für das Osterfest.

DENKRAUM D

Das Opferfest – das höchste Fest im Islam

Im Monat Ramadan fasten Muslime und Muslima in aller Welt. Nach 30 Tagen Fasten wird der Ramadan mit dem Fest des Fastenbrechens beendet, es wird auch Zuckerfest genannt. Einen Monat lang haben die Menschen erst nach Einbruch der Dunkelheit etwas gegessen, jetzt beenden sie freudig das Ende der Fastenzeit mit einem Festmahl und Dankgebeten, die sie an Allah richten. Das Fasten ist für gläubige Muslime eine von fünf Pflichten.

1. Notiere, was du über den Islam weißt und was du wissen möchtest.
2. Tauscht eure Kenntnisse aus.

AUFGABEN A

Muslimischer Kalender

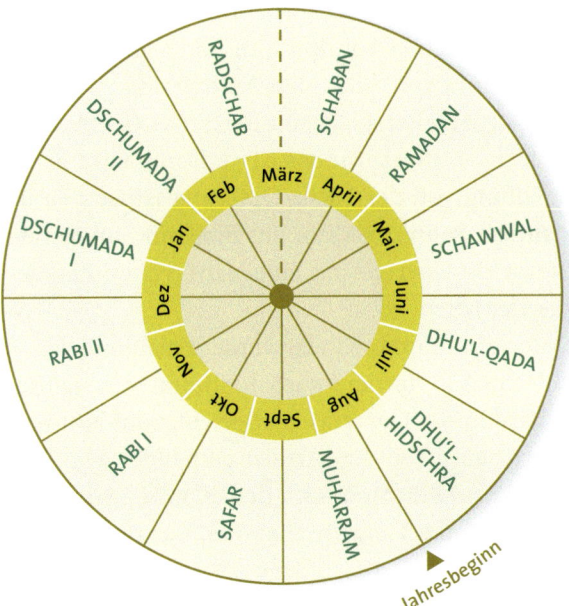

→ Infobox Islam S. 149

Mondkalender: Nach islamischer Zeitrechnung beginnt ein neuer Monat 2 bis 3 Tage nach Neumond, dann, wenn die Mondsichel am Himmel sichtbar ist. Im Vergleich zum Sonnenjahr ist das Mondjahr 11 Tage kürzer. Deshalb verschieben sich die Monatsanfänge von Jahr zu Jahr – natürlich nur im Vergleich zum Kalender der christlichen Zeitrechnung.

Das Opferfest findet immer am 10. Tag des Monats Dhul-Hidschra statt und wird vier Tage lang gefeiert. Es ist der der Höhepunkt der Pilgerfahrt nach Mekka.

3. Beschreibe, was dir an diesem Kalender auffällt.
4. Recherchiere, welches Jahr gerade im Islam geschrieben wird. Erkläre die islamische Zeitrechnung.

→ Infobox Islam S. 149

Religionen und Weltanschauungen

5. Erkläre, warum nach dem Mondkalender das Opferfest jedes Jahr an einem anderen Tag stattfindet.

Opferung Ismaels, anonyme Hinterglasmalerei aus Tunesien (20. Jh.)

Der Hintergrund des Opferfestes

Info
Ibrahim aus dem Koran entspricht dem Abraham der Thora bzw. der Bibel.

Der Anlass des Opferfestes ist die Erinnerung an das Beinahe-Opfer, das Ibrahim (hebräisch: Abraham) Allah bringen wollte. Eine Erzählung aus dem Koran berichtet von Ibrahim und seinem geliebten Sohn Ismael. Ibrahim bekommt von Allah den Auftrag, ihn zu opfern. Während er diese
5 Opferung vorbereitet, erscheint der Engel Gottes und bringt ihm ein Tier zum Opfern, als Ersatz für das Kind. Damit wird der Sohn gerettet.
Die Erzählung von der Nicht-Opferung Ismaels ist in der Thora (dort ist es der andere Sohn Isaak), in der Bibel und im Koran überliefert. Die Geschichte ist ein Überrest aus einer sehr frühen Zeit der Menschheit, in der
10 es Menschenopfer gab.
Am Opferfest führen Kinder diese Erzählung als Spiel auf. Die Männer schlachten Opfertiere nach bestimmten religiösen Vorschriften. Das Fleisch wird in der Gemeinschaft geteilt, zum Festmahl zubereitet und ein vorgeschriebener Teil den Armen gespendet. Die Versorgung der Armen
15 ist eine der fünf Pflichten nach dem Koran. Menschen, die wenig besitzen, bekommen aus der Gemeinschaft das, was sie zum Leben brauchen.

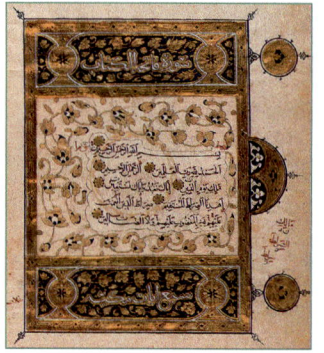

Der Koran ist oft reich verziert. Die Kapitel heißen Suren.

➡ *Bildverstehen S. 144*
➡ *Infobox Islam S. 149*

6. Betrachte das Bild nach der Methode A des Bildverstehens.
7. Vergleicht die Ergebnisse der Bildbetrachtung mit den Informationen des Textes.
8. Diskutiert die fünf Pflichten, die der Islam den Gläubigen auferlegt und prüft, was diese religiösen Pflichten für die Gemeinschaft und den Einzelnen bedeuten.

Feste und Feiertage

Rückblick

AUFGABEN A

1. Alle folgenden Aussagen haben eine Erklärung, die mit religiösen Festen und Bräuchen zu tun hat. Erkläre die Hintergründe.
   A Nach Schulschluss auf dem Nachhauseweg seufzt Tamer: „Und was Richtiges zu Essen gibt's erst heute Abend!"
   B Katrin hat zugehört und sagt: „Das gibt es bei den Christen auch!"
   C Ben und Selim streiten. „Abraham hieß der!" – „Nein, Ibrahim!"
   D Sarah erzählt, dass sie froh ist, nicht den ganzen Seder-Teller leer essen zu müssen.
   E Sevgi, die gerade neu in die Klasse gekommen ist, wird an einem warmen Frühlingstag von Leon mit den Worten verabschiedet „Na, dann wünsch ich viele Eier!"

Tipp
Nach dem Karneval beginnt bei den Christen die Fastenzeit.

2. Übertrage die Tabelle in dein Heft und ergänze sie.

	Feste	Besonderes Essen	Heilige Bücher	Ruhetage	Entstehungszeit
Judentum					
Christentum					
Islam					

Weiterdenken
Nachdenken über Religion

3. **Was ist für dich Religion?**
   Setze Religion mit anderen Begriffen in einer Mindmap in Beziehung. Mache dabei die Bedeutung der Beziehungen deutlich. Du kannst auch eine bildhafte Darstellungsweise wählen.

   ➲ *Mindmap S. 194*

4. **Gibt es die wahre Religion?**
   Wenn man Mitglied einer monotheistischen Religionsgemeinschaft ist, kann man nicht gleichzeitig einer anderen Religion angehören. Das liegt daran, dass der Glaube beinhaltet, nur die Lehre der eigenen Religion für wahr zu halten. Aber die Religionen sind in vielen Hinsichten verschieden. Ist Wahrheit und Verschiedenheit ein Widerspruch? Führt ein sokratisches Gespräch, in dem ihr euch mit der Frage auseinandersetzt, wie Religionen friedlich nebeneinander bestehen können.

   Religion: Es gibt zwei Erklärungen, woher das Wort Religion kommt. Nach der einen bedeutet es die sorgfältige Beachtung all dessen, was zum Kult der Götter gehört. Ein weiterer Wortsinn ist die Rück- und Wiederverbindung mit Gott.

5. **Wie sprechen Religionen?**
   Der französische Philosoph Paul Ricœur sagte einmal, dass die religiöse Sprache eine symbolische Sprache ist. Prüfe diese Behauptung anhand des Materials, das du in diesem Kapitel bearbeitet hast.

   Symbole sind sprachliche Bilder. Mehr Informationen dazu findest du auf ➲ *S. 15*

Religionen und Weltanschauungen

2 Erzählungen über den Anfang der Welt

A AUFGABEN

1. Hast du schon einmal einen Sternenhimmel betrachtet? Erzähle von deinen Eindrücken.
    a) Notiere Fragen, die dir beim Betrachten des Sternenhimmels auf diesem Bild durch den Kopf gehen, auf Kärtchen.
    b) Sammelt eure Fragekärtchen, mischt sie und verteilt sie unter euch. Versucht die Fragen zu beantworten. Welche Fragen lassen sich nicht so einfach beantworten?

Zu allen Zeiten haben die Menschen versucht, den Ursprung des Universums, der Sterne, Planeten, unserer Erde, des Lebens und schließlich der Menschen zu erklären. Die Frage nach dem Ursprung der Welt ist eine Grundfrage der Menschheit. In allen menschlichen Kulturen entstanden Erzählungen über den Anfang der Welt, die von Generation zu Generation weitergegeben wurden. Auch die Religionen erzählen Geschichten über die Entstehung der Welt.

2. Welche Geschichten über den Ursprung unserer Welt kennst du?
3. Schreibe Fragen auf, die dich beim Thema Weltentstehung interessieren.

In diesem Kapitel lernst du einige Schöpfungsmythen kennen. Weil sie im Unterschied zu wissenschaftlichen Theorien, die in Büchern nachzulesen sind, mündlich weitererzählt werden, ist auch die Methode dieses Kapitels das **Erzählen**.

Erzählungen über den Anfang der Welt

Wissenschaftliche und mythische Erklärungen der Weltentstehung

6

Der Anfang der Welt in der Wissenschaft

Die Astrophysiker erklären die Entstehung des Universums so:
Vor ungefähr 15 Milliarden Jahren geschah etwas Verblüffendes: Mit einem Knall, dem Urknall, explodierte etwas, was vielleicht nicht größer als ein Stecknadelkopf gewesen war. Es dehnte sich immer weiter aus. Materie, Energie, Raum und Zeit entstanden. Vorher gab es nichts von alledem. Aus dieser gewaltigen Explosion ist unser gesamtes Universum hervorgegangen. Und es dehnt sich heute immer noch aus.

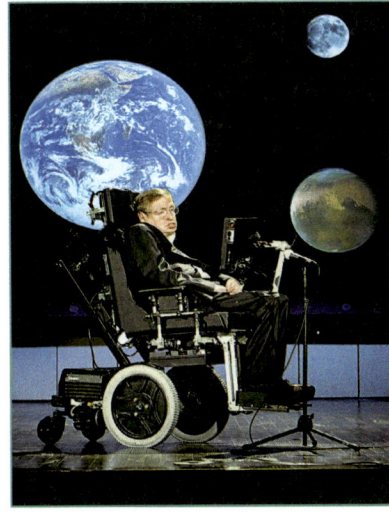

Stephen Hawking, Astrophysiker

AUFGABEN A

1. Berichte, was du über den Urknall bereits weißt.
2. Zeit und Raum sind ebenfalls durch den Urknall entstanden. Was bedeutet diese These?
3. Der Urknall war kein Knall, den man hätte hören können. Dennoch stellen wir uns heute diesen Anfang unseres Universums als Explosion vor.
   a) Male oder zeichne den Urknall, so wie du ihn dir vorstellst.
   b) Hört euch das Stück „Atmosphère" von György Ligeti zu dem Science-Fiction-Film „2001: Odyssee im Weltraum" an und tauscht eure Eindrücke untereinander aus.
   Vielleicht könnt ihr selbst eine Atmosphären-Musik machen.
4. Stelle dir vor, wie das Universum durch den Urknall entstand. Denke in Zeitlupe und erzähle dieses Ereignis.

These: Behauptung

TIPP
Ihr könnt das Stück leicht im Internet finden.
 Internetrecherche S. 192

Der Anfang der Welt bei den Pelasgern

Dieser pelasgische Schöpfungsmythos erzählt, wie die Welt nach Auffassung des griechischen Urvolkes entstand.

Am Anfang war Eurynome, die Göttin aller Dinge. Nackt erhob sie sich aus dem Chaos. Aber sie fand nichts Festes, worauf sie ihre Füße setzen konnte. Sie trennte daher das Meer vom Himmel und tanzte einsam auf seinen Wellen. Sie tanzte gen Süden; und der Wind, der sich hinter ihr erhob, schien etwas Neues

Pelasger: nach dem altgriechischen Geschichtsschreiber Herodot das Urvolk Griechenlands

Chaos (griech.): Unordnung, Verwirrung, Abgrund

gen: gegen

157

5 und Eigenes zu sein, mit dem das Werk der Schöpfung beginnen konnte. Sie wandte sich um und erfasste diesen Nordwind und rieb ihn zwischen ihren Händen. Und, siehe da! Es war Ophion, die große Schlange. Eurynome tanzte, um sich zu erwärmen, wild und immer wilder, bis Ophion sich um ihre göttlichen Glieder schlang und sich mit ihr paarte. So ward Eury-
10 nome vom Nordwind, der auch Boreas genannt wird, schwanger.
Dann nahm Eurynome die Gestalt einer Taube an, ließ sich auf den Wellen nieder und legte zu ihrer Zeit das Weltei. Auf ihr Geheiß wand sich Ophion siebenmal um dieses Ei, bis es ausgebrütet war und aufsprang. Aus ihm fielen all die Dinge, die da sind: Sonne, Mond, Planeten, Sterne, die Erde
15 mit ihren Bergen und Flüssen, ihren Bäumen und Kräutern und lebenden Wesen.

5. Notiere die einzelnen Ereignisse, die nach diesem Mythos zur Entstehung unserer Erde geführt haben.
6. Vergleiche diesen Mythos mit der Vorstellung der Wissenschaft von der Weltentstehung.
7. Worin liegt das Besondere des Erzählens in diesem Text? Halte stichwortartig die wichtigsten Merkmale fest.

Mythisches Erzählen

Bevor es die Schrift, bevor es Bücher und Zeitungen, CDs und Computer gab, hatten die Menschen nur die Möglichkeit, ihr Wissen mündlich weiterzugeben. Es war also sehr wichtig, Ereignisse und Gedanken so zu schildern, dass sie von möglichst vielen Menschen überall und zu verschie-
5 denen Zeiten verstanden wurden. Denn schließlich sollten die Jüngeren dieses Wissen wiederum an die nächste Generation weitergeben. Und dafür war und ist das Erzählen einer Geschichte bis heute besonders geeignet. Eine mythische Erzählung braucht Figuren, die in einer bestimmten Umgebung oder einer bestimmten Welt zu einer bestimmten Zeit Ereignisse
10 erleben oder Taten vollbringen, die erzählenswert sind.
Natürlich braucht ein Mythos auch aufmerksame Zuhörer, die nicht nur unterhalten werden wollen, sondern von dieser Erzählung auch etwas über die Entstehung der Welt und über die Geschichte der Menschen, ihr Glück und Unglück, erfahren und lernen können. Wer dem Mythos lauscht, fühlt
15 sich ganz stark der Gemeinschaft verbunden. Er stärkt die Gemeinschaft und verleiht dem Leben in der Gemeinschaft eine besondere Bedeutung. Mythen werden oft in einer einfachen, klaren Sprache erzählt, damit sich die Zuhörer das Erzählte gut vorstellen und glauben können. Was Mythen erzählen, kann man nicht nachprüfen. Es ist auch nicht wichtig, ob das
20 Erzählte wirklich geschehen ist. Mythen werden dadurch wahr, dass sie erzählt werden.

Mythos (Plural: Mythen): stammt aus dem Griechischen und bedeutet Rede oder auch Erzählung, sagenhafte Geschichte. In jeder Kultur wurden Mythen erzählt. Das sind Geschichten, die etwas über Menschen, Natur und Welt erzählen. Sie sind meist schon sehr alt und wurden anfangs nur mündlich überliefert. Mythen, die über den Ursprung der Welt erzählen, nennt man Schöpfungsmythen.

8. a) Suche aus dem Text Merkmale des Mythos heraus und stelle eine Liste zusammen.
   b) Welches ist deiner Meinung nach das wichtigste Merkmal? Begründe deine Ansicht.
9. Erkläre, welche Funktion der Mythos für die Menschen hat, die ihn untereinander weitererzählen.

M METHODEN

Mythisches Erzählen

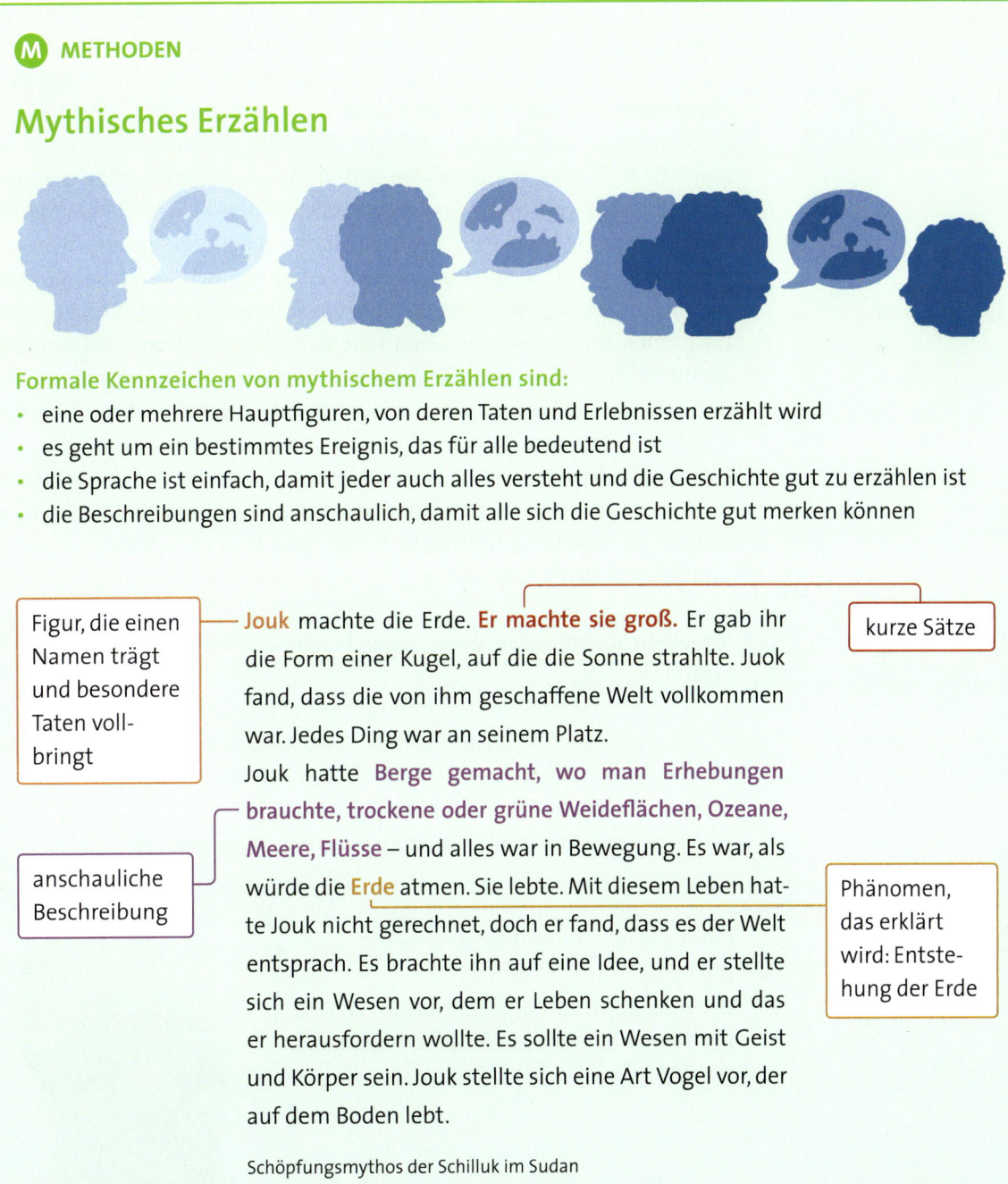

Formale Kennzeichen von mythischem Erzählen sind:
- eine oder mehrere Hauptfiguren, von deren Taten und Erlebnissen erzählt wird
- es geht um ein bestimmtes Ereignis, das für alle bedeutend ist
- die Sprache ist einfach, damit jeder auch alles versteht und die Geschichte gut zu erzählen ist
- die Beschreibungen sind anschaulich, damit alle sich die Geschichte gut merken können

[Figur, die einen Namen trägt und besondere Taten vollbringt] — **Jouk** machte die Erde. **Er machte sie groß.** Er gab ihr die Form einer Kugel, auf die die Sonne strahlte. Juok fand, dass die von ihm geschaffene Welt vollkommen war. Jedes Ding war an seinem Platz. — [kurze Sätze]

Jouk hatte **Berge gemacht, wo man Erhebungen brauchte, trockene oder grüne Weideflächen, Ozeane, Meere, Flüsse** – und alles war in Bewegung. Es war, als würde die **Erde** atmen. Sie lebte. Mit diesem Leben hatte Jouk nicht gerechnet, doch er fand, dass es der Welt entsprach. Es brachte ihn auf eine Idee, und er stellte sich ein Wesen vor, dem er Leben schenken und das er herausfordern wollte. Es sollte ein Wesen mit Geist und Körper sein. Jouk stellte sich eine Art Vogel vor, der auf dem Boden lebt.

[anschauliche Beschreibung]

[Phänomen, das erklärt wird: Entstehung der Erde]

Schöpfungsmythos der Schilluk im Sudan

Der Schöpfungsmythos der Schilluk im Sudan

von Benoît Reiss und Alexios Tjoyas

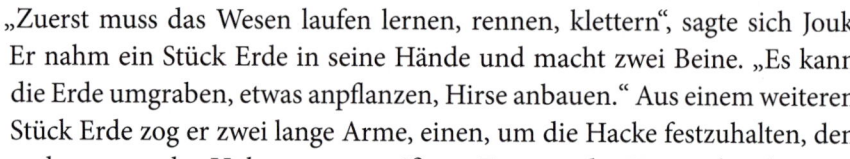
Afrika

Und so geht der Schöpfungsmythos der Schilluk weiter:

„Zuerst muss das Wesen laufen lernen, rennen, klettern", sagte sich Jouk. Er nahm ein Stück Erde in seine Hände und macht zwei Beine. „Es kann die Erde umgraben, etwas anpflanzen, Hirse anbauen." Aus einem weiteren Stück Erde zog er zwei lange Arme, einen, um die Hacke festzuhalten, den
5 anderen, um das Unkraut auszureißen. „Es muss die Hirse sehen können. Ich werde ihm zwei Augen machen." Und so tat er es. „Und wie wird es die Hirse essen?" Er gab ihm einen Mund.

Er betrachtete, was er im Arm hielt. „Es muss sprechen, singen und weinen." Er legte eine Zunge in den Mund, die er tief im Rachen befestigte.
10 Sie wellte sich, rollte sich zusammen, stieß an die Zähne. Sie konnte alles aussprechen. Jouk sagte: „Es soll Musik verstehen und auf die Worte der Weisen hören." Er klebte ihm zwei Ohren an die richtige Stelle. Sie befanden sich an beiden Seiten des Kopfes, etwas weiter oben, geöffnet wie zwei Buchseiten und bereit, die Geräusche der Welt zu hören. Was hineinfiel,
15 sammelte sich darin an, wie das vom Meerwasser angeschwemmte Salz, und diese Ansammlung formte den Verstand. Durch die Ohren hörten die Menschen, dass sie „Menschen" hießen und so wurden sie dazu.

Jouk war zufrieden. Seinen ersten Menschen hatte er aus der schwarzen Erde gemacht, die er in der Heimat der Schilluk gefunden hatte. Weiter im
20 Norden, in Ägypten, verwendete er rote Erde. Und noch weiter im Norden sammelte er weiße Erde auf.

10. Notiere in Stichpunkten, von welchen Ereignissen der Schilluk-Mythos erzählt.
11. a) Erzähle diesen Teil des Schöpfungsmythos nach. Nutze dazu deine Notizen. Bedenke, dass du den Text nicht wortwörtlich nacherzählen musst. Wichtig ist, dass du alle wichtigen Ereignisse anschaulich und in der richtigen Reihenfolge erzählst.
    b) Deine Zuhörer geben dir anschließend eine Rückmeldung.

D DENKRAUM

Erfinde zu diesem Bild selbst einen Schöpfungsmythos.
Orientiere dich am Methodenkasten (S. 159) und dem Info-Text zu mythischem Erzählen (S. 158).

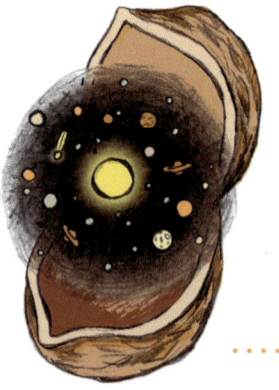

Erzählen heißt: Etwas Bedeutsames (er)schaffen

Du kennst bestimmt Geschichten, die die Erwachsenen, deine Eltern, Großeltern, Tanten und Onkel, aus deiner oder ihrer Kindheit erzählen. Es sind Geschichten, die du schon oft gehört hast und dir immer wieder gerne erzählen lässt.
Wie Mythen, so werden auch diese Geschichten immer gleich erzählt.

AUFGABEN A

1. Erzähle die Geschichte, die Antje von ihrer Oma hier hört.
2. Oma muss Antje diese Geschichte immer wieder erzählen, wenn Antje bei ihr übernachtet. Erkläre, warum gerade diese Geschichte für Antje eine so große Bedeutung besitzt.
3. Erzähle eine ähnlich bedeutungsvolle Geschichte aus deiner Kindheit. Du kannst dabei
   - von dir in der 1. Person Singular („ich") oder
   - von dir in der 3. Person Singular sprechen,
   - deinen richtigen Namen verwenden oder dir einen neuen geben.

   Die folgenden Anfänge sind dir vielleicht dabei eine Hilfe:
   - Als ich klein war …
   - Früher habe ich …
   - Meine Oma sagt, dass ihr Enkelsohn (du!) einmal …
   - Manchmal erzähle ich gerne, wie die Enkeltochter (du!) meines Opas zu Weihnachten …
4. Überlegt gemeinsam, inwiefern diese persönlichen Geschichten als Mythen gelten können.

Der Anfang der Welt im Alten Ägypten

A Die Welt entstand, als der von selbst entstandene Sonnengott Atum aus Nun, dem unendlichen Wasser, auftauchte und seine Strahlen aussandte.
B Über dem Wasser spuckte Atum seinen Sohn Schu und hustete seine Tochter Tefnut aus. Schu mit der Schreibfeder auf dem Kopf ist das Leben. Tefnut mit dem Löwenkopf ist die Wahrheit.
C Die Kinder von Schu und Tefnut sind Geb, der Gott der Erde, der Pflanzen und der Tiere mit der Gans auf dem Kopf, und Nut, die Himmelsgöttin mit dem gebeugten Körper.

Religionen und Weltanschauungen

D Mit den Kindern von Geb und Nut entstehen Tod und Kultur: Osiris mit Krummstab und Peitsche ist der Gott der Toten, aber auch der Fruchtbarkeit und des Lebens. Isis mit dem Kuhgehörn hat magische Heilkräfte. Seth mit dem Hundekopf ist der Gott des Bösen, der Osiris tötet. Nephthys geleitet mit ihrer Schwester Isis die Verstorbenen ins Totenreich.

E Ein anderer Gott ist Chepre, der durch einen Skarabäus-Käfer dargestellt wird, er ist der Gott der Morgensonne, der Schöpfung und der Geburt. Er wird auf einer Himmelsbarke von Nun jeden Tag über das Urwasser getragen.

F Schließlich erschafft der widderköpfige Chnum die Menschen auf der Töpferscheibe.

Aus dem Nutbuch

A AUFGABEN

1. Fertige einen Stammbaum der Göttergenerationen von A bis D an. Du kannst die Abbildung aus dem Nutbuch als Anregung und Vorlage zur Darstellung der Götter verwenden.
2. Zeichne oder male die ägyptische Vorstellung von der Weltentstehung.
3. Irgendwann entstehen in den Schöpfungsmythen Unrecht und Schuld.
    a) Analysiere, wo dies bei den Ägyptern der Fall ist. Stelle Überlegungen an, mit welchem Phänomen des menschlichen Lebens das im Zusammenhang steht.
    b) Kennst du Parallelen aus anderen Schöpfungsmythen? Benenne sie.

Der ägyptische Sonnengott spricht:

Ich habe vier gute Taten vollbracht im Portal des Lichtlands.
Ich habe die vier Winde geschaffen,
damit jedermann atmen kann in seiner Zeit.
Ich habe die große Wasserflut geschaffen,
damit der Arme darüber verfügen kann wie der Reiche.
Ich habe einen jeden seinem Nächsten gleich geschaffen
und habe verboten, dass sie Unrecht tun sollten.
Aber ihre Herzen haben sich dem widersetzt, was ich befohlen habe.
Ich habe geschaffen, dass ihre Herzen aufhören, den Westen zu vergessen
(das heißt, ich habe die Todesfurcht geschaffen),
damit den lokalen Göttern Opfer dargebracht würden.

Übrigens
Die Ägypter glaubten, das Totenreich liege im Westen.

4. Schreibe die vier Taten des Schöpfers in jeweils einem Satz auf.
5. Gib eine Erklärung, warum er sie für wichtige Taten hält.

6. Stelle Vermutungen an, welche Absicht der Gott mit dieser Rede verfolgt haben mag.
7. Setzt die mythische Rede des Sonnengottes in eine szenische Darstellung um. ➲ *In Szene setzen S. 78*

Der Anfang der Welt in der Bibel, der Thora und im Koran

INFOBOX

Monotheistische Religionen

Es gibt viele Religionen auf der Welt, drei von ihnen sind monotheistische Religionen: das Judentum, das Christentum und der Islam. Die Gemeinsamkeit dieser Religionen ist der Glaube an einen Gott. In polytheistischen Religionen werden dagegen mehrere Götter oder Göttinnen angebetet.

Alter:

Das Judentum beginnt mit den Erzählungen über Abraham vor ungefähr 4000 Jahren. Das Christentum hat seine Wurzeln in der Person Jesus Christus, der Jude war, vor ungefähr 2000 Jahren. Der Islam beginnt mit dem Wirken Mohammeds vor ungefähr 1400 Jahren. Aus einigen Zeitangaben in der jüdischen Bibel hat man im Mittelalter den Schöpfungstag errechnet. Nach diesen Berechnungen wird die Schöpfung auf das Jahr 3762 vor dem Jahr 0 unserer Zeitrechnung datiert.

Gottesname:

Christen und Christinnen sprechen von „Gott" oder „Gott Vater, Sohn und heiligem Geist", Muslime und Muslima von „Allah". Die Botschaften Allahs verkündete als erster Mohammed. Juden und Jüdinnen sprechen den Namen ihres Gottes, JHW (Jahwe), nicht aus. Er ist unaussprechlich; so heilig, dass man ihn nicht aussprechen kann. JHWH bedeutet: ich bin da, ich werde für euch da sein, ich bin, der ich bin, ich bin, der ich sein werde.

Heilige Bücher:

Die heiligen Bücher der drei monotheistischen Religionen sind die „Thora" im Judentum, die „Bibel" im Christentum und der „Koran" im Islam.

Die Symbole:

Das Symbol des Judentums ist der Davidstern. Das Kreuz wurde im Christentum zum zentralen Zeichen. Es versinnbildlicht den Tod Jesu. Mit der Neumondsichel beginnt nach islamischer Zeitrechnung ein neuer Monat.

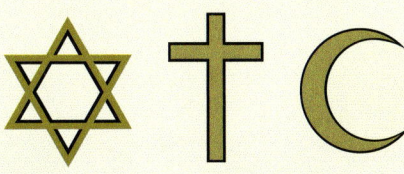

Schöpfungsmythen:

Der Schöpfungsmythos der Thora ist Teil der christlichen Bibel. Auch im Koran wird in ähnlicher Weise von Allah als Schöpfer gesprochen. Der Glaube, dass alles was existiert, die Schöpfung des einen Gottes ist, ist ein wichtiger Glaubensinhalt aller drei monotheistischen Religionen. Daraus wird die Verpflichtung zur Bewahrung der Schöpfung abgeleitet.

Religionen und Weltanschauungen

Der biblische Schöpfungsmythos

1. Vor dem Anfang der Welt gab es nichts. Keine Menschen, keine Tiere, keine Pflanzen, keine Berge, keine Meere, kein Hell und kein Dunkel, keinen Laut. Nichts. Aber Gott wollte eine Welt schaffen. Zuerst sagte er: „Es soll Licht kommen". Da wurde es hell über dem Wasser. Und Gott teilte Licht und Finsternis, die sich abwechselten. Dem Licht gab er den Namen Tag und der Dunkelheit den Namen Nacht. Da war der erste Tag vorbei.

2. Gott trennte danach den Himmel vom Wasser und schuf auch die Wolken. Da war der zweite Tag vorbei.

3. Dann sprach Gott: „Das Wasser soll zusammenfließen und trockene Stellen freigeben." So geschah es. Das zusammengeflossene Wasser nannte Gott Meer und die trockenen Stellen Land. Er schuf auch Seen und Flüsse, Hügel, Berge und weite Ebenen. Gott sah alles, was er bisher geschaffen hatte, und fand es gut. Er erschuf auch die Pflanzen, Sträucher und Bäume, und die Erde wurde zu einem wunderschönen blühenden Garten. Da war der dritte Tag vorbei.

4. Aber Gott wollte die Welt noch schöner machen und schuf Sonne, Mond und Sterne. Da war der vierte Tag vorbei.

5. Am nächsten Tag sagte Gott: „Im Wasser und in der Luft sollen Tiere leben." Und so schuf er die die Fische, Krebse, Muscheln, die Möwen, Adler, Goldammern und Schmetterlinge. Da war der fünfte Tag vorbei.

6. Auch auf dem Land sollten Tiere leben, meinte Gott. So schuf er am folgenden Tag die vielen Tiere, die auf dem Land leben, wie die Kühe, die Elefanten, die Eidechsen, die Affen und die Mäuse. Er freute sich über die vielen Tiere. Dann sagte Gott: „Jetzt will ich noch etwas erschaffen, das mir ähnlich ist." Und so schuf er den Menschen nach seinem Bild – einen Mann und eine Frau und nannte sie Adam und Eva. Gott freute sich auch über die Menschen. Er sprach zu ihnen: Bekommt Kinder und Kindeskinder und breitet euch über die ganze Erde aus! Ich vertraue euch alles an, was lebt. Da war der sechste Tag vorbei.

7. Am siebten Tag der Schöpfung ruhte Gott von seiner Arbeit aus. Er sagte: „Dieser Tag gehört mir. Er ist ein heiliger Tag. Ein Ruhetag."

Die Erschaffung des Menschen gemalt von Michelangelo in der Sixtinischen Kapelle im Vatikan in Rom.

Erzählungen über den Anfang der Welt

AUFGABEN A

1. Zeichnet einen göttlichen Wochenplan und tragt mit einem Stichwort ein, was an jedem Tag erschaffen wurde.
2. Gott hat den Menschen alles anvertraut, was lebt. Hat sich sein Vertrauen deiner Ansicht nach erfüllt oder wurde es enttäuscht? Fertigt eine Liste mit zwei Spalten an und füllt sie aus.

Das Vertrauen des Schöpfers wurde erfüllt durch:	Das Vertrauen des Schöpfers wurde enttäuscht durch:
…	…

3. Nehmt Stellung: Hat Gott die Welt eurer Meinung nach gut erschaffen? Gibt es etwas, was besser sein könnte?

Der Anfang der Welt bei den alten Griechen

Die Mythen der Alten Griechen sind von zahllosen Göttern und Göttinnen bevölkert. Die Griechen hatten polyteistische Vorstellungen. Homers „Ilias", die den Kampf um Troja, und die „Odyssee", die Odysseus' abenteuerliche, zehn Jahre währende Rückkehr in seine Heimat Ithaka schil-
5 dert, sind die berühmtesten Beispiele dafür. Die Götter wurden nicht nur in den Heiligtümern, den Tempeln, durch Opfergaben verehrt. Auch das Theater war für die Weitergabe der gemeinsamen Glaubensüberzeugung wichtig; die Geschichten wurden als Schauspiel aufgeführt oder von Künstlern vorgetragen. Durch die
10 Pflege der gemeinsamen mythischen Vorstellungen stärkten die Griechen ihr Zusammengehörigkeitsgefühl und grenzten sich gegen die sogenannten „Barbaren" ab. Das waren die Menschen, die nicht griechisch sprachen.

polyteistisch / Polytheismus
von griech. poly = viel und theos = Gott: der Glaube an viele Götter

Amphitheater in Ephesus

1. Benenne, welche Aufgaben der Mythos in der griechischen Gemeinschaft erfüllte.

DENKRAUM D

A Führt ein sokratisches Gespräch über die Frage, ob es in unserer Welt moderne Mythen gibt, die zur Abgrenzung und Ausgrenzung dienen (z.B. im Sport oder der Raumfahrt oder der Technik).
B Erfinde einen griechischen Mythos.
C Untersuche, ob Erzählungen im eigenen Freundeskreis manchmal so wirken wie ein griechischer Mythos.

Religionen und Weltanschauungen

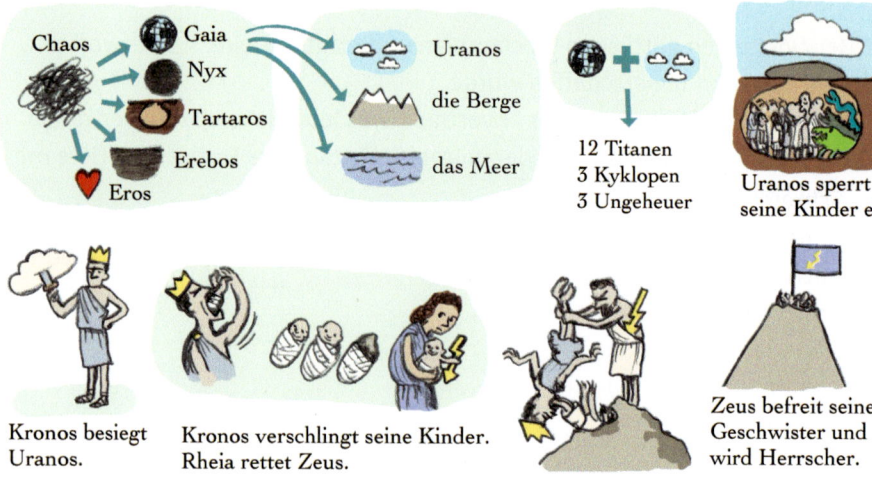

Kronos besiegt Uranos.

Kronos verschlingt seine Kinder. Rheia rettet Zeus.

Zeus befreit seine Geschwister und wird Herrscher.

Chaos: Unordnung, Verwirrung, Abgrund

Hesiod war Vortragskünstler und Autor, er lebte um 700 v. Chr. Er war einer der Ersten, die Mythen über den Ursprung der Welt aufschrieben.

Göttin Athene

Nach der Darstellung Hesiods beginnt die Welt mit dem Chaos.
Nach dem Chaos entstanden Gaia (die Erde), Tartaros (die Unterwelt), Eros (das Verlangen), Erebos (der Schatten der Unterwelt) und Nyx (der Schatten der Erde).
5 Gaia gebar den Uranos (den Himmel), der den Göttern als Wohnsitz dienen sollte, dann die Berge und das Meer. Aus der Verbindung von Gaia und Uranos gingen 12 mächtige Titanen hervor, drei Kyklopen und drei Ungeheuer.
Uranos aber war entsetzt über seine Kinder und sperrte sie in die Höhlung
10 der Erde. Aus Rache überredete Gaia Kronos, den jüngsten der Titanen, seinen Vater zu kastrieren und die Macht an sich zu reißen.
Kronos hatte mehrere Kinder von Rheia, fürchtete jedoch, von ihnen gestürzt zu werden, und verschlang daher seine Neugeborenen. Als Rheia aber Zeus gebar, täuschte sie ihren Gatten, indem sie einen Stein wie einen
15 Säugling einwickelte, den Kronos nun statt des Kindes verschlang. Zeus wuchs von seinem Vater verborgen in einer Höhle auf der Insel Kreta auf und plante Rache. Nachdem er durch List seine Macht gestärkt hatte, besiegte er die Titanen in einer großen Schlacht. Eine Titanentochter gab Kronos einen Trank, worauf er die Geschwister des Zeus, Poseidon, Hades,
20 Hera, Demeter und Hestia, wieder ausspie. Die Geschwister schlossen sich mit Zeus zusammen. Nach der Niederlage der Titanen wurde Zeus von wilden Riesen bedroht. In der folgenden Schlacht der Giganten führte Zeus die Götter zum Sieg und wurde zum obersten Gebieter über Himmel und Erde. Er erklärte den Olymp, den höchsten Berg der Welt, zum Sitz der
25 siegreichen Götter und Göttinnen.

2. Erzähle den Mythos der Entstehung der Götterwelt, indem du die Merkmale mythischer Erzählungen berücksichtigst.

3. Wie würdest du die Aktionen der Götter und Göttinnen beurteilen, wenn Menschen sie ausführen würden? Begründe deine Meinung.

Erzählungen über den Anfang der Welt

Rückblick

AUFGABEN A

1. Gibt es einen Gedanken, der dir bei der Bearbeitung dieses Kapitels wichtig erschien? Schreibe ihn auf.
2. Schreibe Fragen auf, die für dich noch unbeantwortet sind.
3. Können Mythen die Frage, wie die Welt entstanden ist, deiner Meinung nach beantworten? Begründe deine Antwort.
4. Erzähle einen Mythos deiner eigenen Schöpfung nach dem Vorbild eines Mythos der Weltentstehung, den du in diesem Kapitel kennengelernt hast (wissenschaftlicher, ägyptischer, Schilluk, monotheistischer Mythos). Verwende dazu die Methode Erzählen.

   TIPP
   Bitte deine Eltern, Geschwister oder Großeltern, dir von deiner Geburt und der Zeit davor und danach zu erzählen. Du kannst daraus deine eigene Geschichte ableiten.

➲ *mythisches Erzählen*
S. 159

Weiterdenken

> *Wenn jemand spricht, wird es hell.*
> Sigmund Freud

5. Kannst du dich an eine Situation erinnern, in der du dir gewünscht hast, dass jemand mit dir spricht? Berichte von dieser Situation und wie du dich gefühlt hast.
6. Kannst du nachempfinden, dass es hell wird, wenn jemand spricht, und dunkel, wenn der andere schweigt? Tausche deine Gedanken dazu in der Gruppe aus.

Eine Welt ohne Geschichten

7. Stelle ein Gedankenexperiment an: Wie sähe eine Welt ohne Erzählungen aus?
   a) Notiere für verschiedene Situationen, wie sich der Verlust des Erzählens auswirkt.
   b) Wozu ist das Erzählen gut? Nenne drei Gründe.
8. Trifft die Aussage „Ich erzähle, also bin ich" zu? Schreibe einen Kommentar zu dieser Aussage.

➲ *Gedankenexperiment*
S. 109

Kommentar: *persönliche Meinung eines Autors oder einer Autorin*

Ethik-Lexikon

PHILOSOPHIE

Wörtlich bedeutet Philosophie Liebe oder Freundschaft (*philia*) zur Weisheit (*sophia*). Philosoph und Philosophin sind Freunde der Weisheit. Sie streben nach einem besonderen Wissen, nach Weisheit.

Weisheit ist eine besondere Form des Wissens, die sich von anderen Formen des Wissens unterscheidet. Man kann zum Beispiel wissen, wie man Volleyball spielt und einen Fahrradschlauch flickt. Oder wie man sich gesund ernährt und sinnvoll für eine Englischarbeit lernt. Oder warum der Mond seine Bahn um die Erde nicht verlässt und Eisbären monatelang Winterschlaf halten, ohne zu verhungern. Von diesem Wissen unterscheidet sich die Weisheit, nach der die Philosophie strebt. Weise ist jemand, der bereit ist, alles zu hinterfragen, was er weiß oder andere zu wissen meinen. Sokrates galt als der weiseste Mensch seiner Zeit. Er sagte von sich: „Ich weiß, dass ich nicht weiß." Manches Wissen, das wusste Sokrates, ist nur Scheinwissen.

Die Philosophie versucht Fragen zu beantworten, die sich viele Menschen in ihrem alltäglichen Leben gar nicht stellen und auch nicht zu stellen brauchen. Es sind Fragen, die auftauchen, wenn man die Welt und sich selbst in dieser Welt einmal in Ruhe – mit Muße, wie die Philosophen sagen – betrachtet. Hast du dich einmal gefragt:

> *Wer bin ich? Woher komme ich? Wohin gehe ich? Was will ich? Bin ich ein freier Mensch? Was unterscheidet mich von anderen Menschen? Was geschieht mit mir, wenn ich gestorben bin? Existiert da noch etwas weiter? Wie kommt es, dass aus unzähligen Atomen genau die Welt entsteht, die ich wahrnehme? Wie kommt es, dass ich genau die Person bin, die ich bin, und nicht eine andere? Wie ist es wohl, ein Wal zu sein? Wie kommen die Dinge zu ihren Namen? Wie soll ich handeln, und bin ich frei in meinem Handeln?*

Das sind philosophische Fragen, und sie sind nicht leicht zu beantworten. Vielleicht gibt es auf manche von ihnen auch überhaupt keine Antwort.

MIT DEM PHILOSOPHIEREN ANFANGEN

Mit dem Philosophieren beginnt man, wenn einem einfache Antworten auf schwierige Fragen nicht reichen. Dann zweifelt man und fragt sich, ob das denn wirklich stimmt oder ob das denn schon alles ist. Philosophen finden auch erstaunlich, was für andere ganz normal ist. Zum Beispiel, dass die Sonne jeden Morgen aufgeht, dass es Recht und Gesetz gibt, dass Menschen sprechen und denken können, was eigentlich „Wirklichkeit" ist und so weiter und so weiter. Neugierig sein, zweifeln, staunen, damit beginnt die Philosophie.

Nicht alle Menschen interessieren sich für die Philosophie. Das muss auch nicht sein. Denn nicht jeder will die Welt im Ganzen verstehen und nicht nur die eigene, persönliche Welt. Menschen, die anfangen zu philosophieren, fragen sich, wer sie sind und was sie über die Welt, über sich selbst und über andere Menschen wissen können oder ob es auch Dinge gibt, die wir nicht vollständig wissen und erkennen können. Der Philosoph Immanuel Kant (1724–1804) hat die wichtigen Fragen der Philosophie in vier Fragen zusammengefasst:

1. Was kann ich wissen?
2. Was soll ich tun?
3. Was darf ich hoffen?
4. Was ist der Mensch?

Diese Fragen kann man so verstehen: (1) Können wir Menschen alles wissen oder gibt es Dinge, die wir nicht wissen können? (2) Gibt es ein Prinzip (eine Regel), an die ich mich halten kann, wenn ich richtig und gut handeln will? Diese Frage beantwortet die Ethik. (3) Dürfen wir auf ein Leben nach dem Tod hoffen? (4) Wer bin ich eigentlich, wenn ich ein Mensch bin?

Wenn man philosophische Fragen behandelt, braucht man Muße und Geduld und besondere Methoden. Und man braucht Mut! Immanuel Kant schrieb einmal: „Sapere aude!" (Das ist Lateinisch und bedeutet: Wage zu wissen!) – „Habe Mut, dich deines eigenen Verstandes zu bedienen!" Er erkannte, dass tiefe Fragen manchmal Antworten nach sich ziehen, die die gewohnten Meinungen erschüttern und uns verunsichern können. Neues wissen zu wollen, ist auch ein Wagnis. Vom scheinbar festen Boden begibt man sich auf Neuland und manchmal auf schwankenden Boden. Was haben die Menschen wohl empfunden, als sie entdeckten, dass nicht die Erde der Mittelpunkt der Welt ist, um den sich alles dreht, sondern dass die kleine Erde, ein Staubkorn im Universum nur, um eine riesige Sonne kreist?

METHODEN

Einige philosophische Methoden lernst du in diesem Buch kennen. Was Philosophen und Philosophinnen am liebsten tun, ist:
1. etwas genau und in allen Einzelheiten beschreiben
2. interpretieren (deuten; sagen, wie man etwas verstehen könnte)
3. analysieren (Begriffe und Argumente genau untersuchen)
4. nachfragen und widersprechen (keine Meinungen ungeprüft hinnehmen, diskutieren)
5. spekulieren (den Gedanken freien Lauf lassen)

ÜBRIGENS ...

... die Philosophie beschäftigt sich natürlich auch mit dem Philosophieren. Zum Beispiel mit der Frage: Kann man Philosophieren lernen? Die überwältigende Mehrzahl der Philosophen und Philosophinnen ist sich einig: Ja, man kann Philosophieren lernen. Also dann: Sapere aude! Wage zu wissen!

ACHTUNG

Das Wort ist von *beachten* abgeleitet; Achtung erfährt jemand, dem Aufmerksamkeit entgegengebracht wird. Menschen achten sich, wenn sie sich gegenseitig anerkennen so wie sie sind. Man kann eine Person achten, ohne sie besonders zu mögen. Die gegenseitige Achtung, die wir uns entgegenbringen, war besonders → Immanuel Kant wichtig. Er war der Auffassung, dass jeder Mensch wertvoll ist, unabhängig von seiner Herkunft, seinem Geschlecht, seiner Hautfarbe, seiner Religion. Auch wenn wir nicht alle Menschen gleich mögen und nicht alle Menschen lieben, so können wir sie doch als Menschen achten. Die Achtung der anderen bedeutet, dass wir uns auch selbst achten (Selbstachtung). Manchmal gebraucht man für Achtung auch das aus dem Lateinischen stammende Wort → Respekt, das wörtlich Rücksicht und Berücksichtigung bedeutet.

AGGRESSION

vom lateinischen Wort *aggredi* = angreifen, Angriffslust, Gewaltbereitschaft (sprachlich oder körperlich). Zu Aggressionen oder aggressiven Handlungen kommt es, wenn Einzelne oder Gruppen unterschiedliche Ziele und Interessen durchsetzen wollen und nicht bereit sind, die andere Partei verstehen zu wollen, aufeinander zuzugehen, Kompromisse zu machen oder einen → Diskurs über das Problem zu führen.

ANTHROPOLOGIE

vom griechischen Wort *anthropos* = Mensch und vom griechischen Wort *logos* = Lehre, Wissenschaft, Sprache, Rechnung abgeleitet und bedeutet Wissenschaft vom Menschen. Eine Vertreterin der Anthropologie, die im Buch genannt wird, ist die Britin Mary Leakey (1913-1996). Die Anthropologie erforscht die Entwicklung des Menschen, wann er entstanden ist, wie er gelebt hat, wie er sich verändert hat und in welche Untergattungen (Spezies) er aufgeteilt war. Dazu ist sie auf Funde von Menschenknochen und auf kulturelle Hinterlassenschaften angewiesen. Aus den Fußspuren von Laetoli (S. 90 und S. 102) können Anthropologen z.B. auf das Skelett und die Gangart des Urmenschen schließen. Besonders interessant sind die Zähne, denn sie verraten, was die Menschen gegessen haben. Die Philosophische Anthropologie fragt nach dem Wesen des Menschen. Ist er das Tier, das Symbole verwendet (*animal symbolicum*), das spielende Tier (*animal ludens*), das vernünftige, sprechende Tier (*animal rationale*), der arbeitende, fabrizierende Mensch (*homo faber*), der wirtschaftende Mensch (*homo oeconomicus*) oder gar das Lebewesen, das lacht (*homo ridens*)?

ARGUMENT

vom lateinischen Wort *argumentum* für Beweisgrund oder Beweismittel. Argumente sind Aussagen, mit denen man Behauptungen begründen oder widerlegen kann. Argumente führt man an, um jemanden von einer bestimmten Auffassung zu überzeugen. Wenn man argumentiert, prüft, klärt, kritisiert oder begründet man Standpunkte. Man hakt auch nach, stellt Fragen, macht Zugeständnisse. Wenn man argumentiert, versucht man, für den anderen eine Brücke zu bauen, damit er den Standpunkt, den man selbst einnimmt, verstehen oder selbst einnehmen kann. Argumentieren bedeutet überzeugen, nicht überreden, und vor allem ist Argumentieren immer gewaltfrei. Ein gutes, wirklich überzeugendes Argument „zwingt" uns zwar auch, es zu übernehmen, aber es handelt sich hier um einen „zwanglosen Zwang des besseren

Arguments", wie der Philosoph → Jürgen Habermas sagt. Niemand darf einen anderen zu einer Argumentation zwingen, die nicht seine ist und der er sich nicht anschließen möchte. Argumente werden oft in → Diskursen ausgetauscht.

ARISTOTELES

Kurzbiografie: Aristoteles war einer der bedeutendsten Philosophen und lebte von 384 bis 322 vor Christus in Griechenland. Er war Lehrer Alexanders des Großen und Schüler → Platons. Seine philosophische Schule war der Peripatos, eine „Wandelhalle", in der die Schüler zwischen Säulen herumgingen und Gespräche führten. Obwohl nicht alle seiner Schriften erhalten sind, hinterließ Aristoteles ein gewaltiges Werk.

Philosophie: Aristoteles begründete die → Philosophie als „Wissenschaft von den ersten Prinzipien und Ursachen". Man nannte sie später Metaphysik: Aristoteles fragte zum Beispiel: „Was ist der Anfang aller Bewegung?" und stellte dabei Überlegungen wie diese an: Das Erste, was sich bewegt, kann nicht durch eine Bewegung verursacht sein, denn diese Bewegung hat wieder eine Ursache und so weiter und so weiter. Also muss das erste, das etwas anderes bewegt, selbst unbewegt sein, es ist das unbewegte Bewegende. Aristoteles beantwortete in seiner Ethik die Frage, was ein gutes Leben ist und wie man lernt, ein gutes Leben zu führen. Durch Erziehung und Gewöhnung lernen wir, die Mitte zwischen zwei Extremen zu treffen. Zum Beispiel sollten Krieger nicht feige und nicht tollkühn sein, sondern mutig. Wer mutig handelt, ist gut und besitzt einen guten Charakter. Einen guten Charakter zu haben, bedeutet, → Tugend zu besitzen; Mut ist eine wichtige Tugend in der Antike. Ein gutes Leben zu führen, immer die rechte Mitte zu treffen, ist für Aristoteles Glück. Er nennt es eudaimonia, wörtlich: von einem guten und schönen (*eu*) Geist (*daimon*) begleitet zu werden.

AUFKLÄRUNG

Aufklärung bezeichnet die Epoche des 18. Jahrhunderts, in der die Idee der Menschenrechte und der Gedanke, dass Menschen sich selbst bestimmen sollen, aber auch für ihr Handeln selbst verantwortlich sind, sowie die Forderung nach Religionsfreiheit (→ Toleranz) aufkamen. Die Aufklärung ist aber auch selbst eine Idee, die sich nicht auf das 18. Jahrhundert beschränkte. Sie drückt aus, nach Vernunft zu streben und Aberglauben, Zwang und Gewalt zu überwinden. Wie das Wort schon ausdrückt, wollte die Aufklärung, dass alles klar gesagt wird, sodass alle Menschen es verstehen konnten. So wurde in der Philosophie auch nicht mehr in Latein geschrieben, sondern in den Sprachen, die die Menschen tatsächlich sprachen: Deutsch, Englisch, Französisch, Italienisch usw. Was man sagt, klar zu sagen, bedeutet auch, dass es kein geheimes Wissen mehr geben sollte, das man dazu benutzen konnte, andere Menschen zu beherrschen. In der Aufklärung entstand auch die Idee der modernen Demokratie. → Immanuel Kant war ein bedeutender Aufklärer. Er definierte: „Aufklärung ist der Ausgang des Menschen aus seiner selbstverschuldeten

Unmündigkeit." Unmündig ist man, wenn man sich nicht seines eigenen Verstandes bedienen kann, sondern sich danach richtet, was andere sagen und vorgeben. Selbstverschuldet, selbst schuld an dieser Unmündigkeit, ist man, wenn man es nicht wagt und einem nur der Mut fehlt, sich seines eigenen Verstandes zu bedienen. Deshalb lautet Kants „Wahlspruch der Aufklärung": → „Sapere aude! Habe Mut, dich deines eigenen Verstandes zu bedienen!"

BAUMAN, ZYGMUNT (sprich: Siegmunt; geboren 1925) Bauman ist ein polnisch-britischer Philosoph, der sich mit dem Leben und Denken in der modernen Gesellschaft beschäftigte.

CHRISTENTUM

Eine der drei → monotheistischen Weltreligionen mit 2,3 Milliarden Anhängern. Das Christentum geht auf die Lehren des Jesus von Nazareth zurück. Christen und Christinnen glauben, dass Jesus Gottes Sohn ist, geboren wurde von der Jungfrau Maria („Weihnacht"), gekreuzigt wurde (Karfreitag) und von den Toten auferstanden ist (Ostern), in den Himmel zu seinem Vater gefahren ist (Himmelfahrt), um die Menschen zu retten und von ihren Sünden zu befreien und ihnen ewiges Leben zu schenken. Der Gott der Christen ist ein dreifaltiger Gott: Vater, Sohn und heiliger Geist. Sie halten ihren Gottesdienst „im Namen des Vaters, des Sohnes und des heiligen Geistes". Das heilige Buch des Christentums ist die Bibel. Ein zentraler Gedanke ist die Nächstenliebe.

DARWIN, CHARLES

Darwin war ein britischer Naturforscher und Begründer der Evolutionstheorie, der von 1809 bis 1882 lebte. 1859 erschien seine berühmte Untersuchung „Die Entstehung der Arten". Er bewies, dass jede Art von Lebewesen, ob Mensch, Tier oder Pflanze, sich aus früheren Arten entwickelt. Der Mensch ist nicht plötzlich aufgetreten, sondern hat sich über ungefähr 4 Millionen Jahre zu der heute noch lebenden einzigen Menschenart entwickelt. Darwin behauptete nicht, dass der Mensch vom Affen abstammt. Er ging vielmehr davon aus, dass beide, Affen und Menschen, gemeinsame Vorfahren haben, die vor vielen Millionen Jahren lebten. Darwins Evolutionstheorie revolutionierte nicht nur das damalige Bild vom Menschen, sondern das gesamte Wissen über die Entstehung der Lebewesen.

DESCARTES, RENÉ

Kurzbiografie: Descartes (sprich: deekart) lebte von 1596 bis 1650. Französischer Philosoph, Mathematiker und Naturforscher. Er veröffentlichte nicht nur philosophische Abhandlungen, sondern auch naturwissenschaftliche, z.B. über Optik, und war bedeutender Mathematiker, nach dem z.B. das cartesische Koordinatensystem benannt ist.

Philosophie: Descartes war davon überzeugt, dass die Grundlage unseres Wissens und unserer Erfahrungen im Denken, also im Verstand, liegt, nicht in den Empfindungen und Gefühlen. Er ist durch den Satz „Cogito ergo sum" – „Ich denke, also bin ich" berühmt geworden. Damit wollte Descartes sagen, dass man nur man selbst ist, ein Ich ist, solange man denkt. Solange wir leben, solange wir da sind, können wir nicht anders als denken.

DIALOG
Mündliche oder schriftliche Rede zwischen zwei oder mehreren Personen. Gegenbegriff: Monolog, Gespräch einer Person mit sich selbst. → Platon vertrat eine Dialog-Ethik, in der besonders → Sokrates eine Rolle spielt.

DILEMMA
Zwickmühle, eine Situation, die zwei Wahlmöglichkeiten bietet, zwischen denen man sich entscheiden muss. Nicht selten führen beide Möglichkeiten zu einem unerwünschten Ergebnis.

DISKRIMINIERUNG
Benachteiligung, Ungleichbehandlung von Personen: vom lateinischen Wort *discriminare* = trennen, absondern, unterscheiden. Laut Artikel 3 des Grundgesetzes ist Diskriminierung verboten: „Niemand darf wegen seines Geschlechtes, seiner Abstammung, seiner Rasse, seiner Sprache, seiner Heimat und Herkunft, seines Glaubens, seiner religiösen oder politischen Anschauungen benachteiligt oder bevorzugt werden. Niemand darf wegen seiner Behinderung benachteiligt werden."

ENDE, MICHAEL
Ende lebte von 1929 bis 1995. Deutscher Schriftsteller, Autor von „Jim Knopf", „Momo", „Die unendliche Geschichte", „Der Wunschpunsch". Michael Ende sah sich als Geschichtenerzähler und wünschte sich, dass seine Geschichten auch nach 100 Jahren noch erzählt werden würden, zum Beispiel auf dem Marktplatz in Palermo (Sizilien), wo er einmal gespannt einem Geschichtenerzähler zuhörte. „Schriftstellerei ist – bei mir jedenfalls – in erster Linie Geduldsarbeit", sagte er einmal. Beinahe gibt er Jim Knopf auf, als er mit dem Handlungsverlauf stecken bleibt: Als Jim und Lukas in ihrer Lokomotive in der Region der schwarzen Felsen nicht mehr weiterkönnen, will Michael Ende das Abenteuer nicht einfach streichen und anders fortfahren, denn das hätte er als unehrlich empfunden. Er ist schon bereit, das Buch abzubrechen, als er nach drei Wochen plötzlich die rettende Idee hat: Der Dampf, der aus dem Schornstein der Lokomotive aufsteigt, wird zu Schnee und bedeckt die schwarzen Felsen. (Homepage Michael Ende: www.michaelende.de) Michael Ende suchte Zeit seines Lebens nach dem „Zauberwort".

Lexikon

ETHIK

Den Teil der Philosophie, der sich mit der Frage beschäftigt, was man tun soll, wie man gut und richtig handelt, nennt man Ethik oder praktische Philosophie. Die Ethik versucht → Normen (ethische Gesetze) zu begründen oder Normen zu widerlegen. Im Vordergrund stehen Normen, die allgemein, also für alle unter allen Umständen gelten können. Vor allem zwei Normen sind für die Ethiker interessant: Die → Goldene Regel und der → Kategorische Imperativ von → Immanuel Kant. Die philosophische Ethik begründet nicht-religiöse Normen. Jedes Kind weiß, dass man andere Menschen nicht verletzen und nicht quälen darf, sie nicht belügen oder gemein sein darf, dass man nicht stehlen, nicht töten darf, dass man anderen mit Respekt begegnen soll. Das lernen wir im Elternhaus und in der Schule. In der Ethik und im Ethikunterricht lernt man, wie man diese Normen, die man schon kennt, erklären und begründen kann und woher sie kommen. In der Ethik begründet man die → Moral, die das alltägliche Verhalten gegenüber anderen Menschen bestimmt. Insofern bedeutet Ethik Moralbegründung oder Moraltheorie. Bedeutende Ethiker waren → Sokrates, → Aristoteles, Immanuel Kant und John Stuart Mill.

FAIRNESS

Geht auf das englische Wort *fair* = anständig, ordentlich zurück und drückt eine Form der → Gerechtigkeit aus, die nicht immer in allem gesetzlich geregelt ist. Nicht für jede Situation in einem Sportspiel kann man Regeln angeben und trotzdem soll das Spiel fair sein. Fairness drückt auch die Forderung nach Chancengleichheit aus. Alle sollen gleiche Chancen zum Beispiel zu einer guten Schulausbildung, zur Entwicklung individueller Fähigkeiten und zur Erreichung von persönlichen Zielen haben. Fairness als Chancengleichheit wird allerdings durch das Grundgesetz und andere Gesetze geregelt und unterstützt.

FREIHEIT

Nach → Immanuel Kant unterscheidet man zwischen zwei verschiedenen Arten von Freiheit: der negativen Freiheit, nach der man frei von etwas ist, also nicht daran gehindert wird, etwas zu tun oder nicht zu tun. Die positive Freiheit ist die Freiheit zu etwas; jemand ist frei, etwas zu tun oder nicht zu tun. Die positive Freiheit reicht weiter. Man kann die Möglichkeiten der negativen Freiheit wirklich nutzen. Ein Beispiel für negative Freiheit ist, wenn jemand ungehindert seine Meinung frei äußern darf. Positive Freiheit würde in diesem Fall darüber hinaus bestehen, wenn grundsätzlich Möglichkeiten gegeben sind, seine Meinung öffentlich zu äußern, zum Beispiel in Zeitungen, Büchern, Fernsehen, Radio und den anderen Kommunikationsmedien (Internet, E-Mail, Twitter etc.).

FREMDE

Der oder die/das Fremde: von althochdeutsch *fremedi* = jemand, der sich an einem anderen Ort befindet, als an dem, von dem er stammt; er ist *fram*, was soviel wie entfernt bedeutet.

GEFÜHL / MORALISCHES GEFÜHL

Das Spektrum der menschlichen Gefühle ist sehr weit und schließt unangenehme wie angenehme Gefühle gleichermaßen ein. Gefühle besitzen wir nicht von Anfang an, sie bilden sich erst langsam, je mehr Erfahrungen wir machen. Auch moralische Gefühle entstehen erst, wenn Kinder beginnen, selber die Erfahrung zu machen, dass sie manche Dinge nicht dürfen, weil sie anderen damit schaden, andere Dinge aber tun sollten, um anderen zum Beispiel zu helfen oder ihnen respektvoll zu begegnen. Moralische Gefühle stellen sich ein, wenn wir uns selbst oder andere moralisch falsch behandelt haben. Dann empfinden wir Empörung, Reue, Schuld, Mitleid, Scham. Das moralische Gefühl, das uns bewegt, moralisch richtig zu handeln, ist die Achtung des anderen. Ein bedeutender Philosoph des moralischen Gefühls war der Schotte → Adam Smith.

GERECHTIGKEIT

Gerechtigkeit ist die höchste → Tugend. In der Geschichte der Philosophie wurden im Laufe der Zeit mehrere → Prinzipien der Gerechtigkeit entwickelt. Zum Beispiel von → Platon das „Jedem das Seine". Der „unparteiliche Zuschauer" bei → Adam Smith und Fairness sind auch Elemente der Gerechtigkeit. Eine wichtige Unterscheidung stammt von → Aristoteles: die ausgleichende und die austeilende Gerechtigkeit. Die austeilende Gerechtigkeit sorgt für eine gerechte Verteilung von Rechten, Pflichten, Gütern und Belastungen, damit jeder Bürger und jede Bürgerin einer Gesellschaft das bekommt, was ihnen zusteht, was sie verdient haben und was sie brauchen. Die ausgleichende Gerechtigkeit regelt den fairen Austausch von Gütern, Ersatzansprüche bei Schäden und die Verhängung von Strafen (Strafrecht). → Justitia

GEWISSEN

Ethische Urteilskraft, innere Stimme, unparteilicher Zuschauer, innerer Richter, innere Stimme, nach der man urteilt. → Adam Smith, → Immanuel Kant

GOLDENE REGEL

Die Goldene Regel ist ein überall auf der Welt, in allen Kulturen und Religionen bekannter ethischer Grundsatz des Handelns: „Was du nicht willst, dass man dir tut, das füg auch keinem andern zu". Entwickelt aus: „Was dir selbst verhasst ist, das mute auch einem anderen nicht zu!" (Tobias 4,15) oder: „Alles nun, was ihr wollt, dass euch die Leute tun sollen, das tut ihr ihnen auch." (Matthäus 7,12)

GRUNDGESETZ

Das „Grundgesetz für die Bundesrepublik Deutschland", abgekürzt GG, trat am 23. Mai 1949 in Kraft. Es ist die Verfassung, die sich die Deutschen nach dem Terror und dem Unrecht des Nationalsozialismus gegeben haben. Das Grundgesetz bekennt sich zu den Menschenrechten, zu Demokratie, Freiheit, Gleichheit und Solidarität. Es soll sicherstellen, dass sich die Verbrechen des

Nationalsozialismus, wie die Ermordung von 6 Millionen europäischer Juden (Shoa), niemals mehr wiederholen. Jedes Jahr findet am 23. Mai eine feierliche Gedenkstunde des Bundestages (Parlament) zu Ehren des Grundgesetzes statt. (Bei der Bundeszentrale für politische Bildung www.bpb.de kann man kostenlos eine Ausgabe des Grundgesetzes bestellen.)

HABERMAS, JÜRGEN

Habermas wurde 1929 geboren; berühmter, weltweit bekannter deutscher Philosoph und Soziologe. Er entwickelte die Diskursethik, hinter der die Idee steht, dass richtiges Handeln, Gerechtigkeit und Solidarität möglich sind, wenn Konflikte und Pläne für die Zukunft der Menschen in friedlichen → Diskursen entschieden werden. Letztlich darf nur der „zwanglose Zwang des besseren Arguments" überzeugen, sagt Habermas.

HEILIGE BÜCHER

Die heiligen Bücher der drei → monotheistischen Weltreligionen sind die Thora (Judentum), die Bibel (Christentum) und der Koran (Islam).

ISLAM

Islam, der – bedeutet wörtlich Unterwerfung (unter Gott), völlige Hingabe (an Gott). Der Islam ist mit rund 1,5 Milliarden Anhängern neben dem Judentum und dem Christentum eine der drei großen → monotheistischen Weltreligionen. Seine Anhänger bezeichnen sich im deutschsprachigen Raum als Muslime bzw. Muslima oder Moslems. Anders als die christliche Lehre von der Dreifaltigkeit Gottes ist ein wichtiges Element des Islam die Lehre von der Einheit Allahs. Der Islam ist eine monotheistische Religion, die sich vom → Polytheismus und auch von christlichen Vorstellungen wie der Menschwerdung Gottes und der Dreifaltigkeit abgrenzt. Bestimmendes Element ist die Lehre von der Einheit Gottes (*Tauhīd* = Monotheismus).

Der Islam ruht auf fünf Säulen, deren Gebote jeder Muslim und jede Muslima beachten muss: (1) Schahada, das islamische Glaubensbekenntnis: „Ich bezeuge, dass es keine Gottheit außer Gott gibt und dass Mohammed der Gesandte Gottes ist." (2) das Salat, ein Gebet, das fünfmal am Tag gesprochen wird, nachdem der Muezzin vom Minarett der Moschee dazu aufgerufen hat. (3) Zakat, die Almosensteuer zur Unterstützung Armer und Bedürftiger. (4) Saum, das rituelle Fasten im Fastenmonat Ramadan, nach dem es verboten ist, vor Einbruch der Nacht zu essen. (5) Die Haddsch, die Pilgerfahrt nach Mekka, zu der jeder Moslem verpflichtet ist, sofern er dazu in der Lage ist. Der Islam ist eine bilderlose Religion. Kunstvolle Schriftzüge (Kalligrafie von griechisch *kallos* = schön und griechisch *graphein* = schreiben) schmücken die religiösen Schriften und die Moscheen.

JESUS CHRISTUS

Jesus Christus ist nach dem Neuen Testament der von Gott zur Erlösung aller Menschen gesandte Messias und Sohn Gottes. Jesus hatte wahrscheinlich 12 Jünger (Apostel), die ihn unterstützten, seine Lehre zu verbreiten. Jesus predigte die Liebe Gottes, das Gebot, seinen Nächsten zu lieben wie sich selbst (Nächstenliebe) und die Erlösung der Menschen von ihren Sünden. Er wurde verfolgt, verhaftet, zum Tote verurteilt und gekreuzigt. Die wichtigsten Lebensstationen hängen eng mit den Glaubensinhalten des Christentums zusammen: Jesus Christus Geburt im Stall von Bethlehem (Weihnachten), sein Tod zur Erlösung aller Menschen (Karfreitag), seine Auferstehung nach dem Tod (Ostern) und seine Himmelfahrt an die Seite seines Vaters. Es gibt mehrere christliche Kirchen: die katholische und seit Martin Luthers Reformation 1517 die evangelische; die griechisch-orthodoxe (Griechenland und Russland), die koptische (alexandrinische) Kirche vor allem in Ägypten.

JUDENTUM

Das Judentum ist die älteste der drei → monotheistischen Weltreligionen; ungefähr 13,5 Millionen Menschen gehören dem Judentum an. Abraham wird als Stifter des jüdischen Glaubens anerkannt. Das Studium der Thora (heiliges Buch) steht im Zentrum des jüdischen Glaubens. Die Synagoge ist dem ganz entsprechend ein Lehrhaus. Der Name des Gottes der Juden ist unaussprechlich, so heilig ist er. JHWH (Jahwe) steht für „Ich bin da. Ich werde für euch da sein. Ich bin, der ich bin. Ich bin, der ich sein werde". Der Gott der Juden darf auch nicht dargestellt werden. Er unterliegt dem Bilderverbot. Das hat das Judentum mit dem Islam gemeinsam: Gott ist nicht darstellbar. Das Judentum verzichtet im Allgemeinen auf Missionierung, das heißt auf die Bekehrung Andersgläubiger zum jüdischen Glauben. Das unterscheidet es vom Christentum und vom Islam, in denen es ein Missionsgebot gibt. Anders als das Christentum erwartet das Judentum noch die Ankunft des Messias, des Erlösers.

Juden und Jüdinnen wurden über viele Jahrhunderte hinweg immer wieder diskriminiert, grausam verfolgt und ermordet. Im Nationalsozialismus wurden Juden und Jüdinnen in einer Weise planvoll verfolgt und ermordet wie nie zuvor in der Geschichte. Die unfassbare Ermordung von 6 Millionen Menschen jüdischen Glaubens in Europa heißt auch Shoa. Das ist hebräisch und bedeutet Unheil oder große Katastrophe. Ein anderer Name für diese Katastrophe ist Holocaust, vom griechischen Wort für völlig verbrannt. Nach der Shoa zerstreuten sich die Überlebenden in alle Welt. In Deutschland gab es fast keine Juden und Jüdinnen mehr. Einige konnten fliehen, die meisten wurden in den Konzentrationslagern ermordet. Viele Kinder hatten ihre jüdischen Freunde und Mitschülerinnen verloren. Erst die Gründung eines jüdischen Staates bot vielen Juden und Jüdinnen wieder einen eigenen Ort, an dem sie leben konnten, auch wenn das Leben in Israel nicht konfliktfrei war, weil das Land mit anderen Bevölkerungsgruppen, die dort schon gelebt haben, geteilt werden musste. Die Konflikte halten bis heute an, wie die Nachrichten fast wöchentlich zeigen. In Deutschland wachsen die jüdischen Gemeinden langsam wieder, insbesondere durch den Zuzug von Personen aus Russland.

JUSTITIA

Justitia ist ein Sinnbild (Allegorie) der Gerechtigkeit mit Waage, Schwert und manchmal mit Augenbinde. Die Waage ist das Symbol für den gerechten Ausgleich, das Schwert Symbol für die Kraft des Rechts und die Augenbinde Symbol für die Unparteilichkeit der Justitia. → Gerechtigkeit

KANT, IMMANUEL

Kurzbiografie: Immanuel Kant lebte von 1724 bis 1804 in Königsberg (heute Kaliningrad in Russland), wo er an einem Werk arbeitete, das die gesamte Philosophie auf immer verändern sollte, die „Kritik der reinen Vernunft". Ein Freund und Kollege nannte ihn den „Alleszermalmer". Kant war sehr beliebt und ein sehr geschätzter Freund. Er pflegte Freundschaften zu Geschäftsleuten aus dem Ausland, die in Königsberg ansässig waren, und interessierte sich für alles, was in der Welt vor sich ging. Zu seiner Zeit besonders für den amerikanischen Unabhängigkeitskampf und die Französische Revolution.

Philosophie: Durch Kant ist die Philosophie bescheiden geworden. Er zeigte, dass die Menschen nur das wissen können, was sie mir ihren Sinnen (Augen, Ohren, Nase, Tastsinn, Geschmack) wahrnehmen und erfahren können und was sie mir ihrem Verstand (mit ihrem menschlichen Gehirn) erfassen können. Was darüber hinausgeht, darüber können die Menschen nichts wissen, sie können es nur glauben. Die Sinne des Menschen sind begrenzt. Ein Adler kann besser sehen und ein Hund besser riechen als ein Mensch, und die Fledermaus kann mit Echolot wahrnehmen, was der Mensch überhaupt nicht kann. Auch der Verstand ist begrenzt. Menschen sind nicht allwissend. Sie können nicht wissen, ob es Gott gibt, ob ihre Seele unsterblich ist – sie können es nur glauben. Also gibt es keine absolute Erkenntnis, keine absolute Wahrheit, die die Menschen erkennen können. Das ist es, was Kant sagen wollte. In seiner Ethik, der „Kritik der praktischen Vernunft" zeigte Kant, dass wir Menschen nach einem allgemein gültigen moralischen Prinzip handeln können, wenn wir es wollen. Er nannte dieses Prinzip das „Sittengesetz" (siehe Grundgesetz, Artikel 3) oder den „Kategorischen Imperativ". Kant war der Auffassung, dass wir bei moralischen Entscheidungen wissen, dass wir nach dem Sittengesetz handeln sollten, auch wenn wir es nicht tun. Es verlangt von uns, dass wir uns überlegen, ob wir wollen können, dass andere in der gleichen Situation ebenso handeln wie wir selbst. Das Handeln nach dem Kategorischen Imperativ setzt jedoch eine große Selbständigkeit und Unabhängigkeit des Menschen voraus. Kant nannte sie „Autonomie" (Selbstbestimmung). Unter Freiheit verstand er die Fähigkeit, im Handeln selbst entscheiden zu können, selbst bestimmen zu können und nicht den Meinungen und Vorgaben anderer zu folgen. Wenn wir wissen, wie wir handeln sollen, es aber nicht tun, dann plagt uns das schlechte Gewissen. Das hatte Kant vielleicht von → Adam Smith gelernt.

KATEGORIE

Eine Kategorie ist ein Merkmal, nach dem unterschieden wird, eine Art der Aussage, die man über etwas machen kann oder der Gesichtspunkt einer Aussage, eines Urteils. Wenn man z.B. ein Stück Torte vor sich hat, dann kann man Aussagen über seine Größe, über seine Qualität machen oder darüber, wem es gehört oder wozu es gut ist. Wer kategorisiert oder Kategorien anwendet, bringt etwas unter einen übergeordneten Begriff (der Hund ist ein Säugetier).

KATEGORISCHER IMPERATIV

Allgemeiner moralischer Grundsatz von → Immanuel Kant: „Handle nur nach derjenigen Maxime, durch die du zugleich wollen kannst, dass sie allgemeines Gesetz werde."

KINDERRECHTE / KINDERRECHTSKONVENTION

1989 von der Vollversammlung der Vereinten Nationen (UNO) verabschiedete Zusatzerklärung (Konvention) zu den Rechten von Kindern (Kinderrechtskonvention), die eigene Rechte der Kinder festschreibt. Seit 1992 gelten die Kinderrechte auch in Deutschland. Es sind Rechte, die für alle Menschen unter 18 Jahren gelten (Artikel 1 der Kinderrechte).

KULTUR

vom lateinischen Wort *cultura* = Bearbeitung, Pflege, Ackerbau; von *colere* = wohnen, pflegen, den Acker bestellen. Alles, was von Menschen gemacht ist, ist Kultur und besteht nicht von → Natur aus. Insbesondere Sprache, Schrift, Wissenschaft, Technik, Kunst, Literatur, Musik, Schulen und Universitäten, Bekleidung und Schmuck sind wichtige Elemente der Kultur. Zu ihr gehören aber auch der planmäßige Ackerbau und die Haltung und Züchtung von Tieren.

LEONARDO DA VINCI

Italienischer Maler, Bildhauer, Architekt, Anatom, Mechaniker, Ingenieur und Naturphilosoph der Renaissance – ein Universalgenie. Lebte von 1452-1519. Zwei seiner berühmtesten Kunstwerke sind die „Mona Lisa" und das „Abendmahl". Neben der Kunst und Architektur faszinierte ihn besonders die Natur, die er sehr genau studierte und von der er viele Zeichnungen anfertigte. Ungewöhnlich für seine Zeit waren seine anatomischen Zeichnungen vom menschlichen Körper, die bis heute Bewunderung auslösen. Sigmund Freud schrieb einmal: „Er glich einem Menschen, der in der Finsternis zu früh erwacht war, während die anderen noch alle schliefen." Leonardo entwarf Maschinen und Geräte, wie den Taucheranzug oder den Hubschrauber, die über ihre Zeit weit hinauswiesen.

MAXIME

Eine Maxime ist ein Grundsatz, eine Regel, nach der man zu leben bereit ist. Z.B.: „Verletze niemanden!", „Lüge nicht", „Hilf anderen in Not!", „Sei freundlich zu deinen Mitmenschen!"

METAPHYSIK

auf → Aristoteles zurückgehende „Erste Philosophie": Wissenschaft von den ersten Prinzipien und Ursachen.

MOBBING

vom englischen Wort *to mob* für bedrängen, über jemanden herfallen. Mobbing meint ein wiederholtes und dauerhaftes Schikanieren, zu dem sich oft mehrere Personen oder Gruppen gegen einzelne Personen verbünden. Das Cyber-Mobbing ist eine Methode des Mobbing im Internet.

MOHAMMED

arabisch *Muhammad* (570 Mekka–632 Medina), ist der Religionsstifter des Islam. Er ist der „Gesandte Gottes und das Siegel der Propheten" (Sure 33:40). Mohammed empfängt die Offenbarung Allahs, die seine Anhänger im Koran niederschreiben. Mohammed bemühte, die Gemeinschaft aller Muslime, die „Umma", zu einigen. Mohammed verkündete in einer Zeit, in der im arabischen Kulturraum der → Polytheismus noch weit verbreitet war, eine monotheistische Religion, in der auch die christliche Vorstellung der Dreifaltigkeit Gottes abgelehnt wurde. Der Prophet wurde von seinen Gegnern aus Mekka, wo er lehrte, vertrieben und floh nach Medina. Dieses Ereignis im Jahr 622 wird Hidschra genannt und ist der Beginn der islamischen Zeitrechnung.

MONOTHEISMUS

von den griechischen Wörtern *mónos* für allein und *theós* für Gott. Bezeichnet Religionen, die einen allumfassenden Gott kennen und anerkennen. Monotheistische Religionen sind das Judentum, das Christentum und der Islam. Die christliche Dreifaltigkeit Gottes (Vater, Sohn und heiliger Geist) widerspricht nach theologischer Meinung dem Monotheismus nicht.

MORAL

von lateinisch *moralis* = die Sitten betreffend, sittlich; alltägliche Grundsätze des richtigen und guten Handelns, die wir in der Familie, Schule und in der Gesellschaft lernen.

NATUR

von lateinisch *natura*, von *nasci* = entstehen, geboren werden. Natur ist alles, was nicht vom Menschen geschaffen wurde, also das Gegenstück zur → Kultur.

NORM

Unter Norm versteht man Gebote, Verbote oder Erlaubnisse. Normen werden in Sätzen ausgedrückt. Eine Norm besagt, was verboten, geboten oder erlaubt ist. Ordnungen (Schulordnung, Straßenverkehrsordnung), Gesetze (Grundgesetz, Strafgesetz, Jugendschutzgesetz), religiöse Gebote oder ethische Imperative (→ Goldene Regel, → Kategorischer Imperativ) sind Normen.

PERSON

Person ist abgeleitet vom lateinischen Wort *persona* für Maske, Rolle, Person, Persönlichkeit. Ein Mensch ist eine Person, weil er frei entscheiden und Verantwortung übernehmen kann, weil er Rechte und Pflichten hat, Pläne machen und Ziele verfolgen kann. Wenn ein Mensch zu all dem nicht oder nicht ganz in der Lage ist, weil er geistig behindert oder z.B. noch ein kleines Kind ist, ist er trotzdem eine Person, weil die anderen Menschen ihn als Person behandeln. Wir behandeln diesen Menschen so, als ob wir wüssten, was er wollen würde und wie er entscheiden würde. Personen kommt Würde zu. Menschen sind sehr verschieden, als Personen sind sie gleich und sollen gleichermaßen geachtet und berücksichtigt werden.

PFLICHT

Pflicht kommt von pflegen, für etwas sorgen. Wenn man aus Pflicht handelt, dann handelt man so, weil man das Gefühl hat, nicht anders zu können oder weil das → Gewissen einem sagt, dass man so handeln muss. Diese Bedeutung von Pflicht hat besonders → Immanuel Kant herausgestellt. → Der Kategorische Imperativ verpflichtet uns, immer aus → Achtung vor der Würde des anderen zu handeln.

PLATON

Kurzbiografie: Platon war einer der bedeutendsten griechischen Philosophen und lebte von ungefähr 427 bis 347 v. Chr. Er war Schüler des → Sokrates und Lehrer von → Aristoteles und gründete vor den Toren Athens die Akademie, in der fast 1000 Jahre Philosophie gelehrt wurde. Platon verehrte seinen Lehrer und verteidigte ihn gegen die Anklagen, auf die hin Sokrates zum Tod verurteilt wurde. Er unternahm ausgedehnte Reisen und interessierte sich für die Frage, wie eine gute *Polis*, ein guter Staat, möglich ist. Seine Schriften sind in Form von → Dialogen abgefasst, in denen Sokrates oft einer der Gesprächspartner ist.

Philosophie: Platon war der Philosoph, der die Idee mit der Idee hatte. Damit wir etwas verstehen, einordnen oder nachmachen können, brauchen wir eine Idee davon. Die Idee können wir uns aber nur denken, man kann sie nicht sehen, so argumentierte Platon. Zahlen und Geometrische Figuren wie das gleichseitige Dreieck sind Ideen. Der Demiurgos (Weltbaumeister) hat die Welt, wie wir sie sehen, nach Ideen geschaffen. Mithilfe der Philosophie können die Menschen die Ideen erkennen. Die wichtigste und höchste Idee ist die Idee des Guten. Um zu wissen, was das Gute ist, was ein guter und gerechter Staat ist, muss man die Idee des Guten erkannt haben. In dem Dialog „Politeia" (Der Staat) führt Sokrates seine Schüler (Schülerinnen waren nicht dabei) im → sokratischen Gespräch zur Idee des Guten. Gemeinsam entwickeln sie eine Theorie vom gerechten Staat, in dem jeder das Seinige tut und bekommt. Das ist das → Prinzip der → Gerechtigkeit bei Platon: „Jedem das Seine", lateinisch „Suum cuique".

POLYTHEISMUS

von den griechischen Wörtern *polys* für viel und *theoi* für Götter. Religionen, die mehrere Götter oder Göttinnen kennen und anerkennen, sind polytheistische Religionen.

PRINZIP

vom griechischen Wort *archē* für Anfang, Grundlage, Erstes, Ursprüngliches, allgemeine Regel. Die → Goldene Regel oder der → Kategorische Imperativ sind moralische Prinzipien, nach denen man in bestimmten Situationen handelt. Naturgesetze (Gravitation; Vererbung; Zellteilung; Hebelwirkung) und mathematische Gesetze sind auch Prinzipien. Dass 2+2 = 4 ist, folgt aus dem Prinzip der Addition.

REGEL

Eine Regel gibt eine Gesetzmäßigkeit, Regelmäßigkeit des Handelns und Verhaltens an oder schreibt sie vor. Man kann zwischen bestimmenden Regeln und vorschreibenden Regeln unterscheiden. Bestimmende Regeln sind zum Beispiel Spielregeln oder die grammatischen Regeln, denen wir beim Sprechen und Schreiben folgen. Schach oder Handball kann man nur nach bestimmten Regeln spielen. Man kann nicht einfach neue erfinden, dann ist das, was man tut, nicht mehr „Schach spielen" oder „Handball spielen". Zwar kann man auch diese Regeln ändern, aber die Änderung muss vom obersten Verband beschlossen werden. Z.B. werden alle Fußballregeln seit 1863 von der englischen „Football Association" beschlossen. Auch die Regeln der Sprache kann man nicht so einfach verändern. Man kann nicht plötzlich für Schachspielen „Gavagai" sagen. (Wenn man die Regeln der Sprache schnell einmal ändern könnte, gäbe es keine Diktate und Grammatiktests mehr.) Dann wird man nicht verstanden. Bestimmende Regeln machen das, was wir tun, zu dem, was wir tun: Schach spielt man nach Schachregeln, nicht nach Mensch-ärgere-dich-nicht-Regeln. Vorschreibende Regeln sind normative Regeln; z.B. Ordnungen, Gesetze und Straßenverkehrsregeln. Sie schreiben vor, was man tun soll.

RESPEKT

Berücksichtigung anderer, Rücksichtnahme auf andere. → Achtung

REVOLUTION

vom lateinischen Wort *revolutio* für Umwälzung und *revolvere* = umwälzen, umdrehen. Eine Revolution ist eine gewaltsame oder friedliche Umwälzung der Gesellschaftsordnung, in einem übertragenen Sinn eine Umwälzung im Denken. Beispiele: Französische Revolution, Russische Revolution, die friedliche Revolution, die der deutschen Wiedervereinigung vorausging. Kopernikus revolutionierte das Weltbild, als er entdeckte, dass nicht die Erde im Mittelpunkt der Welt steht, sondern die Sonne. Auch dieses Weltbild wurde später wieder revolutioniert, als man erkannte, dass auch die Sonne und unser Universum nur eine und eines unter Millionen sind.

RITUAL

Nach Regeln ablaufende, oft feierliche Handlung. Rituale haben einen hohen Symbolgehalt (→ Symbol), zum Beispiel: Begrüßung; gemeinsamer Beginn der Schulstunde; alljährlich wiederkehrender Ablauf des Weihnachtsabends oder des Geburtstagsmorgens; Rituale des Schlafengehens.

SCHÖFFE / SCHÖFFIN

Bürger oder Bürgerin, der oder die Beisitzer oder Beisitzerin des Gerichts ist, ohne Jurist bzw. Juristin, also Fachmann für Recht zu sein.

SCHWEITZER, ALBERT

Schweitzer lebte von 1875 bis 1965. Er war Theologe, Organist, Philosoph und Arzt. Er gründete ein Krankenhaus in Lambarene im zentralafrikanischen Gabun und sorgte für die Menschen dort, die sonst ohne medizinische Versorgung waren. Er veröffentlichte theologische, philosophische und musikwissenschaftliche Schriften (insbesondere zu Johann Sebastian Bach). Schweitzer setzte sich als Arzt und Schriftsteller für die Achtung des Lebendigen, für die „Ehrfurcht vor dem Leben" und hatte damit eine große Wirkung weit über seine Zeit hinaus. Ihm wurde der Friedensnobelpreis des Jahres 1952 verliehen.

SMITH, ADAM

Schottischer Philosoph der → Aufklärung, der von 1723 bis 1790 lebte. In seinem Buch „Theorie der ethischen Gefühle" zeigt Smith, dass wir unsere eigenen und die Handlungen anderer daran messen, ob sie mit unserem Gefühl dafür übereinstimmen, was angemessen bzw. unangemessen ist. Maßstab für diese Bewertung ist ein unbeteiligter Zuschauer oder ein innerer Richter, der „Inwohner in unserer Brust", wie Smith schreibt. Wir fragen uns also, wie jemand, der nicht direkt beteiligt ist, die Situation oder die Handlung bewerten würde. Mit diesem Trick des unbeteiligten Betrachters in uns, mit dem wir einen unparteilichen Standpunkt, den Standpunkt eines Schiedsrichters, einnehmen, gelingt es Smith zu beweisen, dass unsere Beurteilungen nicht nur persönlich sind, sondern allgemein gelten können. Diesen unbeteiligten Zuschauer, Richter oder Schiedsrichter kann man auch → Gewissen nennen.

SOKRATES

Bedeutender griechischer Philosoph (470-399 v. Chr.); der Erste, von dem eine Ethik überliefert ist. Sokrates war davon überzeugt, dass man durch gemeinsame vernünftige Überlegungen im Gespräch (→ Dialog) zu vernünftigen Einsichten kommen und herausfinden kann, was das Gute ist und wie man gut handeln kann. In diesem Sinn philosophierte er mit seinen Schülern und Freunden auf dem Marktplatz von Athen. Sokrates war ein mutiger und kritischer Philosoph. Er hatte keine Angst, seine Meinung zu sagen und für seine Überzeugungen einzutreten. Das brachte ihm die Anklage der Gotteslästerung und der geistigen Verführung der Jugend und die Verurteilung zum Tod durch Gift ein. Sokrates soll den Tod nicht gefürchtet haben.

SOLIDARITÄT

Solidarität ist ein anderer Ausdruck für Brüderlichkeit bzw. Schwesterlichkeit, die schon die Französische Revolution neben Freiheit und Gleichheit auf ihre Fahnen geschrieben hatte. Solidarität drückt eine Haltung der Verbundenheit mit den Ideen, Handlungen und Zielen anderer und Unterstützungsbereitschaft aus.

SYMBOL

vom griechischen Wort *symbolon* = das Zusammengeworfene. Ein Symbol ist ein Zeichen oder ein Bild, das für etwas steht. Schriftzeichen, Fahnen, Verkehrsschilder sind Symbole, auch die weiße Taube als Symbol des Friedens oder ein Freundschaftsring.

SYMPATHIE

vom griechischen Wort *sympatheia* für Mitgefühl, mitfühlen können, Zuneigung aus gefühlsmäßiger Übereinstimmung. Der Philosoph → Adam Smith hat sich intensiv mit der Sympathie beschäftigt und in ihr den Grund der Moral gesehen.

THESE

Eine These ist eine Behauptung. Beispiele: „Die Erde dreht sich um die Sonne", „Alle Menschen haben die gleichen Rechte", „Wenn man die Menschen machen ließe, wozu sie Lust hätten, würde Chaos ausbrechen". Thesen bedürfen der Begründung. Philosophie und Wissenschaften machen eigentlich nichts anderes, als Thesen zu begründen.

TOLERANZ

von lateinisch *tolerare* = ertragen, erdulden; Duldsamkeit; wer andere Meinungen und Lebensweisen dulden, ertragen, anerkennen kann, ist tolerant; Anerkennung der Gleichberechtigung.

TUGEND

Tugend ist eine gute Eigenschaft des Charakters, die durch Gewöhnung erworben wird. Ethische Tugenden sind die Gerechtigkeit, Mut, Besonnenheit, Großzügigkeit, Hilfsbereitschaft, Gesprächsbereitschaft. Aristoteles vertrat die Tugendethik, wer tugendhaft ist, lebt gut und ist glücklich. Wer glücklich ist, ist tugendhaft und lebt gut.

UMWELTETHIK

Umweltethik (auch: Öko-Ethik) ist eine Ethik für einen besonderen Bereich, nämlich die Umwelt und Natur. Sie stellt die Frage, mit welchen Argumenten man den Schutz der Umwelt begründen kann.

UNICEF — *United Nations International Children's Emergency Fund*; deutsch = Kinderhilfswerk der Vereinten Nationen. 1946 zum Schutz von Kindern und Müttern gegründete Weltorganisation

URTEIL — Ein Urteil ist eine Aussage oder ein Satz. Z.B.: „Alle Schwäne sind weiß", „Sokrates ist sterblich", „Alle Menschen sind gleich", „2 x 2 = 4".

WAHRHEIT — Wahrheit wird in Aussagen (Urteilen, Sätzen) ausgedrückt. Eine Aussage ist wahr, wenn sie allgemeine und begründete Zustimmung findet, also möglichst die Zustimmung von allen, die Wissen und Erfahrung in der Sache haben, um die es geht. In der Wissenschaft kann man von Wahrheit dann sprechen, wenn alle Forscher und Forscherinnen nicht anders können, als einer Meinung zuzustimmen. Wahrheit ist das, wovon uns der „zwanglose Zwang des besseren Arguments" (→ Habermas) überzeugt. Das heißt: Es gibt keine absolute Wahrheit, sondern nur Meinungen, denen man mit guten Gründen zustimmen kann.

WIRKLICHKEIT — Wirklichkeit ist der Inbegriff all dessen, was in der Welt wirkt und wirksam geworden ist. Im Alltag sagt man auch manchmal für Wirklichkeit „Realität". Realität bezeichnet die Gesamtheit dessen, was existiert. Das heißt, nicht nur das, was gedacht wird, sondern auch das, was nicht gedacht wird oder werden kann, ist real.

Methoden-Glossar

Unser Lehrbuch führt dich auf verschiedenen Wegen zu Antworten auf Fragen über dich selbst, dein Handeln und Wissen, die Welt, und, und... Diese Wege werden auch durch bestimmte Methoden (griech. *methodos* = Weg zu etwas hin) beschritten, die dir nicht nur bei Themen dieses Buches, sondern oft auch in anderen Fächern begegnen.

In diesem Glossar (lat. *glossarium* = Wörterbuch) findest du die wichtigsten Methoden aufgelistet und erläutert. Du kannst sie hier unabhängig von konkreten Aufgaben aus den Kapiteln nachschlagen. Zusätzlich findest du aber auch Seitenangaben, die auf Kapitel verweisen, in denen die entsprechende Methode eingeführt oder eingesetzt wird.

BEGRIFFS-BESTIMMUNG
→ S. 24

Wir denken in Begriffen und verständigen uns mithilfe von Begriffen. Wer sich Klarheit darüber verschaffen kann, was genau ein solcher Begriff bedeutet, der gerade in einem Gespräch ganz selbstverständlich verwendet wurde, der kann besser verstehen, genauer darüber nachdenken und sich selbst auch viel verständlicher für andere ausdrücken. Daher ist die Begriffsbestimmung eine grundlegende Methode für alle Fächer. Es gibt verschiedene Möglichkeiten, Begriffe zu bestimmen. Einige von ihnen sind die folgenden:

A Definition
Zu dem Begriff, der genauer bestimmt werden soll, werden ein *Oberbegriff* und ein **besonderes Merkmal** genannt:

Quadrat → ein *Rechteck* mit **vier gleich langen Seiten**
Welpe → ein *Hund*, der **vor kurzem geboren wurde**

B spontane Gedanken (Assoziationen) sammeln

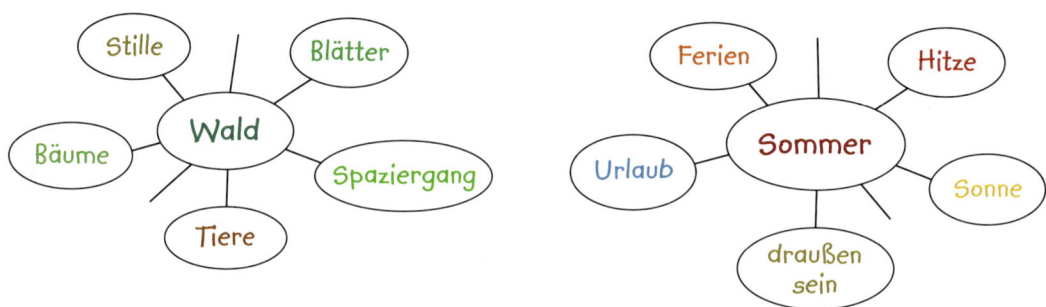

C Gegenbegriffe nennen
hässlich → schön / brüllen → flüstern

D Beispiele aufzählen
Säugetier → Pferd, Kaninchen, Fledermaus, Delfin, Mensch, ...

Jugendbuch → Harry Potter, Die wilden Kerle, Hände weg von Mississippi, ...

E ein charakteristisches Merkmal benennen
Aussagesatz → wird mit einem Punkt beendet

F sprachliche Bilder formulieren
Computer → Mamas Lieblingsspielzeug
Leben → Pralinenpackung

G ähnliche Begriffe finden
Gaudi → Vergnügtsein, Fun, Spaß, ...

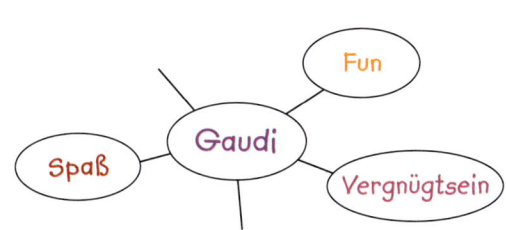

BEGRIFFSNETZ
→ S. 61

Neben dem Cluster als Ideensammlung und der Mindmap als Gedanken-Landkarte ist das Begriffsnetz eine dritte Möglichkeit, um Begriffe schematisch in einen inhaltlichen Zusammenhang zu stellen. Ähnlich der Mindmap ist das Begriffsnetz eine strukturierte Darstellungsform: Es kommt darauf an, durch eine strukturierte Anordnung die Beziehung von Begriffen zueinander deutlich zu machen, z.B. Gegensatz, Ursache, Folge, Gruppe u.a. Dazu werden die notierten Begriffe durch Linien oder Zeichen miteinander verbunden, sodass eine Art Netz entsteht. Im Unterschied zu Cluster und Mindmap steht im Begriffsnetz nicht notwendigerweise nur ein zentraler Begriff im Mittelpunkt.
Um die Beziehung der notierten Begriffe deutlich zu machen, kannst du zum Beispiel folgende Zeichen verwenden:

Zeichen:	Bedeutung:
⟶	führt zu, gehört zu
⟵⟶	hat Einfluss aufeinander
⟵/⟶	Gegensatz

Beispiel:

DU ⟵ ? ⟶ ICH ⟶ Schule ⟶ Klasse
                      ⟶ Freunde
                ⟶ Familie

BILDVERSTEHEN
→ S. 144

Bilder haben eine besondere Wirkung: Sie ziehen unsere Aufmerksamkeit sofort auf sich, sei es als Bilderbuch oder als Plakat am Straßenrand, im Fernsehen oder im Internet. Jedes Bild will seinen Betrachter für sich gewinnen, ihm ein Gefühl vermitteln und ihn dadurch zu einer bestimmten Handlung auffordern oder von einer bestimmten Meinung überzeugen. Es gibt Bilder, die können uns wirklich zum Nachdenken bringen: zum Beispiel Bilder aus der darstellenden Kunst. Deshalb ist es wichtig, Methoden des Bildverstehens einsetzen zu können.

A Bildbetrachtung

1. spontaner Eindruck

Betrachte das Bild und lasse deine Gedanken fließen. Nimm auch deine Empfindungen beim Betrachten wahr. Versuche Gedanken und Gefühle in Worte zu fassen.

2. genaue Betrachtung

Nun schau dir das Bild ganz genau an, wie mit einer Lupe: Welche einzelnen Teile des Bildes erkennst du? Welche Farben und Formen fallen dir auf? Gibt es Bildelemente, die du kennst (z.B. eine Taube, die für Frieden steht)?

3. Zusammenhänge erkennen

Bei diesem Schritt kommt es wieder auf einen größeren Überblick an. Zunächst innerhalb des Bildes: Wie ist es aufgebaut? Welche Elemente passen zueinander, welche wirken eher wie Gegensätze? Dann auch außerhalb des Bildes: Weißt du etwas über den Maler oder die Malerin? In welcher Zeit entstand das Bild?

4. Interpretation (Deutung)

Dieser Schritt ist besonders wichtig. Denn hier geht es um die Bedeutung, die dieses Bild für dich hat – so, wie du es bisher betrachtet und verstanden hast. Was könnte das Bild erzählen? Warum macht es heute noch Sinn, dieses Bild näher zu betrachten? Welche Antwort gibt es auf deine Frage?

B Ein Bild in Szene setzen

Ein Bild in Szene zu setzen bedeutet, es lebendig werden zu lassen. Abgebildete Personen, Gegenstände oder Naturereignisse werden von euch selbst dargestellt. Dies erfordert einen → Perspektivwechsel, der euch in die Lage versetzt, die Unbeweglichkeit und Stummheit des Bildes aufzuheben. So könnt ihr die Personen nach ihren Gedanken und Gefühlen befragen, ihre Körperhaltung selbst ausprobieren und nachempfinden. Das Ziel dieser Methode ist es, das, was das Bild zum Ausdruck bringt, zu verstärken und damit besser zu verstehen.

Bevor ihr ein Bild in Szene setzt, solltet ihr es allerdings genau betrachten, d.h. zumindest die Schritte 1 und 2 der Methode A durchführen.

1. Richtet zunächst einen Rahmen für euer in Szene zu setzendes Bild ein: Dies kann z.B. eine Stuhlreihe sein oder einfach eine Wand als Hintergrund.
2. Überlegt euch, welche Bildelemente ihr darstellen wollt und welche Requisiten ihr dafür benötigt. Oft reichen schon einfach Dinge, die auch stellvertretend für einen abgebildeten Gegenstand stehen können (z.B. ein Zeigestock für ein Schwert).
3. Nun nehmt die Körperhaltung, Gestik und Mimik der abgebildeten Personen ein. (→ Standbild)

4. Vielleicht könnt ihr ein Foto von eurem in Szene gesetzen Bild machen, dann könnt ihr auch später noch eure Darstellung betrachten und auswerten.
5. Wertet nun eure Darstellung gemeinsam aus: Wie beurteilst du das Vorgehen bei dieser Methode? Hat es dir für das Verständnis des Bildes etwas gebracht?

C Text-Bild-Vergleich

Suche in einem Bild Elemente, die in einem Text genannt werden. Dies können Figuren, Zeichen, eine Landschaft oder auch eine Stimmung sein. Bild und Text arbeiten natürlich mit unterschiedlichen Darstellungsformen: Formen, Farben, Linien bzw. Wörter, Sätze, Satzzeichen.

BILD MALEN

Bilder zu betrachten und zu verstehen, ist eine Sache. Eine andere ist natürlich, selbst ein Bild zu gestalten. Dazu gibt es – nicht nur in diesem Buch – viele Gelegenheiten. Sicherlich hast du mit dem Malen von Bildern schon einige Erfahrung. Hier geht es allerdings um eine Methode, die es ermöglichen soll, einen Gedanken oder ein Thema bildlich so darzustellen, dass ein Betrachter deines Bildes auch verstehen kann, was du damit zum Ausdruck bringen willst.
Eine Malerin oder ein Maler weiß genau, welche Möglichkeiten sie mit ihrer Kunst haben. Wir können uns davon nur das Wichtigste abschauen.

1. Bedenke, welche Materialien du zur Verfügung hast: Papier (vielleicht verschiedene Farben und Größen), Bleistifte (weiche, harte), Filzstifte (dicke, dünne), Buntstifte, Schere, Kleber, Locher und sicher noch Weiteres.
2. Überlege dir, was du mit deinem Bild ausdrücken möchtest. Oftmals kann ein solches Bild zu einem Text entstehen oder zu einer Idee von dir, die du zu einem bestimmten Thema hast (z.B. Was bedeutet für dich „Glück"?). Dann ist es hilfreich, wichtige Begriffe festzuhalten, die du bildlich umsetzen willst.
3. Arbeite möglichst gründlich. Scheue dich nicht, erste Versuche, die nicht gleich gelingen, als Entwürfe beiseite zu legen und es erneut zu versuchen. Durch das Ausprobieren kannst du besser erkennen, welche Wirkung dein Bild tatsächlich hat.

CLUSTER ERSTELLEN
→ S. 25

Wozu?
Das Cluster dient dazu, zu einem Thema oder einer Fragestellung spontane Gedanken zu sammeln. Es wird auch gerne als erster Schritt der Ideensuche eingesetzt, wenn man einen Text schreiben möchte, z.B. eine Geschichte. Übrigens gibt es das *Clustern* auch als *Moderationsmethode*: Hierbei geht es nach einer Sammelphase um die erste Ordnung von Kärtchen zu thematischen Gruppen.

Methoden-Glossar

Wie?
Als Ideensammlung ist die Form des Clusters sehr einfach:
Schreibe in die Mitte eines Blattes (möglichst in Querformat) das zentrale thematische Stichwort und kreise es ein. Jeder Gedanke, der dir dazu einfällt, wird um diesen Kreis herum notiert und durch einen Strich mit diesem verbunden.

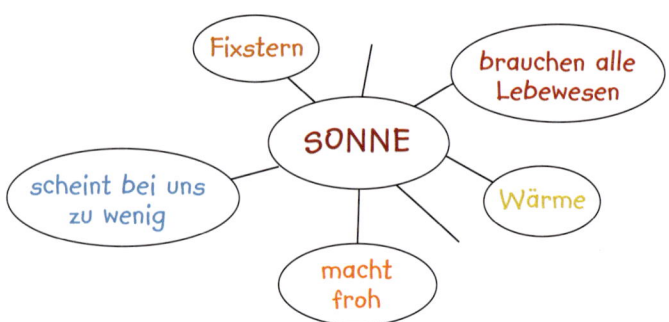

Hinweis
Im Unterschied zur → Mindmap ist das Cluster eine unstrukturierte Sammlung von ersten Ideen. Erst in einem weiteren Schritt kann man dann über das Notierte genauer nachdenken und überlegen, inwieweit sich diese Ideen zusammenfassen lassen oder ganz unterschiedliche Bereiche betreffen. Aber dies ist nicht mehr die Aufgabe des Clusters als Ideensammlung.

DEFINIEREN → Begriffsbestimmung

DILEMMA-DISKUSSION
→ S. 44

Ein Dilemma ist eine schwierige Entscheidungssituation: Man steckt in einer Zwickmühle, weil man sich zwischen zwei Möglichkeiten, sich zu verhalten, wählen muss. In beiden Fällen spricht vieles dafür bzw. dagegen. Um Argumente abzuwägen, die für die eine bzw. für die andere Handlungsmöglichkeit sprechen, ist eine Dilemma-Diskussion geeignet. Sie folgt einem bestimmten Ablauf:

1. **das Dilemma**
   den Konflikt benennen und eine Entscheidungsfrage formulieren:
   Soll die Person X oder Y tun?

2. **erstes Meinungsbild**
   jeder entscheidet sich spontan für „Ja" oder „Nein"

3. **Argumente sammeln**
   - in „Ja"- bzw. „Nein"-Gruppen werden Argumente für die jeweilige Entscheidung gesammelt
   - diese Argumente können bereits in diesem Schritt gewichtet werden: jede Gruppe wählt das für sie stärkste Argument und setzt es an 1. Stelle, dann das zweitstärkste an 2. Stelle usw.

4. **Argumente austauschen**
   - Ja- und Nein-Argumente werden wie in einem Ping-Pong-Spiel einzeln und abwechselnd vorgestellt
   - dabei wird das stärkste Ja- gegen das stärkste Nein-Argument gestellt usw.

5. **Argumente gewichten**
   Die vorgestellten Argumente werden nun von allen Teilnehmern unabhängig von Ja- und Nein-Zuordnung gewichtet; hier geht es allein um das wirklich stärkste Argument, das alle überzeugen kann.

6. **zweites Meinungsbild**
   Nun entscheidet sich jeder Teilnehmer noch einmal – gut überlegt – für die Beantwortung der Entscheidungsfrage zu Beginn: „Ja" oder „Nein".

7. **Vergleich der beiden Meinungsbilder**
   Warum haben sich manche Meinungen geändert, warum andere nicht?

8. **Bewertung**
   Abschließend kann der gesamte Ablauf der Dilemma-Diskussion von allen noch einmal kritisch beurteilt werden: Wie wurde die Diskussion durchgeführt? Was könnte beim nächsten Mal besser gemacht werden?

Der deutsche Philosoph Jürgen Habermas hat ein Gespräch, bei dem sich alle Teilnehmer gemeinsam auf ein Ergebnis einigen wollen, Diskurs genannt. Seine Diskursregeln lassen sich auch als Regelfindungsregeln anwenden. Fünf dieser Diskursregeln kannst du in diesem Buch kennenlernen:

DISKURS / DISKURSREGELN
→ S. 49

1. Alle Teilnehmer an einem Diskurs möchten eine Einigung erzielen, der alle zustimmen können.
2. Alle ernst gemeinten Meinungen sind gleichberechtigt, keine zählt mehr als andere.
3. Jeder begründet seine Meinung, sodass andere sie verstehen und vielleicht auch zustimmen können.
4. Niemand wird in seiner Meinungsbildung unter Druck gesetzt oder unfair behandelt.
5. Jeder ist bereit, sich von guten Argumenten überzeugen zu lassen.

Ein Plakat dient der Veröffentlichung von Inhalten. Daher sollte es anschaulich und übersichtlich gestaltet sein. Text- und Bildelemente können dazu beitragen, ein Thema oder eine Fragestellung auf einem Plakat darzustellen. Denke daran, dass jemand, der dein Plakat sieht, möglichst schnell erkennen soll, worum es geht.

PLAKAT GESTALTEN
→ S. 12

Methoden-Glossar

G

**GEDANKEN-
EXPERIMENT**
→ S. 109

Bestimmt hast du dir schon einmal vorgestellt, wie es wäre, wenn …. Ein solches Gedankenspiel kannst du auch einsetzen, um zu überprüfen, ob deine Überlegungen zu einer Sache oder einer Frage richtig sind. Dann spricht man von einem Gedankenexperiment, weil man in einer Art Experiment mit Gedanken und in Gedanken etwas ausprobiert. Das Ergebnis, die Antwort auf die gestellte Frage, wird dann kritisch bewertet.

1. Formuliere eine Annahme, von der du ausgehen willst, z.B.:
   „Nimm einmal an, du könntest die Gedanken anderer Menschen lesen."
   Andere Anfänge sind möglich, z.B.: „Gehen wir einmal davon aus, dass …", „Vorausgesetzt, man könnte …", „Was wäre, wenn …?"
2. Nun leite daraus eine Frage ab, die du beantworten möchtest, z.B.:
   „Was würde sich in deinem Leben ändern?"
3. Beantworte diese Frage, indem du genau schilderst, was unter der Voraussetzung deiner Annahme alles passieren würde.
4. Bewerte das Ergebnis deines Gedankenexperiments:
   „Was bedeutet das?" – „Was folgt daraus?" – „Wollen wir das?"

**GEFÜHLE BENENNEN
UND BESCHREIBEN**
→ S. 132

Gefühle spielen in unserem Leben eine große Rolle. Meistens sind sie einfach da, ohne dass man genauer über sie nachdenkt. Dieses Nachdenken über Gefühle kann aber sehr wichtig sein. Dazu ist es notwendig, dass man seine Gefühle benennen und beschreiben kann.

1. Stelle dir eine Situation vor, in der du etwas Außergewöhnliches erlebt oder gesehen hast. Erinnere dich genau an das Gefühl, das du dabei empfunden hast.
2. Suche ein Wort, das dieses Gefühl am besten benennt (z.B. Grusel, Ekel, Neugier, Freude).
3. Beschreibe nun dieses Gefühl so genau wie möglich, z.B. Sehnsucht haben fühlt sich an wie
   - ein Ziehen im Bauch
   - als ob ich zu etwas hingezogen werde,
   - …

Die Punkte 2 und 3 kannst du auch vertauschen: Dann beschreibst du erst, wie sich das Gefühl anfühlt und ordnest ihm dann einen Begriff zu – gibst ihm sozusagen einen Namen.

INTERNETRECHERCHE
→ S. 131

Fast jeder hat heutzutage mit dem Internet zu tun, z.B. durch E-Mails, Chat, Musik, Filme, Kinoprogramm, Nachrichten, Einkaufen. Es gibt einfach unzählige Möglichkeiten, die Welt des www (World Wide Web) zu nutzen. Wer im Internet Informationen zu bestimmten Themen oder Fragen sucht, der muss also wissen, wie man gezielt sucht.

1. Überlege dir zunächst genau, zu welcher Frage oder zu welchem Thema du Informationen benötigst. Dabei kann die Methode des Clusters oder der Mindmap eine sinnvolle Hilfe sein.
   Ein Beispiel:

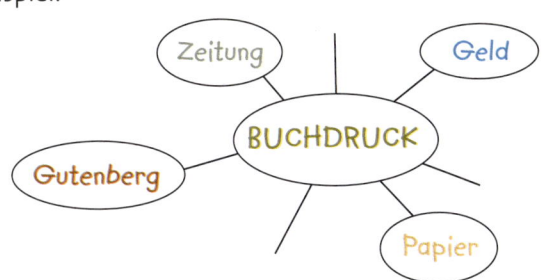

2. Nun hast du wahrscheinlich schon wichtige Stichwörter, die du für deine konkrete Suche im Netz nutzen kannst. Entscheidend ist nun, welche Wörter du als Suchbegriffe verwendest.
   - Ein einzelnes Wort, das sehr allgemein ist, erzielt viele Ergebnisse. Dann fällt es schwer, die besten Informationen herauszufinden. (Beispiel: „Buch")
   - Ein spezielles Wort oder mehrere Suchbegriffe erzielen weniger oder gar keine Ergebnisse. (Beispiel: „Kunst des Buchdrucks viel Geld")

Tipp
Probiere es einfach aus: Gib zuerst 2–3 Suchbegriffe gleichzeitig ein, die dein Thema betreffen. Lasse dann einen Begriff weg oder ersetze ihn, falls das Suchergebnis für dich nicht ergiebig ist.

Hinweis
Es gibt spezielle Webseiten, die für dich nach passenden Seiten im Internet suchen: Man nennt sie Suchmaschinen. Für junge Internet-Nutzer gibt es z.B.: „fragFinn", „blinde-kuh", „milkmoon", „helles-koepfchen". Bedenke, dass auch diese Webseiten mit Werbung arbeiten! Lass dich von blinkenden Bildchen oder kleinen Filmsequenzen nicht verwirren! Du willst ja bestimmte Informationen finden, die dir weiterhelfen!

LEPORELLO ANLEGEN
→ S. 14

Ein Leporello ist ein Faltbuch. Mit ihm lassen sich viele Themen anschaulich und interessant gestalten. Der besondere Reiz liegt in der Falttechnik: Man kann aus dem kleinen Stapel übereinandergelegter Kärtchen eine ganze Reihe auffächern und hat dann alles im Blick. Es bietet sich also an, diesen Effekt bei der Gestaltung zu nutzen: Zum Beispiel Bilder sammeln oder selbst gestalten, die alle unterschiedliche Antworten auf eine bestimmte Frage geben.

1. Besorge dir stabiles Tonkarton-Papier und schneide rechteckige, nicht zu große Kärtchen von gleicher Größe daraus.
2. Klebe diese Kärtchen – am besten mit einem transparenten Klebeband – jeweils mit der kürzeren Seite zu einer langen Reihe aneinander. Lege sie

dann wechselweise übereinander, sodass du am Schluss einen Stapel von Kärtchen in der Hand hast.
3. Nun kannst du die Seiten deines Leporellos aufklappen, um sie zu beschreiben, zu bemalen oder zu bekleben, je nachdem, was du darstellen möchtest.

MINDMAP

Die Mindmap wird auch Gedanken-Landkarte genannt. Sie ist ein Verfahren, um Begriffe oder Stichwörter zu einer Frage oder einem Thema in strukturierter Form festzuhalten. Daher genügt es bei einer Mindmap nicht, spontane Ideen einfach aufzuschreiben, wie etwa beim → Cluster. In der Mindmap soll die Verknüpfung von Stichwörtern, die inhaltlich zusammenhängen, deutlich werden. Sie arbeitet deshalb mit Ober- und Unterbegriffen.

Um eine Mindmap zu erstellen, benötigst du bereits eine Ideensammlung (z.B. mithilfe eines → Clusters) zu einem bestimmten Thema.

1. Notiere dein Thema in der Mitte eines Blattes (am besten im Querformat) und kreise es ein.
2. Um dieses zentrale Stichwort kommen Oberbegriffe oder Fragen, die später weiter untergliedert werden können. Du kannst diese erste Ebene z.B. durch Unterstreichung hervorheben.
3. Auf einer zweiten Ebene werden diesen Oberbegriffen oder Fragen weitere Stichwörter zugeordnet. Diese Zuordnung wird durch Linien kenntlich gemacht.
4. Auch diese zweite Ebene kann noch weiter untergliedert werden: Nutze auch hier Linien. Die Unterbegriffe können manchmal selbst noch weiter in Beispiele unterteilt werden. Auch diese kannst du mit entsprechenden Linien von ihrem Bezugswort ableiten.

Hinweis

Beachte, dass du für eine Mindmap viel Platz brauchst! Nutze ein Blatt im Querformat voll aus. Oft fällt einem später noch etwas ein, was man ergänzen möchte. Lass also besonders zwischen den Oberbegriffen viel Platz für Ergänzungen.

Methoden-Glossar

MYTHISCHES ERZÄHLEN
→ S. 159

Das Erzählen von Geschichten kennst du sicherlich schon seit deiner frühen Kindheit. Das Wort Mythos stammt aus dem Griechischen und bedeutet Rede oder auch Erzählung, sagenhafte Geschichte. Mythen sind uralte Geschichten, die sich Menschen eines Volkes bzw. einer Kultur schon vor vielen Jahrhunderten immer wieder erzählt haben. In diesen Mythen wird etwas Bedeutungsvolles erzählt, das für die Menschen besonders wichtig ist.

Eine mythische Erzählung braucht
- Figuren (z.B. Götter, Menschen, Zauberwesen),
- in einer besonderen Umgebung (z.B. ein See im Wald, eine alte Burgruine, eine Brücke),
- oder einer anderen Welt (z.B. Wolkenwelt, Planet X),
- zu einer bestimmten Zeit (lange vor oder nach unserer Zeit),
- die etwas Besonderes tun oder erleben.

Zuhörer sind natürlich auch wichtig:
Sie wollen nicht nur eine spannende Geschichte hören, die sie schnell wieder vergessen, sondern etwas, an das sie lange denken und das sie auch selbst weitererzählen können.

Die Sprache einer mythischen Erzählung ist einfach und verständlich, damit die Zuhörer es sich gut vorstellen und verstehen können, was erzählt wird. Sie sollen das Erzählte ‚für wahr' nehmen, also annehmen können, dass alles sich wirklich so zugetragen haben könnte. Achte auf
- kurze Sätze,
- Namen für die genannten Figuren,
- anschauliche Beschreibungen darüber, was passiert oder wie jemand aussieht, was er tut,
- ein besonderes Ereignis, das deine mythische Erzählung erklären will (z.B. Entstehung eines Sees, der Erde, des Menschen).

PANTOMIME

Eine Pantomime ist eine inszenierte Darstellung ohne gesprochene Sprache. Durch eine Pantomime kannst du besonders ausdrucksstark darstellen, welche Bedeutung Körpersprache, Mimik und Gestik in bestimmten Situationen haben.

1. Erprobe zunächst die verschiedenen Darstellungsmöglichkeiten der Pantomime: Welche Wirkung haben sie auf den Betrachter?
    - Körperhaltung (z.B. aufrecht, gebückt)
    - Gestik (z.B. abwehrende Handhaltung, Begrüßungsgeste)
    - Mimik (z.B. Schmollmund, hinterhältiges Lächeln)
2. Überlege, welche Situation du pantomimisch darstellen willst. Was ist das Besondere daran? Welche Reaktion einer Person willst du hervorheben?
3. Nutze die Darstellungsmöglichkeiten der Pantomime und lasse dir von den Zuschauern anschließend eine Rückmeldung geben.

PERSPEKTIVWECHSEL
→ S. 62

Wenn du dich in die Lage einer anderen Person hineinversetzt, ihre Gedanken und Gefühle nachvollziehst, übernimmst du ihre Perspektive, ihren Blick auf andere Menschen und Ereignisse. Dieser Perspektivwechsel geschieht in manchen Situationen ganz automatisch, z.B. wenn du beobachtest, wie jemand eine heiße Herdplatte anfasst und dann vor Schmerz aufschreit. Du kannst dich in diesem Moment sicherlich sehr gut in ihn hineinversetzen, weil du vielleicht etwas Ähnliches selbst schon erlebt hast. In anderen Situationen fällt ein Perspektivwechsel nicht ganz so leicht: Etwa wenn du dich mit deiner Freundin gestritten hast und sie sich sehr aufregt und vielleicht anfängt zu schreien, ist es nicht so einfach, aus der eigenen Haut zu schlüpfen und sich in ihre Lage zu versetzen. Ein Perspektivwechsel kann sehr wichtig sein, um das Verhalten anderer Menschen richtig beurteilen zu können – und sich selbst entsprechend zu verhalten.

Nimm Abstand von dir selbst. Stelle dir vor, du bist SIE oder ER:
„Wenn ich SIE oder ER wäre, dann würde ich … denken … fühlen … tun."

Du kannst deine Überlegungen dazu aufschreiben, dann fällt es dir leichter, später darüber zu sprechen.

ROLLENSPIEL / STANDBILD

→ Szenisches Spiel

SCHREIBGESPRÄCH
→ S. 28

Ein Schreibgespräch wird in kleinen Gruppen mit höchstens vier Teilnehmern durchgeführt. Dadurch, dass nicht gesprochen werden darf, hat jeder ausreichend Zeit, eigene Gedanken zu formulieren und auf solche der anderen Teilnehmer zu antworten.

1. Jeder Teilnehmer der Gruppe wählt eine bestimmte Stiftfarbe aus, mit der er schreiben möchte.
2. Notiert eure Gedanken gleichzeitig auf einem möglichst großen Blatt Papier oder auf einem Plakat.
3. Jeder kann auf das Geschriebene der anderen antworten. Markiert mit Pfeilen, auf wessen Meinung sich eure Antwort bezieht.
4. Nach dem Schreibgespräch könnt ihr euch wieder mündlich darüber austauschen, welches die wichtigsten Ideen oder Gedanken für euch waren.
5. Diese wichtigsten Gedanken könnt ihr noch einmal auf Kärtchen festhalten und an der Tafel oder einer Pinnwand ordnen.

SOKRATISCHES GESPRÄCH
→ S. 97

Das sokratische Gespräch ist eine philosophische Methode, die der griechische Philosoph Sokrates erfand. Er lebte etwa von 470 bis 399 v. Chr. Sokrates war davon überzeugt, dass man im gemeinsamen Gespräch besonders gut zu Erkenntnissen kommen kann.

1. Jeder kann an einem sokratischen Gespräch teilnehmen und Meinungen und Argumente zur Sprache bringen.
2. Alle einigen sich auf ein Thema oder auf eine Frage.
3. Voraussetzung für ein gelingendes Gespräch ist, dass alle gegenüber den Meinungen anderer offen und unvoreingenommen sind; sie müssen bereit sein, ihre eigene Meinung zu überprüfen.
4. Die Aufgabe besteht darin, Meinungen und Behauptungen zu begründen.
5. Alle verfolgen das Ziel, ein Ergebnis zu erreichen, dem möglichst alle Teilnehmerinnen und Teilnehmer des sokratischen Gesprächs zustimmen können.
6. Ein sokratisches Gespräch ist ein Metagespräch: Ein Gespräch über ein Gespräch.

SPRACHLICHE BILDER ENTSCHLÜSSELN
→ S. 15

Sprache ist eine ungemein spannende Sache: Mit ihrer Hilfe verständigen wir uns untereinander, sie kann aber auch Rätsel aufgeben. Sprache kann mehrdeutig sein. Dadurch kann man Gedanken auf besonders anschauliche Weise zum Ausdruck bringen. Sprachliche Bilder sind eine Möglichkeit, etwas interessanter und damit auch einprägsamer zu formulieren. Um diese besondere sprachliche Ausdrucksweise verstehen und deuten zu können, sollte man den Schlüssel dafür haben, also wissen, wie man ein sprachliches Bild (eine Metapher) entschlüsseln kann.

1. das sprachliche Bild erkennen
Meistens ist es ein Wort, das auf den ersten Blick nicht so recht zu passen scheint: Wörtlich verstanden ergibt es im Zusammenhang mit den anderen Wörtern keinen rechten Sinn: Lukas aus unserer Nachbarschaft ist ein richtiger Wirbelwind.

2. Bezugswort bestimmen
Finde eine Antwort auf die Frage: Welche Person, Situation oder Sache beschreibt dieses sprachliche Bild genauer? (= Lukas)

3. Schnittmenge finden
Diese beiden Wörter – das bildliche und das nichtbildliche – haben normalerweise nichts miteinander zu tun, aber in diesem Satz beschreibt das sprachliche Bild (Wirbelwind) das nichtbildliche Bezugswort (Lukas) genauer. Beide Wörter lassen sich in ihrer Bedeutung aufeinander beziehen, sie haben eine gemeinsame Schnittmenge: Lukas > wirbelt alles durcheinander < Wirbelwind

Übrigens: Der Begriff „sprachliches Bild" ist selber eins!

SZENISCHES SPIEL / IN SZENE SETZEN
→ S. 66, 78

Bei einer Inszenierung stellt man ein Thema oder ein Problem als eine Szene dar: Man setzt es in Szene, so wie im Theater ein Stück inszeniert wird. Man schaut, wie der Stoff des Stückes inszeniert, d.h. auf die Bühne gebracht werden kann. Dabei muss man auch darüber nachdenken, mit welchen Mitteln man die Szene darstellt.

Die Inszenierung als philosophische Methode steht zwischen dem Gedankenexperiment und dem Standbild oder dem Rollenspiel: Es wird mit Gedanken experimentiert, indem man sie inszeniert.

1. Das Problem oder das Thema als Frage formulieren, z.B.:
„Wenn unsere Klasse jemanden für den Aufräumdienst wählt, ist es dann wichtig, zwischen Mädchen und Jungen zu unterscheiden?"
2. Wie kann man die Frage am besten in Szene setzen?
Beispiel
Diskussion in der Klasse, Handpuppenspiel, Interview, Standbild, Rollenspiel
3. Bewertung der Inszenierung: Die Beteiligten prüfen
   a) ob die Frage angemessen inszeniert wurde,
   b) welche Antwort auf die Frage durch die Inszenierung gegeben werden kann.

ZWEIFELN ALS PHILOSOPHISCHE METHODE
→ S. 122

Der französische Philosoph René Descartes (sprich: renee deekart) hat das Zweifeln zu einer philosophischen Methode gemacht. Er beschäftigte sich mit der philosophischen Frage, woher man etwas mit Sicherheit wissen kann. Dazu setzte er den Methodischen Zweifel ein.

1. Ziehe etwas in Zweifel, von dem du bisher dachtest, dass es unbezweifelbar sei, z. B. „Woher weiß ich eigentlich, dass andere Menschen mich verstehen können?"
2. Um wieder Sicherheit zu bekommen, lasse alle deine bisherigen Meinungen und Urteile darüber beiseite, z.B. „Sie verstehen mich, weil sie mich kennen."
3. Überlege genau, was du eigentlich sicher weißt:
„Ich spreche – laut und deutlich – eine Sprache, die der andere kennt – ..."

LÖSUNGEN

S. 56 → DO UNTO OTHERS AS YOU WOULD HAVE THEM DO UNTO YOU.
(Handle anderen gegenüber so, wie du von ihnen behandelt werden willst.)

S. 115 → Auf der Abbildung sind Fotos von Schmetterlingsflügeln zu sehen.

Stichwortverzeichnis

Abstammung 91f.
Achtung 60, 71, 169f., 175, 181, 183
Aggression 26ff., 170
Allah 148f., 154, 163, 176
Allegorie 75, 178
Altes Testament 147
Angst 7, 27, 30, 63, 69
Anthropologie 90, 170
Aphorismus 46
Apostel 177
Argument 43f., 49, 97, 132, 137, 170f., 176, 184, 190f., 197
Assoziation 24, 186
Attribut 75
Auferstehung 151, 172, 177
Aufklärung 171f., 183

Begriff 24f., 39, 64, 179, 186, 189, 192f.
Begriffsbestimmung 23f., 39, 136, 186
Begriffsnetz 61, 187
beurteilen → urteilen
bewerten → urteilen
Bibel 121, 147, 149, 163f., 172, 175f.
Bibliothek 32
Bildbetrachtung 188
Bilderverbot 176f.
Bild malen 18, 65, 70, 87, 91, 153, 189
Bildverstehen 144, 148, 151, 154, 187
Botschaft 101
Brauch 152, 155
Broschüre 30

Chance 77, 174
Christentum 142, 147, 155, 163, 172, 176f., 180
Christus → Jesus Christus
Cluster 25, 28, 73, 187, 189f., 193f.
Collage 65, 103f.
Comic 111

Davidstern 163
Definieren → Begriffsbestimmung

Definition 24, 136, 186
Denken 96f.
Diagramm 137f.
Dialog 62, 68, 80, 96, 121, 126, 173, 181, 183
Dilemma 44, 73, 173
Dilemma-Diskussion 43f., 73, 114, 190f.
Diskriminierung 135, 173, 177
Diskurs 49ff., 134, 170f., 176
Diskursregeln 49f., 191
Dreifaltigkeit 176, 180
Du 9f., 12

Eigenschaft 10ff.
Einfühlungsvermögen 69f.
Empathie → Einfühlungsvermögen
Empörung 60, 65f., 175
Enttäuschung 82f.
Erfindungsgeist 104
Erfolg 20f., 23, 25, 29, 31
Erwartungen 13
Ethik 174, 176, 178, 183
Evangelium 152, 175
Evolution 91, 93, 102
Evolutionstheorie 91, 172
Exodus 150f.

Fähigkeit 139
Fairness 77, 174f.
Familie 52f., 180
Familienstammbaum 92f.
Fasten 149, 153, 176
Feiertag 141f., 147
Feind 68
Fest 141f., 147, 151, 155
Fragebogen 39
Freiheit 146, 150, 174f., 178, 184
Freitagsgebet 148
Fremde/s 128ff., 131ff., 135, 138f., 174
Freude 23, 63, 69

Freundschaft 35ff., 125
Freundschaftsapfel 39
Fühlen 59

Gebet 146, 148f.
Gedankenexperiment 57, 78, 81, 108f., 111, 119, 125, 167, 192
Gefühl 59ff., 72ff., 87, 128, 132f., 138, 144, 173, 175, 183, 188, 192, 196
Gefühle benennen und beschreiben 132, 192
Gemeinschaft 35, 157, 180
Gerechtigkeit 59, 75f., 80ff., 87, 174ff., 178, 181, 184
Gerechtigkeitsprinzip 77, 81
Gesellschaft → Gemeinschaft
Gesetz 48, 84f., 173ff., 180, 182
Gesichtsausdruck 26
Gestik 66, 188, 195
Gewalt 30
Gewissen 67f., 125, 175, 178, 181, 183
Gleichbehandlungsgesetz 81, 184
Gleichheit 77, 84, 93f., 175, 184
Glück 171
Goldene Regel 56, 72, 82, 174f., 182
Gott 145, 154f., 163ff., 176f., 180, 182
Grafik 23, 27
Grundgesetz 71, 77, 81, 84, 148, 175f.
gut / Gute 68, 70f., 181, 183

Haddsch → Pilgerfahrt
Haiku 36, 103
Handeln / Handlung 59, 75, 81f., 176, 178, 180ff., 184, 187
Hidschra 149, 180
Homo erectus 95f.
Homo sapiens 100, 102

Ich 6ff., 68, 173
Identität 89f.
Indiz 82
Inszenieren 78, 163, 188f., 195, 198
In Szene setzen → Inszenieren
Internet 30f., 54f., 110f., 152, 180, 192f.

Internetrecherche 192f.
Interpretation 188
Islam 142, 148f., 153ff., 163, 176, 180

Jahwe 145, 150, 163, 177
Jesus Christus 147, 151, 172, 177
Judentum 142ff., 149ff., 155, 163, 176ff., 180
Justitia 75f., 87, 175, 178

Kategorie 38, 179
Kategorischer Imperativ 174, 178f., 181f.
Kiddusch 146
Kinderarbeit 86, 148
Kinderrechte 84ff., 179
Kirche 147, 177
Konflikt 30, 176
Konvention 84
Koran 149, 154, 163, 176, 180
Kreislauf 23, 27
Kreuz 163, 172
Kreuzigung 151, 172
Krise 36, 42, 45f.
Krisenvermeidung 45
Kummer 69
Kunst 101f., 112, 120, 179

Landkarte 32
Lebensphase → Lebensstationen
Lebensstationen 8, 14, 18, 38
Leporello 14, 193f.
Lexikon 8, 37, 131
Lob 73
Lüge 42, 116, 118, 123ff., 127

Mathematik 115, 137, 153, 172
Maxime 139, 179
Medien 109f., 174
Mekka 149, 153, 176, 180
Mensch 89ff., 103ff., 131, 156, 160, 164f., 170, 172
Menschenrechte 71, 171, 175
Merkmal 24f., 39, 158, 179, 186f.

Metapher → sprachliche Bilder
Metaphysik 171, 180
Methoden → siehe Methoden-Glossar ab S. 186
Methodischer Zweifel 122
Mimik 26, 66, 188, 195
Mindmap 132, 155, 187, 193f.
Misserfolg 20, 25ff., 29, 31
Missverständnis 56
Mitgefühl → Sympathie
Mitleid 60, 72, 175
Missverständnis 126
Mobbing 30, 55, 180
Moderationsmethode 189
Mohammed 149, 163, 176, 180
Mondkalender 153f.
Mondsichel 163
monotheistisch / Monotheismus 149, 163, 172, 176ff., 180
Moral 71, 174, 180, 184
moralisch 48, 59, 67, 69ff., 175, 179, 182
moralischer Sinn 69
Moschee 148f.
Motivation 23
Motto 22f.
Mut 27, 171, 184
Mythisches Erzählen 159f., 167, 195
Mythos 141, 156ff., 165ff.

Nächstenliebe 176
Natur 104f., 112ff., 115, 179f.
Neandertaler 93, 98f.
Neues Testament 147, 152, 177
Neugier 104, 106
Norm 174, 180

Oberbegriff 20, 24, 186, 194
Opferfest 153f.
Ordnung 51
Ostern 151f., 172, 176

Pantomime 18, 66, 195
Paradoxon 125

Person 7f., 10, 12, 30, 32, 61f., 65, 67, 69f., 76, 104, 144f., 168f., 173, 180, 181, 188, 190, 195f.
Perspektivwechsel 62, 65, 67, 96, 148, 188, 196
Pessachfest 150f.
Pflicht 154, 175, 181
Philosophie 90, 106, 168f., 171, 174, 176, 178, 180f., 184
philosophische Methoden 169
Piktogramm 48
Pilgerfahrt 149, 153, 176
Plakat (gestalten) 12, 28, 30, 48, 53, 55, 148, 191
polytheistisch / Polytheismus 165, 176, 180, 182
Prinzip 77, 169, 175, 178, 180, 182

Rabbi 147
Rache 60
Ramadan 153, 176
Recherche 30f., 53, 73, 86, 91, 111, 131, 152, 192f.
Redewendung 63
Regel 47ff., 71, 82, 108, 136, 174, 182f., 191
Regelübertretung 51
Religion 141, 147, 155, 156, 163, 172, 176f., 180, 182
Respekt 139, 170, 182
Reue 60, 72, 175
Revolution 109, 178, 182, 184
Ritual 146, 183
Ritus 141
Rolle 12f., 52, 66, 109
Rollenspiel → Inszenieren

Sabbat 143ff.
Scham 59f., 175
schlecht 68, 70
Schöffe / Schöffin 183
Schöpfungsgeschichte → Schöpfungsmythos

Schöpfungsmythos 121, 156ff., 162ff., 167
Schreibgespräch 28, 37, 100, 127, 196
Schrift 101
Schuld 60, 82, 108, 162, 175
Schulregeln 51f.
Schwächen 7f., 11
Seder 150, 155
Selbstbewusstsein 137
Selbsteinschätzung 11f.
Selbstsicherheit 23
Shoa 142, 176f.
Sinne 118f., 122
Sitte 71, 133, 180
Sittengesetz 178
Skala 39
sokratisches Gespräch 33, 84f., 97, 100, 103, 108, 112, 138, 148, 155, 165, 181, 196f.
Solidarität 39, 175f., 184
Sonntag 147
Sprachliche Bilder 15ff., 24, 132, 187, 197
Sprachliche Bilder entschlüsseln 19, 197
Sprichwort 125
Stammbaum → Familienstammbaum
Stärken 7f., 11
Standbild 26, 65, 78, 188
Strafe 51, 107, 175
Suren 154
Surfen im Internet 54f.
Symbol 37, 143f., 150, 152, 155, 163, 178, 183f.
Sympathie 69, 184
Synagoge 145f., 177
Szenisches Spiel 66, 127, 131

Tabelle 11, 17, 43, 94, 110, 123, 134, 165
Täuschung 118f.
Tagebuch 23, 73
Tatsache 123
Technik 111

Testament → Altes Testament / Neues Testament
Teufelskreis 25
Text-Bild-Vergleich 189
These 32, 184
Thora 145f., 154, 163, 177
Tier 46, 57, 73, 76, 89, 91, 103f., 111, 114, 131, 170, 172
Tod 147, 151f., 162, 169, 177
Toleranz 139, 171, 184
Tugend 171, 175, 184

Umfrage 119
Umweltethik 184
Ungleichheit 93f.
UNICEF 84, 185
Universum 104, 156f.
unmoralisch 71f.
UNO 84, 179
unparteilicher Zuschauer 70, 73, 82, 175
Unrecht 73, 80, 84, 162
Urknall 157
Urmensch 93, 95, 101, 170
Urteil 135f., 179, 185
Urteilen 59, 73, 75, 78, 81f., 118f., 121ff., 135
Utopie 103

Verantwortung 112, 181
Verhalten 26, 29, 48, 60, 66, 70ff., 118, 182, 196
Verhaltensregeln 47, 51
Verhaltensweisen 26, 65, 73
Verantwortung 54, 113, 171
Vernunft 59, 171, 178
Verstand 160, 169, 172f., 178
Vertrauen 139
Vertrautes 131f.
Vorbild 31ff.
Vorschlag 28
Vortrag 102, 107
Vorurteil 135f., 137f.

Wahrheit 116ff., 125, 127, 185
Wahrnehmung 119
Wallfahrtsstadt 149
Weihnachten 142, 172, 177
Welt 141, 156f., 164ff., 185
Wirklichkeit 116ff., 120, 127, 185
Wissen 106, 139, 168f., 172f., 178
Wissenschaft 110ff., 137, 157f., 179f., 184f.
Wünsche 7
Würde 71f., 181
Wut 63, 65

Zehn Gebote 145
Zeichen 102
Zeit 16, 18
Ziel 21, 23, 31ff., 75, 181, 184
Zukunft 7, 18
Zusammenleben 35, 47, 62, 71
Zweifel 121f., 125, 168, 198
Zweifeln als philosophische Methode 122, 198

Personenverzeichnis

Allport, Gordon Willard 136
Anati, Emmanuel 101f.
Anker, Albert 110
Aristoteles 34, 38, 106, 171, 75, 180f., 184
Baumann, Zygmunt 128, 172
Berblinger, Albrecht 106f.
Berge Henegouwen, Arno von 95, 98, 100
Berlinicke, Hartmut R. 151
Beyer, Barry K., 43
Brender, Irmela 68
Busch, Wilhelm 6
Carroll, Lewis 126
Chagall, Marc 143
Chevalier, Maurice 148
Constantin, Marie-Louise 16
Darwin, Charles 91f., 121, 172
Dädalus 107
Descartes, René 122f., 172f., 198
Einstein, Albert 46
Elliott, Jane 135
Ende, Michael 19, 21f., 40ff., 173
Epimenides 125
Escher, M. C. 118
Eubolides 116
Foerster, Heinz von 120
Fried, Erich 74
Freud, Sigmund 167, 179
Gaarder, Jostein 9f.
Galilei, Galileo 115
Goethe, Johann Wolfgang von 152
Goscinny, René 48, 56
Gronemeyer, Matthias 139
Gutenberg, Johannes 109
Habermas, Jürgen 49f., 171, 176, 191
Haeckel, Ernst 92
Hawking, Stephen 157
Hesiod 166
Hisgen, Ruud 95, 98, 100
Ikarus 107f.

Kästner, Erich 108
Kant, Immanuel 106f., 168f., 171, 174, 178f., 181
Kennis, Alfons 95, 98, 100
Kennis, Adrie 95, 98, 100
King, Martin Luther 135
Kleist, Heinrich von 46
Kopernikus 182
Leakey, Mary 170
Leitenbauer, Günter 36, 42
Ligeti, György 157
Mai, Manfred 64f., 112
Michelangelo 164
Mill, John Stuart 174
Minos 107
Münzebrock, Albert 16
Musil, Robert 16
Noack, Lars 16
Nolde, Emil 151
Oppenheim, Moritz Daniel 146
Oppermann, Klaus 36
Platon 75, 81, 171, 173, 175, 181
Picasso, Pablo 120
Pörksen, Bernhard 120
Ricœur, Paul 155
Rockwell, Norman 56
Rowling, J. K. 110
Sallust 46
Saraceni, Carlo 107
Schweitzer, Albert 183
Sempé, Jean-Jacques 48, 56
Smith, Adam 58, 69f., 175, 178, 183
Sokrates 75, 97, 168, 173f., 181, 183
Tan, Shaun 129f.
Vinci, Leonardo da 112, 179
Waal, Frans de 74

Bild- und Textquellenverzeichnis

Bildquellenverzeichnis

S. 6: iStockphoto – S. 7: Norbert Michalke/mauritius images/imagebroker – S. 8: Jack Yu, Rochester, USA – S. 9: Hanser Verlag – S. 14.1-4: iStockphoto – S. 14.5: Bernd Jonkmanns/Jahreszeitenverlag – S. 14.6-8: iStockphoto – S. 14.9: Markus Matzel/Das Fotoarchiv – S. 14.10: iStockphoto – S. 19: Gerlinde Bartelt-Stelzer, Fresing, Österreich – S. 20.1-2: iStockphoto – S. 20.3: Fotolia – S. 20.4: Getty Images Punchstock RF – S. 20.5: Fotolia – S. 21: Piper Verlag – S. 22: Rialto Film GmbH – S. 28: images.com/Corbis – S. 31: Sebastian Koerner – S. 35: iStockphoto – S. 37.1: Fotolia – S. 37.2: dpa/Photoshot –S. 38: iStockphoto – S. 40: Piper Verlag – S. 46: Fotolia – S. 48.1: © 2006 Diogenes Verlag AG, Zürich – S. 48.2: Goscinny/Sempé, Le petit Nicolas © Éditions Denoël,1960, 2002 – S. 49.1: Fotolia – S. 49.2: Oliver Berg/dpa – S. 53: Norbert Michalke/mauritius images/imagebroker – S. 54: picture-alliance/dpa – S. 56.1: Printed by permission of the Norman Rockwell Family Agency Book Rights Copyright © 1961 The Norman Rockwell Family Entities – S. 56.2: René Goscinny et Jean-Jacques Sempé, Histoires inédites du Petit Nicolas, extrait de « Anselme et Odile Patmouille », © 2004 IMAV éditions / Goscinny – Sempé – S. 57: iStockphoto – S. 59: Fotoagentur Voller Ernst / Frantisek Dostal – S. 61.1: Fotolia – S. 61.2: iStockphoto – S. 65: Fotolia – S. 67: iStockphoto – S. 69-70: Fotolia – S. 72: STAR TRIBUNE/Minneapolis-St. Paul 2011 – S. 74: MEV Verlag, Augsburg – S. 75.1: iStockphoto – S. 75.2: Fotolia – S. 85: Aus dem Süddeutsche Zeitung Magazin Nr. 14/2010, Lukas Coch/Zeitenspiegel – S. 86.1: Abir Abdullah/dpa – S. 86.2: Thierry Monasse/dpa – Report – S. 88: Caro / Oberhaeuser – S. 89: bpk – S. 90.1: iStockphoto – S. 90.2: picture-alliance / dpa – S. 91: NAS/Biophoto Associates/Okapia – S. 92.1: Reproduced by kind permission of the Syndics of Cambridge University Library (Syn.7.85.6) – S. 93: Ariel Skelley/Blend Images LLC – S. 94.1: picture-alliance/ dpa / VG Bild-Kunst, Bonn 2012 – S. 94.2: © Maropeng – S. 95.1-2: Kennis&Kennis – S. 97: Fotolia – S. 98: Kennis&Kennis – S. 99.1: M. Ponce de León und Ch. Zollikofer, Universität Zürich – S. 99.2-3: AP Images / Martin Meissner – S. 99.4: picture-alliance/ dpa – S. 100: Kennis&Kennis – S. 101.1: iStockphoto – S. 101.2: François Pugnet/Kipa/Corbis – S. 103: mauritius images – S. 104.1: NASA/courtesy of nasaimages.org – S. 104.2: Fotolia – S. 105.1-4: Fotolia – S. 105.5+9: BilderBox – S. 105.6-8: Fotolia – S. 106.1-2: iStockphoto – S. 107.1: bpk – S. 107.2: akg-images – S. 109: akg-images / British Library – S. 110.1: Coverillustration von Sabine Wilharm © Carlsen Verlag GmbH, Hamburg 1998, aus: J. K. Rowling, Harry Potter und der Stein der Weisen – S. 110.2: SIK-ISEA Zürich – S. 112: iStockphoto – S. 113: Foto: Jesuitenmission – S. 114: © Candida Höfer/VG Bild-Kunst, Bonn 2012 – S. 115: www.butterflyalphabet.de – S. 117.1: From If You're Afraid of the Dark © 1979 by Cooper Edens. Used with permission of Chronicle Books LLC, San Francisco. Visit CronicleBooks.com – S. 117.2: © Maropeng – S. 118.1: M.C. Escher's "Belvedere" © 2010 The M.C. Escher Company-Holland. All rights reserved. www.mcescher.com – S. 118.2: Bernard Ladenthin – S. 119: Fotolia – S. 120.1: ullstein – S. 120.2: Artothek / Succession Picasso / VG Bild-Kunst, Bonn 2012– S. 122: akg / North Wind Picture Archives – S. 127: akg-images / Andre Held / VG Bild-Kunst, Bonn 2018 – S. 128: Fotolia – S. 129.1: Shaun Tan, Geschichten aus der Vorstadt des Universums © Carlsen Verlag GmbH, Hamburg 2008 – S. 129.2: © Allen and Unwin, Australia – S. 130: Shaun Tan, Geschichten aus der Vorstadt des Universums © Carlsen Verlag GmbH, Hamburg 2008 – S. 133.1-2: Peter Menzel / Agentur Focus – S. 134: iStockphoto – S. 135: ullstein bild / TopFoto – S.139: Fotolia – S. 141.3: Fotolia – 143.1: Artothek / VG Bild-Kunst, Bonn 2012 – S. 143.2: bpk / Werner Braun – S. 145: iStockphoto – S. 146.1: iStockphoto – 146.2: akg-images – S. 147: iStockphoto – S. 148+149.1: KNA-Bild – S. 149.2: Bayard Media/Floiger – 150.1: iStockphoto – S. 150.2: akg-images / Israelimages – S. 151.1: „Pessach" Farbaquatintaradierung von Hartmut R. Berlinicke, Wildeshausen. Aus der Mappe „Jüdischer Festkalender" – S. 151.2: Nolde Stiftung Seebüll / akg-images / Erich Lessing – S. 152: bpk / Alfredo Dagli Orti – S. 154.1: public domain, Eigentum: Klaus Koenen, Köln – S. 154.2: akg-images – S. 155: SZ-Photo / imagebroker – S. 156: NASA [http://www.nasa.gov/] and Adolf Schaller (fot STScI [http://www.stsci.edu/]) – S. 157: picture-alliance/ dpa – S. 162: mauritius images – S. 164: akg-images / Erich Lessing – S. 165: Fotolia – S. 166.1: iStockphoto – S. 166.2: IAM / akg-images – S. 171: iStockphoto – S. 172.1: NAS/Biophoto Associates/Okapia – S. 172.2: akg / North Wind Picture Archives – S. 176: Oliver Berg/dpa – S. 178.1: Fotolia – S. 178.2: iStockphoto – S. 181: Alinari/bridgemanart.com – S. 183: Fotolia.

Umschlagabbildung: Getty Images / altrendo images.

Textquellenverzeichnis

Hier nicht aufgeführte Texte sind Originalbeiträge der Verfasser.
* Die mit Sternchen gekennzeichneten Überschriften wurden von den Verfassern aus didaktischen Gründen hinzugefügt.

S.6: Zitat aus: Busch, Wilhelm: Julchen. In: Was beliebt ist auch erlaubt. Wilhelm Busch. Sämtliche Werke II. Hrsg. Von Rolf Hochhuth. 12. Auflage, München: C. Bertelsmann Verlag, 2008, S. 277
S. 9: Gaarder, Jostein: Sofie und der schweigsame Spiegel*. In: Gaarder, Jostein: Sofies Welt. Roman über die Geschichte der Philosophie, aus dem Norwegischen von Gabriele Haefs, München / Wien: Carl Hanser Verlag, 1993, S. 9f.
S. 16: Zitat aus: Musil, Robert: Der Mann ohne Eigenschaften. Hrsg. von Adolf Frisé. Band I. Reinbek b. Hamburg: Rowohlt Verlag 1978, S. 445
S. 19: Ende, Michael: Das Rätsel der drei Brüder*. In: Ders.: Momo, Stuttgart: Thienemann Verlag, 1973, S. 154
S. 21: Ende, Michael: Beppo, der Straßenkehrer* In: Ders.: Momo, Stuttgart: Thienemann Verlag, 1973, S. 35ff.
S. 34: Zitat aus: Aristoteles: Politik. Erstes Buch, Kapitel 2, 1253a. Zitiert nach der Übersetzung von Franz Susemihl u.a., Reinbek bei Hamburg: Rowohlt Verlag, 1994, S. 47

Bild- und Textquellenverzeichnis

S. 36: Leitenbauer, Günter: www.leitenbauer.net
S. 36: Oppermann, Klaus: www.oppisworld.de/poesie/haiku/haiku07.html
S. 38: In Anlehnung an: Aristoteles, Nikomachische Ethik, Achtes Buch, übersetzt und herausgegeben von Ursula Wolf, 2. Auflage, Reinbek bei Hamburg: Rowohlt Verlag, 2008
S. 40: Ende, Michael: Die unendliche Geschichte. Stuttgart: Thienemann Verlag, 2001, S. 361-363
S. 43: Barry K. Beyer: Moralische Diskussionen im Unterricht: Wie macht man das? Übersetzt von Michael Thessel. In: Politische Didaktik, Heft 3/1977, Stuttgart: J. B. Metzler Verlag, S. 183-192, Namen der Freundinnen im Original: Sharon und Gil
S. 46: Zitate von Heinrich von Kleist, Mark Twain, Albert Einstein, Sallust S. U. Robert P.: Schön gesagt ... der Spruch könnte von mir sein. Hamburg: tredition 2009, S. 35
Sallust, Die Verschwörung des catilina – De coniuratione Catilinae. Lateinisch-Deutsch, Deutsch von Karl Büchner, Ditzingen: Verlag Philipp Reclam jun., S. 1986.
S. 46: Leitenbauer, Günter: www.leitenbauer.net
S. 49: aus: René Goscinny/Jean-Jacques Sempé: Der kleine Nick aus dem Französischen von Hans Georg Lenzen Copyright der deutschsprachigen Ausgabe © 1974, 2006 Diogenes Verlag AG Zürich
S. 51: Schulregeln um 1900. Zusammengestellt aus: http://www.haidemuehl.de/schulregeln.html und http://www.neustadt-schule.de/schueler/schule/geschichte_schule/Schulregeln.html
S. 58: Zitat aus: Smith, Adam: Theorie der ethischen Gefühle, nach der Auflage letzter Hand übersetzt und mit Einleitung, Anmerkungen und Registern herausgegeben von Walther Eckstein, Hamburg: Felix Meiner Verlag 1994, S. 202f.
S. 64: Mai, Manfred: Eine schöne Geschichte. In: Ders.: Mutmach-Geschichten. Ravensburg: Ravensburger Buchverlag Otto Maier GmbH, 1985
S. 68: Brender, Irmela: Ich, mein Feind. In: Irmela Brender/Günther Stiller: Ja-Buch für Kinder. Weinheim, Basel: Beltz & Gelberg 1974
S. 74: Fried, Erich: Humorlos. In: Ders.: Anfechtungen. Berlin: Wagenbach-Verlag, 2001
S. 74: Waal, Frans de: Primaten und Philosophen. Wie die Evolution die Moral hervorbrachte. Aus dem Amerikanischen von Hartmut Schickert. München / Wien: Carl Hanser Verlag, 2008, S. 50f.
S. 77: Grundgesetz GG: Mit Vertrag über die abschließende Regelung in Bezug auf Deutschland, Menschenrechtskonvention, Verfahrensordnung Europäischer Gerichtshof und Gesetz über den Petitionsausschuß, 42. Auflage, München: dtv 2010
S. 81: Allgemeines Gleichbehandlungsgesetz, Bundesministerium der Justiz; http://www.gesetze-im-internet.de/agg/index.html
S. 89, 95f., 98, 100: Berge Henegouwen, Arno van / Hisgen, Ruud: Urmenschen, übersetzt von Ulrich Magin, Mettmann: Neanderthal Museum Verlag, 2001
S. 101: Anati, Emmanuel: Höhlenmalerei, übersetzt von Dorette Deutsch, Düsseldorf: Albatros im Patmos Verlag, 2002, S. 11,14
S. 108: Kästner, Erich: Kurz und bündig. Epigramme. Zürich: Atrium Verlag, 1950, S. 18
S. 112: In Anlehnung an: Manfred Mai: Weltgeschichte. München: Carl Hanser Verlag, 2002, S. 68f.
S. 120: Foerster, Heinz von / Pörksen, Bernhard: Wahrheit ist die Erfindung eines Lügners. Heidelberg: Carl Auer Systeme Verlag, 1988, S. 103
S. 126: Lewis Carroll: Alice hinter den Spiegeln, aus dem Englischen von Christian Enzensberger, Frankfurt a. M.: Insel Verlag (1963,1974), S. 85
S. 129f.: Shaun Tan: Sog. In: Ders.: Geschichten aus der Vorstadt des Universums, aus dem Englischen von Eike Schönfeld. Hamburg: Carlsen Verlag, 2008, S. 37f.
S. 137: Mädchen können Mathe. In: Süddeutsche Zeitung Nr. 5, 8.1.2010
S. 139: Zitate: Sioux-Häuptling aus: Diversity Works, Zum Trainingskonzept von Jane Elliott, http://www.diversity-works.de/workshops/blue_eyed_workshop/blue_eyed_das_konzept/; Matthias Gronemeyer, Originalzitat des Autors
S. 145: Deutsche Textfassung des Sabbatgebots nach Exodus 20. Aus: Die Zehn Gebote. In: Welt und Umwelt der Bibel, 3/2000, S. 15
S. 148: Zitat Maurice Chevalier: Zitiert in: Lemme, Matthias: Sonntags. Erfindung der Freiheit, Hamburg: Verlag Andere Zeiten e. V., 2009
S. 152: Johann Wolfgang von Goethe: Osterspaziergang. In: Goethe, Johann Wolfgang von, Faust. Eine Tragödie. In: Ders.: Werke. Hamburger Ausgabe in 14 Bänden. Band3, Dramatische Dichtungen I, Textkritisch durchgesehen und kommentiert von Erich Trunz, München: Deutscher Taschenbuch Verlag, 1986, S. 35 f.
S. 157: Der Anfang der Welt bei den Pelasgern*. In Anlehnung an: Ranke-Graves, Robert von: Griechische Mythologie, übersetzt von Hugo Seinfeld, Reinbek bei Hamburg: Rowohlt Verlag, 1955, Bd. 1, S. 22
S. 159f.: Reiss, Benoît / Tjoyas, Alexios: Schöpfungsgeschichten der Welt. Aus dem Französischen von Rosemarie Griebel-Kruip, Düsseldorf: Patmos Verlag, 2006. S. 138-141
S. 161/162: Der Anfang der Welt im alten Ägypten*. In Anlehnung an: Assmann, Jan, Schöpfungsmythen und Kreativkonzepte im Alten Ägypten. In: Heidelberger Jahrbücher, Heidelberger Universitätsgesellschaft (Hrsg.): Kreativität. Hrsg. von Rainer M. Holm-Hadulla, Heidelberg/Berlin: Springer Verlag, 2000, S. 157-188
S. 162: Der ägyptische Sonnengott spricht* In Anlehnung an: Assmann, Jan, Schöpfungsmythen und Kreativkonzepte im Alten Ägypten. In: Heidelberger Jahrbücher, Heidelberger Universitätsgesellschaft (Hrsg.): Kreativität. Hrsg. von Rainer M. Holm-Hadulla, Heidelberg/Berlin: Springer Verlag, 2000, S. 176f.
S. 164: In Anlehnung an: Die Bibel für Kinder. Würzburg: Arena Verlag, 1996, und: Brumberg, Maike: Schriftliche Unterrichtsplanung SoPäd RU
S. 166: In Anlehnung an: Willis, Roy (Hrsg.): Mythen der Welt. Ursprung und Verbreitung der Mythen der Welt. Motive, Figuren und Stoffe von der Arktis bis Australien. Aus dem Englischen von Gabriele Gockel und Rita Seuß, München: Bertelsmann Lexikon-Verlag, 1998. S. 129

Redaktion: Ninja Süßenbach
Bildredaktion: Helene Schopohl
Herstellung: Doris Haßiepen
Illustrationen: Dorothee Mahnkopf, Berlin; Elke Rohleder, Berlin; Detlef Seidensticker, München; Constanze Sprengler, Hamburg
Umschlagkonzept: Mendell & Oberer, München
Umschlaggestaltung: Michael Wörgötter, München
Layout und technische Umsetzung: floxdesign, Elke Rohleder, Berlin

Die Webseiten Dritter, deren Internetadressen in diesem Lehrwerk angegeben sind, wurden vor Drucklegung sorgfältig geprüft. Der Verlag übernimmt keine Gewähr für die Aktualität und den Inhalt dieser Seiten oder solcher, die mit ihnen verlinkt sind.

www.cornelsen.de

1. Auflage, 10. Druck 2024

Alle Drucke dieser Auflage sind inhaltlich unverändert und können im Unterricht nebeneinander verwendet werden.

© 2011 Oldenbourg Schulbuchverlag GmbH, München
© 2017 Cornelsen Verlag GmbH, Berlin

Das Werk und seine Teile sind urheberrechtlich geschützt.
Jede Nutzung in anderen als den gesetzlich zugelassenen Fällen bedarf der vorherigen schriftlichen Einwilligung des Verlages.
Hinweis zu §§ 60 a, 60 b UrhG: Weder das Werk noch seine Teile dürfen ohne eine solche Einwilligung an Schulen oder in Unterrichts- und Lehrmedien (§ 60 b Abs. 3 UrhG) vervielfältigt, insbesondere kopiert oder eingescannt, verbreitet oder in ein Netzwerk eingestellt oder sonst öffentlich zugänglich gemacht oder wiedergegeben werden.
Dies gilt auch für Intranets von Schulen und anderen Bildungseinrichtungen.

Druck: Mohn Media Mohndruck, Gütersloh

ISBN 978-3-637-01141-0

PEFC-zertifiziert
Dieses Produkt stammt aus nachhaltig bewirtschafteten Wäldern und kontrollierten Quellen
PEFC/04-31-1033 www.pefc.de